湘潭大学学者文库
XIANGTAN DAXUE XUEZHE WENKU

韩长耕文集

HAN CHANGGENG WENJI

韩长耕 著

湘潭大學出版社
XIANGTAN UNIVERSITY PRESS

图书在版编目（CIP）数据

韩长耕文集 / 韩长耕著 . -- 湘潭 : 湘潭大学出版社，2024.6
ISBN 978-7-5687-1091-6

Ⅰ. ①韩… Ⅱ. ①韩… Ⅲ. ①中国历史－古代史－文集 Ⅳ. ①K220.7-53

中国国家版本馆 CIP 数据核字（2023）第 081375 号

韩长耕文集
韩长耕　著

责任编辑：李志红
装帧设计：李　平
出版发行：湘潭大学出版社
社　　址：湖南省湘潭大学工程训练大楼
电　　话：0731-58298960 0731-58298966（传真）
邮　　编：411105
网　　址：http://press.xtu.edu.cn/
印　　刷：长沙超峰印刷有限公司
经　　销：湖南省新华书店
开　　本：710 mm×1000 mm 1/16
印　　张：17.75
字　　数：310 千字
版　　次：2024 年 6 月第 1 版
印　　次：2024 年 6 月第 1 次印刷
书　　号：ISBN 978-7-5687-1091-6
定　　价：88.00 元

ISBN 978-7-5687-1091-6
9 787568 710916 >

韩长耕（1926—1993），字子牛，别号寒冰，湖南湘阴人。著名中国历史文献和古籍整理专家，湖南省文史研究馆馆员，湘潭大学历史学教授。早年任教长沙县。1952 年调入中国科学院近代史研究所，担任所长范文澜先生的助手，1956 年转历史研究所，1979 年调湘潭大学历史系，1988 年晋升教授。专于中国历史文献学且笔耕不辍，历年出版的各类专著和所纂辑、注释、校订的文字达 600 余万言，未经定稿尚待整理出版的文字亦在数百万字。晚年抱病主持国务院古籍整理重点项目《曾国藩全集·奏稿》的整理与研究，在病魔缠身、呼吸困难的情况下，仍坚持一丝不苟地圈点、补正、校订，直至奏稿部分的十二册全部付梓。在湘潭大学任教期间，曾获湘潭大学先进工作者称号，其科研成果曾获湖南省哲学社会科学优秀成果三等奖。

总 序

“一位伟人，一纸校名，一句嘱托”，高度凝练并生动诠释了湘潭大学的创办历史。1958年，毛泽东主席亲自倡办、亲笔题写校名并亲切嘱托“一定要把湘潭大学办好”。1959年学校因故停办，1974年恢复建校。复校初期，学校荒山一片、楼无一栋、房无一间。一声号召，来自清华大学、北京大学等92所高校、科研院所的622名教师奔赴湘大，边劳动建校边教学科研。著名诗人彭燕郊、流变力学专家袁龙蔚、消费经济学创始人尹世杰、古文献专家韩长耕等名家大师先后来到这里教书育人。在这一批湘大人心中，都有一个共同的信念——艰苦创业，扎根伟人故里。没有电灯，就点煤油灯；没有自来水，就到池塘挑水喝；没有教工宿舍，就住农民家中；没有教学楼，就一起搬砖建设……在极其艰苦的条件下，老一辈创业者怀着“一定要把湘潭大学办好”的初心和科教兴国的满腔热情，在贫瘠的荒山土坡上建起了一座大学城。

岁月流转，年轮不息。经过几代湘大人矢志不渝的奋斗，学校发生了翻天覆地的变化。特别是2018年习近平总书记对学校作出重要批示以来，学校全力推动“双一流”建设，2022年成功入选国家“双一流”建设高校。一路走来，风雨兼程，虽创业维艰，然历久弥坚。在这片热土上，孕育着一批又一批才华横溢的名师和学子，不断产生着丰硕卓越的学术成果，模糊的概念在这里澄明，假设的命题在这里证实，现实的困惑在这里破解，新知识、新技术、新理论在这里不断孕育、产生。

大学因学术而生，亦因学术而兴。学术始终是一所大学的立校之基、兴校之本，是学者的一种追求、一种境界、一种精神。就湘大而言，无论是复校初期的名家云集、各抒已见、推陈出新，还是改革开放后融入科教兴国的时代大潮，湘大学人始终坚守初心，笃志问学，传承文脉，成就了独具风格的学术品质和精神风貌。一代又一代的湘大学人在这里探究真理、创造新知，以学术立身、以著作立言、以品德立魂，用自己的毕生心血，汇集而成了一篇篇富有思想的学术成果。

大学之大，大师之谓也。为汇集湘大学人学术成果，展示湘大学人学术品格，2014 年，在复校四十周年之际，学校精心策划“湘潭大学学者文库”丛书，出版了《沧南自选集》《袁龙蔚文集》。入选文集经过了广泛征集和论证，无一不是湘大学人呕心沥血之佳作、高深学问之精髓、学术思想之独见、品性修养之映照。文库收录的学术成果，都有着清晰的问题意识、科学的研究方法、严谨的逻辑结构，既有源自哲学思辨的理性探究，也有基于生产实践的资料佐证，充分展示了湘大学人独有的学术品格，体现了湘大学人的厚积薄发和卓越追求。这是湘大学人智慧的结晶，更是推动学校高质量发展的宝贵精神财富。

甲辰龙年，学校迎来复校五十周年。值此之际，第二批“湘潭大学学者文库”丛书，包括《尹世杰文集》《刘桂斌文集》《羊春秋文集》《宋世杰文集》《张铁夫文集》《陈仲沪文集》《罗铸楷文集》《姜书阁文集》《萧艾文集》《曹木清文集》《彭燕郊文集》《韩长耕文集》12 部学者文集付梓出版，这既是记录湘大学人敢于挑战与奋斗、饱含智慧与激情的光辉岁月，展现湘大学人精学苦研的具象载体，又是湘大学人牢记办学历史，坚持知行合一，弘扬学术精神，接续优良传统的价值传承和推动学术创新的具体行动。

伟人故里逢盛世，一路高歌向前行。丛书的出版，将让我们再一次触摸和感受老一辈湘大学人的独特学术品格和精神品质，也将鼓舞新一代湘大学人深入贯彻落实习近平总书记对学校的重要批示精神，弘扬“牢记嘱托、艰苦创业、追求卓越”的湘大精神，扎根伟人故里，厚植家国情怀，坚持守正创新，为建成科技教育强国，以中国式现代化全面推进中华民族伟大复兴作出新的更大的贡献！

湘潭大学　党委书记　刘起军
　　　　　校　　长　潘碧灵

目　录

先秦石鼓简说

一、前言

中国文字的发明和文献的产生，由来自远①，殷商以前的具体情况虽不得而详，唯自殷末以还的三千五百年间，无论文字体势、文献内容、书契用材的发展变化，仍多实物可资检证，历历可数可见。就书契用材而言，即有甲骨、金石、竹木简牍、缣素帛书乃至后世由中国肇创的纸张等。就金、石二事，其用孰为先后？固也不得而详。不过使用的范围和数量，仍因时因地而有或多或少之异。郑樵《通志·金石略》云："三代而上，惟勒鼎彝，秦人始大其制而用石鼓，始皇欲详其文而用丰碑，自秦迄今，惟用石刻。"郑渔仲是南宋人，所述切合事实。通观后世所见实物，大抵三代先秦金多石少，秦汉以来金少石多。先秦石刻文献，今得而可考见者，唯唐初所出陈仓十鼓，原物尚宝藏于北京。自余所传三代刻石，若南岳岣嵝碑、周穆王坛山刻石、比干墓字、吴季子墓碑之类，于古既文籍

① 1899年发现殷墟甲骨文字以来，公认殷商后期即距今约三千五百年前，中国确已进入有文字可以查考的信史时期。唯甲骨文中已多形声字，乃文字发明之后已久的东西。文字的发生，应较此更早。1959年在山东大汶口文化晚期的莒县陵阳河遗址出土的陶器上，又发现我国新石器时代后期的图象文字（五个），学者咸认是汉字的原始雏型，为研究中国文字的起源提供了新的重要材料，也将中国文字发生的历史上推近两千年，约略和世界上最古老的距今五千年的巴比伦楔形文字和埃及象形文字出现的时间相近，既已出现图象文字，随之当有用文字记述事物、言行的文献，但其形状、名目，迄今不得而知。

无征，从字体亦足证为晚出之影响附会。而所谓秦人诅楚三石，亦不过后之好事者伪托。[①] 然宋人程大昌著《考古编》，以秦刻《琅琊台碑文》有“古之帝者，地不过千里，诸侯各守其封域，或朝或否，相侵暴乱，残伐不止，犹刻金石，以自为纪”云云，证先秦刻石，不独石鼓而已。入秦刻石转多，《史纪·秦始皇本纪》所录秦帝刻石之文凡六，《峄山刻石》尚不与焉。[②] 其中保存至今的，尚有《泰山》《琅琊》二石残字。[③] 班固著《汉志》，“春秋家”有《奏事》二十篇，注云：“秦时大臣奏事及刻石名山文也。”此见褒功立石，当时寖成风尚，惜石多不存。下及两汉，情况乃为之一变，郦道元注《水经》，所引汉碑凡百数，若西汉之《赵王上寿》《鲁王泮池》二刻，皆信而有征之汉石最古者，录文见清人王昶《金石萃编》；而东汉最早的“开通褒斜道”石刻摩崖，实物今犹班班可考[④]；汉末儒经镌石，在中国文化史上更是大事。自是以后，石刻与时俱增，其制始大，其体始繁，其形类名目益众，而两千年来积存数量之富，尤不下百千万种，成为中国实物文献中之一大宗。其功用价值，非唯可以证经典

① 与陈仓十鼓齐名者，有世传之所谓秦《诅楚文》三石，宋赵明诚《金石录》所录有三本。赵氏称初得大沈湫文于郊，又得巫咸文于谓，最后得亚驼文于洛，文词尽同，唯所用以质于神者，则随号以异。原石原刻皆不传，最早见于《古文苑》录其文，历来学者皆斥为后人伪作，不之信。

② 《史记》记秦皇刻石六起，曰泰山、琅琊、之罘、之罘东观、碣石、会稽，并不见录的《峄山刻石》，合共七石。之罘、碣石、会稽三石早亡，其中会稽刻石，仅有元人申徒驯摹本；之罘残石十四字。见于《汝帖》。碣石亦仅孔昭孔双勾木刻徐摹本，已神意两失。峄山一刻掊于魏武，唐代又焚于野火，当时虽有“枣木传刻”，但已失真迹神采。说见杜《诗》。今存西安碑林者，乃宋人郑文宝重据南唐徐铉摹本重刊。琅琊刻石，原存山东诸城海神庙，剥泐殆尽，世传段松岑精拓本，前后不过十三行。泰山刻石先在东岳之顶玉女池，本存二十九字，后移置碧霞元君庙，乾隆五年（1740）焚于火，孑存残石，今存岱庙，详见注三。

③ 《泰山》残石仅存字十个，今原物保存在山东泰安岱庙；《琅琊》存残字十三行，在北京中国历史博物馆。据王昶《金石萃编》诸书所记，《泰山》一刻原高约五尺（约167厘米），其形宽窄不一，似方非方，四面环刻，始皇东巡泰山仅刻三面，起自西面，而北而东。末行“制曰可”三字复转刻在西南棱上。前十二行为始皇刻辞，南面十行则秦二世（公元前209年）所刻。全文共二百二十三字，传为李斯所书，书体为小篆，为存世之秦篆代表作。1979年，文化部为对秦刻进行集补、恢复，特成立“秦篆研究组”，在书法家李文放（女）、李滋新主持下，经一年多努力，将泰山刻石全文集补、重书、上石，使成完璧。

④ “开通褒斜道”石刻摩崖，在陕西褒城县（今勉县）北石门溪谷道中。因褒斜道为汉太守鄐开通，特立此石以颂其功。永平六年（63）刻，为现存最早的东汉刻石。宋绍熙末（1194），石为南郑令临淄晏袤发现，加刻释文于侧。然历年仍为苔藓所封，六百多年不为人知，逮清代始为毕沅重新发现，因得传知于世。刻凡三列十六行，行五至十一字，杨守敬《平碑记》有著录。

之异同，订诸史之讹谬，补载籍之缺佚，尤可考文字、文体之源流变迁，穷书法、图绘、雕刻、文学艺术之发展。宝藏无尽，取之不竭，学人善用，裨益无穷，故自来文史、艺术学者，莫不垂意于兹。

兹篇所述，仅限先秦石鼓，亦不过荟萃前修成说，参稽群籍，溯其源流始末，核其聚散异同，间陈陋见，综合略述其梗概已矣。

二、石鼓的发现与播迁

东汉以下，碑碣石刻文字盛行，追溯渊源，出自秦国，此即后世所传先秦石鼓。石鼓文为现存石刻文献的鼻祖，籀文大篆之圭臬。隋唐以前无闻于世，长年委弃荒榛，任凭雨淋日炙，牧童敲火，村牛砺角，其于伧父野老目中，不过砾块无用之废物。唐初，始发现于凤翔府天兴县（今陕西宝鸡）南二十里许三峙原的草莽之野。天兴，据唐李吉甫《元和郡县图志》卷二，本秦之雍县，为战国间秦人先世的国都。① 以石形类如圆鼓，周回镌字古拙，书法体势别自一系，故名石鼓或石鼓文。明人郭宗昌撰《金石史》（二卷），谓以石名鼓，无所取义，石又不类鼓形，应改为石碣或石碣文。因发现地属陈仓故邑，世人通称陈仓石鼓，又以地在岐山之阳②，故称岐阳石碣。更因其文字内容而名之曰猎碣③。其初名不甚著，唯贞观中已有传世“打本”（即拓本），吏部侍郎苏勖尝叙记卷首，云当世书法名家虞世南、褚遂良、欧阳询已称其字迹古妙④。及杜甫、韦应物、韩愈作《歌》题咏表章⑤，始大显于世。元和初，韩昌黎征为国子博士之

---

① 《元和郡县志》云：“天兴县本秦雍县，秦国都也。”《汉书·地理志》云：“雍，秦惠公（应作德公）都之。”《大清一统志》卷二百三十六：“故城在凤翔县南。”《读史方舆纪要》谓凤翔府南二十里有石鼓原，旧有石鼓十，纪周宣王田猎事，今“原”旁有石鼓镇。

② 今陕西岐山县东北三十公里岐山之阳，传为西周王朝之发祥地周原，汉以后出土青铜器甚多，为人瞩目之国宝大盂鼎、小盂鼎、毛公鼎皆在清代发现于此。

③ 王国维《观堂别集》卷二《与友人论石鼓书》云：“石鼓之名不见于古文（献），乃后世所加之名。其名始见于章怀太子（李贤）《后汉书注》，而韦苏州（应物）、韩昌黎（愈）仍之。然唐时窦蒙（注）《述书赋》、苏冕《会要》，犹谓之猎碣。”《纬略》云：“猎碣二字甚生，苏氏用此，必有所据。按任昉《述异记》，崆峒山有尧碑禹碣，亦用碣字。”

④ 见《元和郡县志》卷二关内道二及窦臮《述书赋》窦蒙《述书赋注》。

⑤ 见《全唐诗》卷一百九十四韦应物《石鼓歌》，卷二百二十二杜甫《李潮八分小篆歌》，卷三百四十韩愈《石鼓歌》。

日，推许石鼓文为存世不多的至宝，请于祭酒，欲舆之于长安，谓其“荐诸太庙比部鼎，光价岂止百倍过；圣恩若许留太学，诸生讲解得切磋；观经鸿都[①]尚填咽，坐见举国来奔波”[②]。韩愈深明石鼓的学术价值与文物价值，要求对此稀世珍品在长安以大厦深檐覆盖保护，务使经久保藏无他。惜所议不为中朝当道采纳。迄唐宪宗元和十三年（818）郑余庆出任凤翔尹及凤翔陇右节度使，始将秦郊石鼓集中迁置凤翔孔子庙。自此下及终唐之世，陈仓石鼓未尝入长安。继之经五代乱离，石鼓又遭零落，遂至流散不全。宋初，司马池知凤翔，石鼓露处于野，复觅得辇置府学门庑，外以木棂护之[③]，而十鼓已亡其一。迨北宋仁宗皇祐四年（1052），向传师搜访亡鼓于民间，发现已为农家改为舂臼安置千碓床，形体虽坏及半，所幸遗篆犹在鼓旁[④]，因是别以石臼易鼓，使其剑合珠还，十鼓乃复成完璧[⑤]。宋徽宗大观二年（1108），又自凤翔迁置北宋首都汴京（今开封）。时蔡京作辟雍，取十鼓置讲堂，此石鼓得置太学之始[⑥]。其后辟雍废，宣和元年（1119）徙入禁中保和殿稽古阁，诏以黄金填塞鼓文，以示贵重，且绝继续摹拓之患，说见明都元敬（穆）《金薤琳琅》引胡世将《资古绍志录》及《复斋碑录》。[⑦] 靖康之役（1127），金兵破汴，石鼓也并东京玉帛、子女及保和殿珍异一齐渡河北辇燕京（今北京）。金人初得石鼓，不知其为何物，但见以金涂字，必贵重，故并在北徙之列。入燕后涂金剥刮殆尽，

---

① 韩愈此指汉魏儒家石经。所云“鸿都”应为“太学”之误。按“鸿都学”在洛阳城内宫廷鸿都门，“太学”在城外八里，汉魏石经在太学不在鸿都学，前人所记多误。

② 韩愈《石鼓歌》。

③ 参见《墨客挥犀》及《倦游杂录》《缃素杂记》。

④ 梅尧臣《宛陵集》“雷逸老仿石鼓文见遗因呈祭酒吴公”云：“近人偶见安碓床，亡鼓作臼刳中央。心喜遗篆犹在傍，以臼易臼庸何伤。以石补空恐舂粱，神物会合居一方。”

⑤ 《雍录》云：“古传鼓有十，中失其一，皇祐间向师传得之，十鼓复足。秦丞相（桧）家（拓）本有传师自跋，乃云其第十鼓最小，其文亦不相类。寻访得之，形半坏而书体是，遂易去小鼓。”此见五季宋初，已有好事者仿制一枚小鼓以补亡鼓，至传师始觅归原物，易去仿制小鼓。

⑥ 古制天子之学曰辟雍，诸侯之学曰泮宫，辟雍即国学或太学之中心建筑，穿池引井，圜水而筑。

⑦ 据《铁围山丛谈》及《九朝编年备要》云，宣和以后所贮古器，累至万余，若岐阳石鼓、西蜀文翁礼殿绘像，凡所知名，罔间巨细远近，悉索入中禁。而宣和元年（1119）八月又创保和殿，右挟阁曰宣道。有稽古、邃古、尚古、鉴古、作古、访古、博古、秘古诸阁，先秦十石鼓即贮稽古阁。

弃之于野[①]。金完颜亮正隆三年（1158）有诏以“平辽、宋所得古器，年岁深久，多为妖变，悉令毁之”[②]，幸十鼓已先弃去，得独无恙。元初，燕京始平，石鼓在宣抚王楫私宅，“时都城庙学既毁千兵，（王）楫取旧（金）枢密院地复创立之，仍取旧岐阳石鼓列庑下”[③]。至元二十四年（1287）迁都城北，别立国子学于城东，乃以南城庙学为大都路学，见《元史选举志》。元成宗大德末年（1307），虞伯生为路学教授，“得此鼓于泥土草菜中，洗涮扶植，仍足十枚之数”。[④] 其后虞氏助教成均，言之时宰，因于元仁宗皇庆元年（1312）“得兵部差大车十乘，载之于城东（新建）国子学（孔庙）大成门内左右壁下各五枚，为砖坛以承之，又为疏棂扃镝，使可观而不可近”[⑤]。移入国子监后，元惠宗至元五年（1339），有国子司业潘迪、国子祭酒欧阳元等，以“鼓之时世虽不可必，但其字画高古，非秦汉以下所及，而习篆籀者不可不知”，因“间取郑樵、施宿、薛尚功、王厚之等数子之说，考订其音训，刻石厕诸鼓右”[⑥]。这就是迄今犹存的元刻《石鼓文音训碑》的由来。元社既屋，明代仍因元人太学为国子监（明典汇），石鼓十枚，兀然无动于燕京庙学原处，明人著述所记已多，如《铁网珊瑚》《格古要论》《金薤琳琅》《丹铅录》《春明梦余录》《金台纪闻》《野获编》《长安客话》《石墨镌华》《两京求旧录》，无虑百十种皆有详尽指证。下至明末思宗（朱由检）崇祯十四年（1641）重修北京太学（亦称北监）成，“车驾临雍，以石鼓文残缺，尤令察补（摹拓）进呈”[⑦]。《明太学志》亦云：“大成门内石鼓各五；西有石鼓文音训碑一通。”入清后，石鼓安置一仍其旧，清康熙帝玄烨《石鼓赞序》有云：“朕释奠先师于国学，观石鼓于庙门之两庑，缅怀周宣，迄今两千余年，而中兴之烈，岐阳之搜，俯仰如昨。鲁壁汲冢，缺有间矣。此文此石，独

① 虞集《道园学古录》。
② 宇文懋昭《大金国志》。
③ 《元史》卷一五三列传四十王楫传。
④ 虞集《道园学古录》。
⑤ 《元史》卷二十四仁宗本纪及《道园学古录》。
⑥ 元潘迪《石鼓文音训碑》碑文。原碑今存北京成贤街孔庙首都博物馆。
⑦ 引见《三朝野史）。

焕然与日月争光，是三代法物之仅存者也。今列在太学，实斯文之盛。”《大清会典》记：“先师（孔子）庙在安定门内太学左，南向。大成门崇基石阑，前后三出陛。门左右列戟二十有四，石鼓十，右石鼓音训碣一。”清帝弘历于乾隆十四年（1749）尝亲制《石鼓歌》，有云“石鼓之数符天干，千秋法物世已少。况乎辟雍所罗列，多士借以资探讨”。又云：“铜驼已见藏荆棘，石鼓依然镇辟雍。”迄于清末，石鼓皆置国学左侧孔庙。辛亥革命后，1933年曾移于南京多年。1937年中日战争爆发，西迁至蜀。抗战胜利后迁回北京，今存孔庙旧址首都博物馆①。

综上所述，已见石鼓自西而东而北而南数千里流落播迁的大略。先是湮没秦郊千有余年不为人知，唐武德、贞观间发现，然犹掩卧榛莒，世人不遑垂重。后此二百年（818年），有三任宰相的郑余庆为之集迁凤翔孔庙。又后二百九十年（1108年），始车负舟载东之汴梁“辟雍”，且一度入藏中禁。不二十年（1127年）而风云突变，鼙鼓南来，猎碣并宣和博古扫地以尽，一同驼载北归幽燕。从此石鼓落土蓟邱，任凭寥落，忽忽一百六十年（1287年）而入元之大都路学（后称大兴府学），再二十五年（1312年）始移置元都（北京）国学孔庙，历元、明、清、民国以迄于今又已六百七十多年。溯自唐初以来一千三百余年，石鼓或弃或藏，为础为砧，几经聚散，历尽沧桑，险遭毁败者再四，其能幸免击掊，孑然传世，使我中华民族两千多年前的先秦石刻文献宏宝，犹屹立北京，供天下学人抚玩摩挲，研覃扬榷，洵乎国家文物之盛观与幸事。

三、石鼓的年代和书体

石鼓或石碣其数凡十，其形大小不一，高二尺（约67厘米）许至三尺（100厘米）不等，广径一尺（约33厘米）有奇，“因其石之自然，粗

---

① 北京国子监与孔庙毗邻，两处所存碑刻甚多。仅以孔庙而言，除先秦石鼓及明清诗文碑刻外，康熙四十三年（1704）《御制平定溯漠告成碑》，雍正三年（1725）《御制平定青海碑》，乾隆十四年（1749）《御制平定金川告成碑》，乾隆二十一年（1756）《御制平定准噶尔告成碑》，又《卸制伊黎勒铭》，乾隆二十四年（1759）《御制平定回部告成碑》，乾隆四十一年（1776）《御制平定两金川告成碑》等，皆有裨于史事研究之参考。诸碑除今存实物可资检证外，《国子监志》已过录全文。

具鼓形，字刻于其旁，石质坚顽，类今人为碓硙者”[①]。上刻四言诗，凡十篇或十章。文字镌于鼓腰部分，书体在籀文与小篆之间，学者或云籀文，或称大篆，或泛曰篆书。内容为记述当日某一国君畋猎游乐生活，郭沫若则谓秦襄公送平王东迁后之纪功刻石。鼓文遒逸，“许叔重并不得见，故《说文》十九不收”[②]，亦不见录于三代先秦诗篇。唐初发现石鼓之日，文字已多残缺，字存者亦不尽辨识。故于其文字之辨认与夫书体、年代的考订，唐宋而后，涉此者不下百家，学者众说歧出，评论纷更，莫衷一是。

就石鼓年代而论，言人人殊。大抵唐宋人先主宗周、史籀说。而宗周、史籀说又各自不同。韦应物作石鼓歌，谓“周宣大猎兮岐之阳，刻石表功兮炜煌煌”“飞端委蛇相纠错，乃是宣王之臣史籀作”。韩愈亦云“宣王奋起挥天戈”“搜于歧阳骋雄俊”“镌功勒成告万世，凿石作鼓隳嵯峨”。李吉甫《元和志》云：石鼓十，“盖纪周宣王畋猎之事，其文即史籀之迹也”。张彦远《法书要录》引李嗣真《书后品赞》云：“仓颉造书，鬼哭天廪，史籀堙灭，陈仓（十鼓）籍甚。”张怀瓘《书断》论籀文云：“史籀者，周宣王史官……其迹有石鼓文存焉，盖讽宣王畋猎之所作。今在陈仓。”以上皆主石鼓年代为周宣王史籀（前827—前782年）。其间韦应物更谓石出岐周，本为文王（前十二世纪）之鼓，至宣王时刻诗。至宋人郑樵、任汝弼博考字学，则直视为秦惠文王（前337年）以后所刻[③]。欧阳修撰《集古录》，质置三疑，首唱不信石鼓的出宣王，继起者有熊仁本诸家，甚而斥为后人赝作[④]。而赵明诚则又深信为宣王遗物无疑。及董逌撰《广川书跋》、程大昌著《雍录》，复辨猎碣非周宣之鼓，而为周成王（前十一至前十四世纪）物。《雍录》云：“如予所见，则谓此鼓不为

① 见《复斋碑录》。

② 赵宧光《说文长笺》。

③ 郑樵《石鼓考序》云：“观此十篇，皆是秦篆。”“石鼓固秦文也，知为何代乎？曰：秦自惠文称王，始皇称帝，今其文有曰嗣王，有曰天子。天子可谓帝。亦可谓王，故知此则惠文之后、始皇之前所作也。”陈振孙《直斋书录解题》亦云：郑樵《石鼓文考》三卷，“其说以为石鼓出于秦，其文有与秦权秦斤合者”。

④ 熊仁本《石鼓论》云：石鼓文自韦、韩“以为周宣王时史籀作，后人因之，遂纷然附会，以资博古，殊无证据”。且更斥为“乃好事者蹈袭雅诗，模仿籀文，以欺后世”。《宋文粹》“孙何碑解”亦云：“世称周宣王搜于岐阳，命从臣刻石，今谓之石鼓，或曰猎碣。……其事不经见，吾无取焉。”

宣鼓而当为成王之鼓也。左氏昭四年，椒举言于楚子曰：成（王）有岐阳之搜。杜预（注左传）曰：成王归自奄，大搜于岐山之阳。杜预之为若言也，虽不曰搜岐之有遗鼓，而谓成搜之在岐阳者，即石鼓所奠之地也。然则鼓记田渔，其殆成王之田之渔也与!”自后《金石史》《洺水集》《风雅逸篇》《书学圣蒙》诸书皆赞襄其说。

更有别立异说者，即伪齐刘豫词臣马定国，他以字画、史事考之，谓十鼓乃北周宇文时所仿造，作辩万余言，出入传记，引据颇有可观①，然后人多斥其臆。除明、清间二三家为焦氏《笔乘》、姚氏《残语》、顾炎武《金石文字记》且相附和外，多不之信。

元明清诸代于石鼓年代论者虽多，然不外以上周文王、周成王、周宣王、秦惠文王乃至北朝宇文周诸说之继续阐述与补充。且不论何说，要皆涉及不深，证据欠详，考订未精，徒摭拾现象，率尔臆度而已。迄近人二马（马衡、马叙伦）、三堂（郭鼎堂、罗雪堂、王观堂）之研究成果出，始一致公认为秦刻。其中尤以马衡《石鼓为秦刻石考》征引翔实，举证厘然，遂使千古聚讼终成定谳。但五子虽同视石鼓文为秦器，具体时间仍互有差异，上下相距约百数年，兹并揭之如次：

（一）郭沫若定为秦襄公（前777—前766）时物，说见《古代铭刻汇考四种》所收《石鼓文研究》。

（二）罗振玉、马叙伦定为秦文公（前765—前716）时物，说见《楚雨楼丛书初集》所收《石鼓文考释》。

（三）王国维定为秦德公（前677—前676）徙雍以后之物，说见《观堂集林》及《观堂别集》所收有关诸跋。

（四）马衡定为秦穆公（前659—前621）时物，说见《凡将斋金石论稿》所收《石鼓为秦刻石考》。

其次论书体。石鼓文字为先秦书体，自来尚无异议。虽马子卿之徒谓

① 马氏全文今不可见。马定国，《金史》有传，字子卿。在平人，初为伪齐词臣，入金为监察御史，仕至翰林院学士，自号荠堂先生，说见《中州集》及《金史》本传。

鼓为西魏、北周所仿造，然亦承认鼓文所仿者为先秦书法体势，诗体亦不过仿三百五篇。但鼓文既十九不见收于许慎《说文》，又与汉以来所出先秦青铜器铭文多有不合。究其原因，则因先秦“七国文字异形”，字体本不统一，鼓文书体只是其中的一种，但却是比较重要的一种，即人所通称的史籀大篆。中国先秦战国文字，简括而言，可归纳为东西两大系统。王国维《史籀篇疏证序》云：“战国时，秦用籀文，六国用古文。”《北史》江式《论书表》云：“史籀大篆十五篇，与古文或同或异，时人谓之籀书。”《书旨述》谓“周宣王史籀，循科斗之书，采仓颉古文，综其遗美，别署新意，号曰籀文”。所谓籀文，即当时的西土文字；古文则为除秦而外的东方六国所用形体互有差异变化的文字泛称，前人或称东土文字。秦始皇二十六年（前221）统一天下，以东土六国字体杂乱，为整齐划一文字，乃“罢其不与秦文合者”，是谓“书同文”[①]。这个“书同文字”即世所周知的小篆。小篆画皆如筋（箸之或字。迟据切，筷也），以便笔札，故称玉筋篆；以创议于李斯及其作《仓颉篇》，亦称斯篆。今存泰山残石十余字及秦权、秦量诏版，犹是可资考见的斯篆面目。斯篆是有所取法的，即本于秦人先世书体，故许慎《说文叙》云：“皆取史籀大篆，或颇省改，所谓小篆者也。”省者，省史籀大篆的繁复；改者，改史籀大篆的怪奇；“颇者，间见之词，于古文间有改定”[②]“或颇省改”云云，示未尽改，不过在古文史籀大篆基础上适当简化变异而成小篆，以适应社会发展的需要而已。今查《说文》中所列籀文仅二百二十余字，邓散木《篆刻学》云：“其不列者，必与说文同体。”清人段玉裁尤先此有说：“许（慎）（说文）所刻小篆，因皆古文大篆。其不云古文作某、籀文作某者，古、籀同于小篆也。其既出小篆，又云古文作某、篆文作某者，则所谓或颇省改者也。”[③] 是见《说文》字头篆文乃古文、史籀大篆一脉相承发展而来的秦人文字，石鼓文是这一系列文字中早期略有变态的形体。故郑樵《石鼓考序》有云：“篆书之始，大概有三，仓颉之后，始用古文，史籀之

① 秦始皇二十八年（前219）《琅琊》刻石有“书同文字”之语，以纪皇帝之功。

② 段玉裁《说文解字注》第十五卷上。

③ 段玉裁《说文解字注》第十五卷上。

后，始用大篆，秦人之后，始用小篆。”“秦篆本乎籀，籀本于古文。石鼓之书间用古文者，以篆书之所本也。秦人虽创小篆，实用古文籀书加减之，取成类耳。其不得而加减者，用旧文也。”小篆之祖是籀文，籀文就是大篆。小篆、大篆皆西土秦人使用的文字，也可统称为秦篆（汉书艺文志）。唯大篆不必创自秦人，班固汉志，许慎说文皆谓始自周宣王（前827—前782）在位的四十六年间，即平王东迁以前的西周后期。

《汉书·艺文志》云：“《史籀》十五篇，周宣王太史作大篆。”又云：“《史籀篇》者，周时史官教学僮书也。”

《说文解字·叙》云：“及宣王太史籀著大篆十五篇，与古文或异。”

上引两条汉人材料，所述内容相同又不尽同。无论班、许，皆谓籀文非秦人所造，肇创于周宣王，此其相同。唐初所出石鼓既为籀文，因此一相同，乃直指为周宣遗物，曰宣鼓，曰宣碣，曰宣王猎碣，究实除此之外，别无根据。籀文始造于周宣王时期即便无误，亦不得辄视石鼓为籀文始造之日的器物，盖二者乃互有联系但不相等之两回事。况籀文大篆自周宣王以来至秦始皇并兼六国统一天下的六百年间，一直是通行西土，特别是秦中的文字。鼓出岐阳，“岐本周地，平王东迁（前770年），以赐秦襄公矣，自此岐地属秦。地，秦地也；字，秦字也，其为秦物可知”①。汉志所记编订籀文者不过周宣王太史（职官名），“史籀篇”亦不过周时史官用以教学僮的童蒙课本的书名，一若秦时的《仓颉篇》《爰历篇》《博学篇》及汉代的《凡将篇》《急就篇》《元尚篇》《训纂篇》。而下至许慎撰《说文》，竟谓“宣王太史籀著大篆十五篇”。本为书篇之名的“史籀”，至许慎一变而为人名，造成千古纷乱混淆。以宣王之日，史籀其人于文籍史传无征，更有从人名别作推求者。如清末周寿昌、王先谦注汉书及近人唐兰著文字学史，皆疑《汉志》周宣王为周元王之误，元、宣音近而讹。并谓《汉书·古今人表》“周元王”条下有“史留”，认为史留就是史籀。又以石鼓籀文字体十分繁复，与西周厉王、宣王时代的金文不一，而与春秋至战国初年铜器铭文字体相近，推定《史籀篇》系公元前475年—前

---

① 明人杨慎《丹铅录》引巩丰语。

469年间周元王时的作品，而石鼓之时代则在此期或更后，即秦王统一中国之前的二百五十年间。然而不论周宣王史籀或周元王史留，皆从一种误解前提起步，故自来此类推论结果都无足征信。汉志所记史籀本为书篇之名而非人名，已如前述。“史”可解释为周代专司文籍簿书之类的职官太史，“史”字又可别训为“文字”。“史篇”之义就是“文字书”，《汉书》例证尤多[①]。至于“籀”，段玉裁、王国维都说应训为“读”，汉尉律“讽籀”就是“讽读”。[②] 此见汉志所云“史籀十五篇”“史籀篇”，其义即“文字读本”，别无他意，更非人名。史籀既非人名，周元王史留云云之类的说法就自然落空。

但石鼓为秦物、石鼓文为秦文则几无疑义。除宋人郑樵诸家所揭述者外，下引王国维、邓散木诸家以金、石文物对比研求，尤足可证定。

《观堂别集》卷二《明拓石鼓文跋》云：

> 古文中与小篆体势最近者，唯石鼓及虢、秦诸器而已。
>
> 金文中文字与石鼓体势相同者，唯合肥刘氏所藏之虢季子白盘及新出之秦公敦耳。虢盘出于郿县礼村，乃西虢之器，《班志》所谓“西虢在雍”者也。秦公敦有“十有二公”语，亦德公都雍以后所作，与在陈仓之石鼓为一地之器，故字迹相同。[③]

又《观堂集林》卷十八《秦公敦跋》云：

> “秦公敦出甘肃秦州，今藏合肥张氏。器盖完具，铭辞分刻器盖，语相衔接，与编钟之铭分刻数钟者同，为敦中所仅见。”“字迹雅近石鼓文。”“金文中与石鼓（文）相似者，惟虢季子白盘及此敦耳。”“此敦虽出甘肃，然其叙秦之先世曰‘十有二公’，亦与秦盄和钟同，虽年代之说，欧、赵以下人各不同，要必在德公徙雍以后。雍与西虢壤土相接，其西去陈仓亦不甚远，故其文字体势与宝槃（耕按，指虢

---

① 《汉书·扬雄传赞》：“史篇莫善于《仓颉》，作《训纂》。”又《王莽传》：“征通史篇文字。”皆指“史”之义为“文字”。

② 《说文解字叙段注》及王国维《史籀篇疏证序》。

③ 见上海古籍出版社影印《王国维遗书》第四册。

季子白盘）猎碣（指陈仓石鼓）血脉相通，无足异也。”[①]

邓散木《篆刻学》云：“是欲见《史籀》文字，又舍秦器莫属矣。秦器之见于世者，最著者莫过《石鼓文》。而（清代）后出之秦公敦，亦甚籍籍人口。”

四、石鼓遗文及拓本、摹本、刻本、善本、影印本

唐初石鼓初出，虽岁久讹阙，然遗迹尚有可观。但唐人得亲睹秦郊石鼓及其文字者不多，所述多据拓印。“拓石之事，未识始于何时”，“自汉至晋中叶，尚无拓墨之法”[②]，逮六朝隋唐始盛临摹。《钟鼎篆韵》云：“唐初始有以褚榻碑碣为墨本者。东巡之石，偃师之盘，岐阳之鼓，延陵季子之墓篆，石泐而墨传。”[③] 最早见录于载籍的陈仓猎碣纪事，即贞观吏部侍郎苏勖在石鼓传世“打本”卷首所写的《记叙》[④]。“打本”存字若干，情况如何？皆不得而知。其后韦应物、韩愈所见者亦皆拓墨印本。韦《诗》有云：“今人濡纸脱其文，既击既扫白黑分。忽开满卷不可识，惊潜动蛰走云云。”是知韦氏所见为拓片，而且已因字形高古，不能辨识。其后韩愈作《歌》又云：“张生手持石鼓文，劝我试作石鼓歌。少陵（杜甫）无人谪仙（李白）死，才薄将奈石鼓何？”“公从何处得纸本，毫发尽备无差讹。”“辞严义密读难晓，字体不类隶与蝌。年深岂免有缺画，快剑斫断生蛟鼍。”“忆昔初蒙博士征，其年始改称元和。故人从军在右辅，为我量度掘臼科。”[⑤] 退之所咏，可证二事：一、韩愈未去陈仓摩玩实物，仅托从军凤翔的友人为其量度石鼓。六年之后，又得张生（籍）所持纸本，文字毫发尽备，赞为当世最佳拓墨，而字画仍有缺灭；二、字体非隶非蝌，韩氏仍难通读。虽然，此前唐人却已了然猎碣遗文为籀篆，且粗悉其字体的渊源流变，为殁于高宗时的李嗣真作《书后品赞》及官老开元的

---

① 见上海古籍出版社影印《王国维遗书》第三册。

② 王国维《观堂集林》卷二十《魏石经考四》。

③ 潘景郑《增补校碑随笔序》亦云：“碑刻拓墨之传，权舆于唐而盛于宋。”

④ 窦蒙《述书赋注》及宋人杨文昞《周秦刻石释音》。

⑤ 见《韦苏州集》及《韩昌黎集》。

张怀瓘《籀文赞》[1]，皆谓石鼓遗文“体象卓然，殊今异古”“仓颉之嗣，小篆之祖”，所述大致无讹。元和间李吉甫纂修《郡县图志》，纪述遗鼓，唯不录文字，此先秦石鼓入载地志之始。郑余庆为第一个集迁保护石鼓的有功之人，却于遗文、拓片无纪录以贻后学。唯周越《法书苑》记云：“时代渐远，字多讹阙。”借知唐时字已漫漶不全。石鼓全文辑入纸本文献，今存时代最早者，唯唐人佚名纂集之《古文苑》。此书为宋人孙巨源得于僧寺佛龛残籍中，书为唐人写本，以石鼓文轧于卷首[2]，文字剥泐已多，所录凡四百九十七言。唐、五代拓石之风殊盛，非唯私拓流行，官方亦有“拓书手”专司其事。《大唐六典》及《旧唐书·职官志》皆有“楷书手”“拓书手”“造墨匠”“熟纸匠”之类职名，其传世拓墨虽吉光片羽，然仍不时而有，独石鼓文唐拓无闻于后世。明人杨慎（用修）撰《丹铅录》，谓“予得唐人拓本于李文正先生，凡七百二字，盖全文也”。按李文正即湖南茶陵李东阳，乃杨慎之师，今查李氏《怀麓堂集》及其他论述石鼓篇章，全无此事。且李东阳作《石鼓歌》尤云：“家藏旧本出梨枣，楮墨轻虚不盈握。拾残补缺能几何？以一涓埃裨海岳。”李氏明言所藏为摹写木刻本，且文残字缺，与所谓唐拓全本无关。况中唐杜甫已言：“陈仓石鼓久已讹。”韦苏州诗亦云：“风雨缺讹苔藓涩。”则石鼓在唐代已无全文，故昌黎见张生纸本以为难得。宋人亦从来无人说及得元其全者，杨慎生明正德间，何从独得此？杨氏夙以好古炫世，补缀为奇，所云唐本，盖出影响依托，朱彝尊《石鼓考》已详辨之，杨说是根本不足据信的诳谈。

宋皇祐间得亡鼓，因民间洼以为臼，鼓身半截损毁，验以其他九鼓，每行多者七字，少亦六字，而亡鼓尚依稀可见者，行仅四字，疑其上皆缺灭二三字，欧阳修于当世最早获见，云所存鼓文凡四百六十五字，不可识者过半（《集古录》），与同时人梅尧臣“四百六十飞凤凰”之说差近，较之《古文苑》所录已少三十二字。宋人薛尚功为音释则云：“岁月深远，

---

① 二《赞》及引文，见《法书要录》与《书断》。

② 《古文苑》一书，南宋淳熙（1174）韩元吉次为九卷，至绍定间章樵为之注释，旧有商务万有文库影印本。

缺蚀殆尽，今款识所在，乃得之前人刻石。”存字亦不过四百六十七言。此一前人刻石仍较《古文苑》少三十字，比《集古录》多二字。其后胡世将撰《资古绍志录》云“今其文所见者四百七十四，磨灭不可识者十二三。盖余先世所藏本犹在《集古（录）》之前也。国朝（宋）崇宁中蔡京作辟雍，鼓置讲堂，余尝见也。岐下有摹本，殊失古意”。胡氏所藏早于《集古录》之本，亦不过比欧阳修所见多九字，仍比《古文苑》少二十三字。宋末施宿又参以诸家之本，订以石鼓籀文真刻，寿梓于淮东仓司，其辨证训释，盖亦详备（古文苑注），唯字数仍不逾《古文苑》。此见施氏音训为淮东仓司木刻本。之前尚有南剑州州学以郑樵模写鼓文音释锓木。程大昌《雍录》亦谓“绍兴辛亥，有以木本见示者，建康秦丞相家藏本也，点画模糊皆不可读”。此见又有更早的北宋木刻本。大抵北宋拓本、摹本、木刻本并行，且石鼓具在，可资验证。南渡后，鼓不复存，研考诸家，非唯石鼓实物不及见，并拓本亦视同稀珍。《书画史》云：“自靖康土宇分裂之后，拓本绝不易得，好事者以银一锭购其十纸，则其见宝于世可知。”嘉定六年（1213）重五，施宿为《石鼓音》亦云：“盖自南渡以还，故家之藏，绝不多见，况摹拓有精粗，故亦难得佳本参校同异。”前此程大昌（雍录）犹自称“予之取古辞而叙辨石鼓也，非独不曾见石鼓，亦复不见墨本，独因郑樵模写其字之可晓者，而随用其见以为之辨”，“予既得（木刻）版本，遂随事而辨之”。下至宋末元初吾邱衍（字子行）删订《周秦刻石释音》[①]，经其考订，所录鼓文亦仅比《资古录》多三字（477字）。“子行介士，未尝入燕，止千所藏画谱中见鼓。”[②] 吾氏自述亦云：“余旧藏《甲秀堂小谱》，图画鼓形，随缺补字。”[③] 借知南宋考释诸子，多从书画纸上谈兵。入元后情况因时以变，元末明初义乌王袆云：“国朝（元）既取中原，乃辇石鼓置国学（孔）庙门下，于是榻本日以

① 宋淳熙间，杨文昞以诅楚、石鼓、泰山、峄山、琅琊碑作《周秦刻石释音》，元至大戊申鲁郡吾衍又加删订重刻。

② 说见《金台纪闻》。

③ 元初吾（邱）衍《周秦刻石释音自序》。

广，而字画益漫泐不可辨矣。”[1] 到至元己卯（1279）五月甲申潘迪镌立《音训碑》，石鼓仅存三百八十六字，且剥落已甚。此后七十六年，至明成祖永乐十二年甲午（1414），“则仅余二百七十八字矣。就二百七十八字中，昏缺难辨，字或成半体，证以（潘氏）音训而后可读者，又九十八字。盖其岁月益深，则磨灭益甚，加以（历年）摹石椎击之多，其不能无缺损，亦理势然也”。[2] 明人郭宗昌《金石史》，亦称庙学石鼓，“宝护无人，冬辄篝火抚石，毁剥日甚”。至明正德年间，有翰林院编修杨慎忽然宣称得唐拓石鼓文全本，凡七百二字，已如前述；又谓从其师李宾之所获见东坡之本，凡六百五十七言完好无讹，篆籀特备，音释兼具，并据以撰《石鼓文音释》三卷付诸木刻，其第一卷据称为摩写缀补唐拓、苏本七百二字，第三卷则就此七百二字易译为今文。[3] 嘉靖间临朐冯惟讷编《古诗纪》一百五十六卷，其中前集十卷，皆古逸诗，杨刻石鼓文七百二字今文悉被人入采《古诗纪》前集之中。[4] 其后陕人纂修方志，又从杨慎木刻本照录石鼓今文于《陕西通志》。一时间，一篇千古不及见之石鼓全文，又得重传于世。究实所谓唐拓、苏本石鼓全文云云，皆出杨慎伪托与穿凿补缀，遂使鼓文真伪混杂，玉石不分，欺人图世之甚，吊诡之词，覆瓿可已。《古诗纪》《陕西通志》不审，率尔过录杨本全文，徒令谬种流传，当世学者已多驳斥，文繁兹不具录。明末崇祯间，麻城刘侗、宛平于奕正同撰《帝京景物略》八卷，其中叙太学石鼓，谓“鼓文剥漫，宋治平中存字四百六十有五，元至元中存字三百八十有六，据今拓本，则甲鼓存字六十一，乙鼓字四十七，丙鼓字六十五，丁鼓字四十七，戊鼓字十二，己鼓字四十一，庚鼓字八，辛鼓字无存者，壬鼓字三十八，癸鼓字六，总共十鼓，存字三百二十五，较元至元中又少六十一字”。明末清初孙承泽纂《天府广记》，其第三十九卷“石刻”云：“（元）潘迪音训载四百九十四

① 明王祎《王文忠集》。

② 说见《素斋集》。

③ 杨慎之说，见《丹铅录》及《杨升庵集》。所纂并付刻之《石鼓文音释》并附录凡四卷，已收入《四库全书》。

④ 冯惟讷，字汝言，明嘉靖进士，传附见《明史·冯琦传》。

字，（宋）薛向功帖载四百五十一字，今（明末）存三百二十五字。”存字之数与《帝京景物略》相符，刘、孙二家可能都曾验证石鼓实物，所云潘迪音训碑字数系包括潘氏辑补字数，而为当实存字仅三百八十六，易言之，其中包括潘补一百零八字。《天府广记》又续录各鼓文字，经统计，竟达六百五十言。孙承泽是对杨慎石鼓全文本持怀疑态度的[①]，此六百五十言，既非杨本移录，又非石鼓于当日实存文字，度系折中历来诸家之说以作“复原”尝试，自不足据，不过可资参考已矣。

清初康熙中，朱彝尊撰《石鼓考》，书分上、中、下三篇，次于所纂《日下旧闻》卷末，分别摹写诸鼓实存文字，夹注历代音释诸家之说。逮乾隆五十年（1785）前后，于敏中、朱筠诸词臣补订朱氏之作，又据《国子监志》按实过录诸鼓文字，云：“今石鼓及潘迪音训并列国子监中，虽鼓文较前益多残缺，然其存者犹确有可据。兹采《国子监志》所摹现存鼓文，从潘迪音训摹释，考其存缺，谨录于后，以传信方来。”其时（乾隆）各鼓文字存残情况如次：

第一鼓凡十一行，行六字。重文不计，字之全者四十九，不全者十二，缺灭者五，比潘迪《音训》多缺三字。

第二鼓文九行，行七字，末行五字。重文不计，字之全者三十七，不全者七，缺者十七，比潘迪《音训》多缺十六字。（宋施宿云：“十鼓中唯此鼓完好，无一字磨灭，成文可读。然字多假借，世既逾远，不能尽知，故义亦有不通处。”）

第三鼓凡十行，行七字，末行六字。重文不计，字之全者三十九，不全者二十，缺灭者十，比潘迪《音训》多缺二字。

第四鼓凡十行，行七字，末行六字。重文不计，字全者二十八，不全者十九，缺字二十一，较潘《训》多缺五字。

第五鼓凡十一行，行六字，末行四字。重文不计，字全者十一，不全者三，缺者五十，比潘《训》多缺十七字。

第六鼓凡十一行，行五字，末行二字。重文不计，字全者四十

① 见孙承泽《天府广记》。

一，缺者十一，比潘《训》多缺三字。

第七鼓凡十行，行七字，末行三字。重文不计，字全者六，不全者二，缺者五十八，比潘《训》多缺七字。

第八鼓凡五行，行五字，文字全缺。潘《训》尚存一字。

按《猎碣考异》：施宿云“此鼓最磨灭，仅存十三字，不复成文”。潘《训》云“予家旧藏本只存一𢕟字，今并剥落”。

第九鼓凡十五行，行五字，末行四字。重文不计，字之全者二十七，不全者五，缺者四十一，比潘《训》多缺十六字。

第十鼓凡十行，行八字，末行二字。重文不计，字全者二，不全者六，缺者六十六，比潘《训》多缺三十二字。

总计以上十鼓文字，重文不计，共字六百二十，其中缺者三百六字，不全者七十四字，全者仅二百四十字。上距明末不过一百五十年，石鼓文又比《帝京景物略》及《天府广记》所见更少八十五字。

下至清末，定海方若著《校碑随笔》，上距乾隆仅一百二三十年，鼓文益多残泐，方氏所记如下：

第一鼓十一行，行六字。

第二鼓九行，行七字。

第三鼓十行，行七字。

第四鼓十行，行七字。

第五鼓泐甚，行数、字数不清。

第六鼓十一行，上泐，下存四字。

第七鼓泐甚，行数、字数不清。

第八鼓全泐。

第九鼓十五行，行五字。

第十鼓泐甚，行数、字数不清。

近人王壮弘撰《增补校碑随笔》，其于现存历代鼓文传本，包括石鼓原拓，综录海内外重刻、影印诸本，搜采闳博，用力至勤，征而可信，最有参考价值。兹参王氏所述及其他有关文献，简说大要。

① 说善本

石鼓文善本，首先，相传以宁波范氏天一阁所藏北宋四百六十二字拓本为最古。清乾隆间张燕昌据以摹写上石重刻之后，始为世人所知。继之嘉庆间阮元亦两次据天一阁所藏原拓摹写上石重刻，分置杭州、扬州府学。此后，据阮刻、张刻而再刻之重翻石本又有多起，详见后文“说重刻”。天一阁北宋原拓已于咸丰十年（1860）毁于兵燹；张燕昌首次重刻之石亦寻毁；唯阮刻杭州府学之石现存，然神采多失，徒存形态而已。其他重翻摹本，则更不足论。

其次，锡山安国所藏北宋拓本。清道光间，安氏后裔析分祖产，将祖遗“天香堂”拆售，在房梁之上得安国所藏石鼓十册，其中三册分别以《先锋》《中权》《后劲》本命名，皆北宋所拓。时为同邑沈梧所得，秘不外传，故当世少有知之者。此一善本，民国初年辗转售入锡山秦文锦之手，秦氏影印后又并所得安氏祖藏另一宋拓概售于日本东京学人河井荃庐。孤珍自此流落东瀛，不复为国人所有。

最后，项氏天籁阁旧藏“黄帛”二字未损之明代中叶拓本（通称黄帛本），清末归刘鹗所得，又转售日本人中村不折。此外，北京故宫博物院现尚藏有明嘉靖、隆庆间“黄帛本”。

② 说重刻

所谓重刻，包括根据原鼓原拓重摹上石和摹写刻木，以及据此重刻的再翻刻。石鼓文重刻，自来至伙，北宋岐下即有翻刻，南宋而后增多，宋人郑樵、薛向功为音训，所见皆重刻本。逮清代而臻于极盛。举要如下：

1. 宋淳化间李戣摹刻本。林侗藏，见《来斋金石刻考略》。

2. 宋《甲秀堂帖》缩刻本。庐山陈氏缩刻。

3. 宋《历代钟鼎款识法帖》缩刻本。宋薛向功据岐下本重刻。

4. 明嘉靖间杨慎木刻。世称《函海》本，杨序诈称据唐拓重摹，不可信。清人孙星衍又以杨本（木版）再重刻千虎邱，称重刻“函海”本或虎邱本。

5. 明东海顾氏端溪砚石缩刻本。顾从义依北宋拓本缩刻，石佚已久。

6. 明左氏陕西石耀县摹刻本，崇祯间左佩环摹刻于石跃县文庙内，石今完好。

7. 乾隆御府本。清高宗命工摹刻。

8. 清张燕昌重刻宁波《天一阁》四百六十二字宋拓本，石随毁于火。清人徐渭仁以张氏摹《天一阁本》双钩刻木，称《随轩金石本》；又有守敬用张本再刻，称《望堂金石刻本》；更有清末姚觐元用张刻重梓于四川，称蜀刻《天一阁本》。

9. 清阮元重刻宁波天一阁四百六十二字北京拓本。嘉庆二年（1797）首刻于杭州府学，嘉庆十二年（1807）再刻石于扬州府学。又有清人盛昱以阮元重刻《天一阁本》再摹刻于北京，置诸国学韩文公祠壁。

综上8、9两条，已见为世所重的《天一阁北宋拓本》，原物虽已不存，而其重刻则流衍枝分，有张燕昌、阮元两个系统。张之重刻又一分为三，有徐、扬、蜀三本。阮元重刻又一分为二，有扬、京二本。清人重刻同一个天一阁宋拓，总达七种。

10. 此外，尚有何绍业砖刻本，尹彭寿石鼓文汇刻本，以及翁方纲单刻“马荐”一鼓本。

③ 说影印

指用近代技术印造的中外影印本，包括珂罗版影印、胶版影印和清代同、光间从西方传入的石印。影印对象，集中在前述“说善本”中除天一阁所藏宋拓以外的其他几个善本，尤以明人锡山安国所藏宋拓诸本影印最多。影印出版者，则中国、日本。其由中国人影印的有：

1. 旧中国由商务印书馆用珂罗版影印的明锡山安国旧藏北宋拓《先锋本》（一称前茅本）。此本在安氏藏本中，早于《中权》《后劲》本，原物已流去日本，郭沫若著《石鼓文研究》辑入。二十世纪五十年代北京文物出版社又以金属版再印。

2. 民国初年，锡山秦文锦得安国旧藏宋、明诸拓，在其出售于日本人之前，曾于其自创的“艺苑真实社”用珂罗版影印其中的《中权本》（付印改称“中甲”）。按安氏所藏北宋所拓三本中，《中权》晚于《先锋》《后劲》二本，系北宋政和二年（1112）的“赐本”。

3. 中华书局珂罗版影印《后劲本》，名《周宣王石鼓文》，有唐兰、马衡二跋。椎拓时代早于《中权》，稍晚于《先锋》，为北宋大观间“贡本”。原拓售去日本。

4. 艺苑真实社珂罗版影印《周石鼓文》。明锡山安国旧藏，“马荐”鼓仅存一字，原本已售去日本，系宋元间所拓。

5. 刘鹗藏天籁阁本，尝自印石印十整张，本为明中叶拓“黄帛”本，误题《宋拓石鼓文》。后由有正书局再次石印，正名为《明拓石鼓文》，原拓已售归日本。

6. 故宫博物院收藏明拓“黄帛”未损本（明孙克宏旧藏），《院刊》第一期发表缩印件。

其由日本人影印的，计有：

1. 日本骎骎堂胶印《周宣王石鼓文》，收入《碑法帖大观》，系明锡山安国旧藏宋拓“中权”本，原拓在日本。

2. 日本博文堂珂罗版影印《宋石鼓文》，有罗振玉（叔言）题签。此本非宋拓，实系明初所拓“汧”字未损本。其后中国有正书局又再用珂罗版影印。

3. 日本二玄社胶印北宋《后劲本》，收入《书迹名品丛刊》，原拓被售去日本。

五、石鼓音训考释著述举隅

宋金以前，争石鼓之年代与真伪，断断不休。元以来真伪论定矣，而争文字者又哄而聚讼。盖石鼓虽原物俱在，唯鼓文自始漫漶剥泐，积久残拓益不可辨，世之研究检讨者，多依摹本及释文相传，因是音训考释之学以起。释文之中，潘迪音训最著，以其集宋释之大成。摹本之中，薛尚功、杨慎有名，因所录文字稍全且多。杨本不足信，世有定评，故自明季以来，音训考释之作，仍接续相踵而出，今举要成篇，从杨慎始。

①《石鼓文音释》，明杨慎撰。书分上、中、下三卷。卷一石鼓籀文，卷二音释，卷三今文，外附录一卷，录前人题咏五篇。

②《石鼓文正误》，明陶滋撰。书凡二卷，以薛尚功、郑樵、施宿三

家石鼓训释不免舛讹，因亲至太学验证石鼓，抉剔刻文，一一校订。然年深缺画，仍多影响揣摩。

③《石鼓文定本》二卷，清刘凝撰。上卷石鼓音训释文，下卷录古今人辩说、诗歌及石鼓刻文。此书既不以清初所存三百二十余字以考订其真，又不详列诸家之本以纠其异，徒以杨慎伪本犹属“全文”，据以为主，根本先谬；又意为增减，弥起纠纷。“定本”云云，名不副实。

④《石鼓考》，清朱彝尊撰。书分上、中、下三卷，集各家之说最详，间有评定。其后，又有于敏中、朱筠《补考》。

⑤《石鼓文集释》一卷，清任兆麟撰，见《心斋十种》。

⑥《石鼓读》七种七卷，清吴东发撰。其中包括《石鼓释文考异》（一卷）、《石鼓文章句》（一卷）、《石鼓辨》（一卷）、《石鼓鉴》（一卷）、《石鼓释文考异或问》（一卷）、《石鼓尔雅》（一卷）、《叙鼓》（一卷）。

⑦《石鼓然疑》一卷，清庄述祖撰，见《食旧堂丛书》。

⑧《石鼓文汇》一卷，清尹彭寿撰，见斠经堂集初刻。

⑨《石鼓文考证》一卷，清吴广霈撰，见《湫漻斋丛书》。

⑩《石鼓文研究》，今人郭沫若撰，文物出版社。

⑪《石鼓文校释》，今人邓散木撰，中华书局。

附记：1980 年后，为湘潭大学历史系本科诸生及研究生讲授“中国历史文献学”课程，尝辟“石刻文献”一讲。石鼓为今存石刻文献之滥觞，因草此文以供参考。

（载《史学史研究》1984 年第 3 期）

关于《大唐六典》行用问题

除《周礼》而外，《唐六典》（全称《大唐六典》）是现存的一部最古最完整的政制官文书。由于它的内容丰富，且属唐人文献中的第一手史料，前人论史，争相引用。但《唐六典》在唐代是否确曾行用，自南宋而后近七百年来，一直纠缠不清。近代中国学者，未见发表专门讨论这个问题的文章。日本历史学家专文论及的著作主要有两篇，一为内藤乾吉先生所著《大唐六典施行》，一为玉井是博先生所著《宋刊大唐六典及通典》。此外，还有仁井田先生、牧野先生和加藤繁先生的文章兼论及此。①

前人就其行用问题争论固多，但不论肯定或否定，立说都嫌论据不足。我以为要解决《唐六典》在唐代是否确曾行用，首先要明确这样几个问题：《唐六典》这部书的性质与作用怎样？《唐六典》制定前后的社会历史背景如何？唐、五代人有关《唐六典》行用问题有过哪些看法？兹就个人近年接触所及，对《唐六典》行用问题提出浅陋见解，以求正于方家。

一、《唐六典》一书的性质、作用及其时代背景

前人乃至近人提到《唐六典》，往往认为它只是开元一代的政制典章。

---

① 《大唐六典行》，文载日本京都东方文化研究所《东方学报》第七期，玉井氏文载日本《支那学》第七卷第二号、第三号；仁井田、牧野著《唐律疏议制作年代考》，文载日本《东方学报》东京本第二册，加藤繁之说见所著《唐宋时代金银之研究》。

这是一种错觉。《唐六典》虽制定于开元十年至廿七年（722—739），但是，第一，从编撰的缘起看，它是为了借以总结唐初到开元一百二十多年间（618—739）的典章制度以及和这些制度相关诸事物。唐人在追述其撰定来由时尝说：“国家与天维新，改物视听，太宗拯焚溺之余，粗立统纪，玄宗承富庶之后，方遐论思。爰敕宰臣，将明睿旨，集儒贤于别殿，考古训于秘文，以论才审官之法，作《大唐六典》三十卷。”[①] 唐玄宗定“开元六典敕”更明白指出它是“错综古今，法以周官，勒为唐典”[②]。北宋曾巩评论《唐六典》时也说：“（官制）近莫美于唐初，以尚书六职，本天下之治，而不能修列其法，论著于书。开元之际，始追次旧章，以为六典。”[③] “又云：“唐初……弥纶庶务，至微至密，其大则以永业、口分之田制民之产，以租庸调制民之赋，以诸府十二卫制民之兵。三代以来，其制最为近古，太宗所以致治者，盖出于此。其事至众，而举之有条；其体至大，而统之有要，……明皇之世，乃考寻旧章，著之简册，以六卿所总领，则象《周官》，名其书曰《六典》。”[④] 吕温、曾子固对开元六典一书的认识是对的：“其所著者，盖先代之遗法也。”

第二，从内容看，六典体制虽以官制为总纲，但不限于官制，而是唐代各种制度的综合。其反映问题的广度和深度，为古今任何官制专书所不及。无论政治、经济、财政、文化、选举、边防、军制、舆地、方物、交通、职官、礼仪、刑律、朝章、服饰，概言之，上自朝纲大政国策方略，下至贩夫驿卒田事蒭尧，旁及四夷边防要典，其规制，其论说，其现状，其流变，其渊源，均以官制为中心而分门别类毕注于其中。说它是七世纪初叶至八世纪三十年代的政治制度史可以，说它是上古以迄中唐以前的政制类书亦复可以。如果就其内容之富、范围之广来说，又远非政制史一词可以概括，说得确切一些，《唐六典》应是初唐以迄中唐的一部社会制度

① 影印述古堂钞本《唐吕和叔文集》《代郑相公请删定六典、开元礼状》。又见《全唐文》卷六二七。

② 《全唐文》卷七六五顾德章《东都神主议》引。

③ 影印密韵楼藏元刊本《元丰类稿》卷三四，《乞登对状》《乞赐唐六典状》。

④ 影印密韵楼藏元刊本《元丰类稿》卷三四，《乞登对状》《乞赐唐六典状》。

史，它展示着这一历史时期的社会面貌，从中可以窥见各种社会制度的轮廓，可以探索这一时期的思想意识、道德标准及其生活习俗。

第三，从参与编撰的成员看，六典之修撰出自唐玄宗的命令，搦管总结成书的是熟知先朝掌故与现状的执政宰臣和有名的史官，其目的在于“网罗遗逸，芟翦奇邪，亘百代以旁通，立一王之定制”①。也就是要将当代行之有效的祖宗成规、制度、惯例和故事，经过整理、综合、提炼，通过御定官文书的形式把它固定下来，使其成为法律化的完整典籍，使之既成为当世治天下之准绳，又“行之可久，将遗永代之规”（《东都神主议》），能作为后世典据，“传之后嗣，使永有持循”。

第四，通观六典全书所记，比勘开元前后的现实，虽已有出入，却仍多见诸中唐以前的史实，试以《通典》、两《唐书》、《唐会要》、《唐律疏议》及唐人诗文互相参读，几乎处处可以互相印证。这里所说的印证包括两个内容，即其立制的基本精神是一致的、一贯的，其某些细节的规定是对这一历史时期各个不同阶段相关事物的综合。其所以如此，是由于社会在不断前进，从而历史事物也在随之发生变化。正是由于这种变化，当开元学者对这一百多年的历史经验进行总结，以期铸为“宪章”永作规范时，就不能不使修撰人碰上十分棘手的困难。区区三十卷《唐六典》经历四位宰相（张说、萧嵩、张九龄、李林甫），至少一十四支大手笔（陆坚、徐坚、赵冬曦、咸廙业、毋煚、余钦、孙季良、贺知章、刘郑兰、卢若虚、陆善经、萧晟、苑咸、韦述等）修撰，依然绵延一十七年，迟迟难产，其最重要的原因也在这里。

综上四端，可将《唐六典》一书的性质和作用简括如下：《唐六典》不只是开元一代的政制，而是初唐到中唐一百二十年来各种制度的综合，是这一历史时期政治经验的历史总结，从而也就是当时社会关系、阶级剥削关系，质言之，是当时生产关系的总结。唐代统治者希望通过御撰文书的方式，将这些总结固定下来，作为指导朝野、巩固统治的共同规范。御撰文书和这种共同规范本身，无疑是带有国家法典的性质，是有法律的约

① 影印密韵楼藏元刊本《元本类稿》卷三四，《乞登对状》《乞赐唐六典状》。

束力的。

《唐六典》不是凭空撰拟出来的，更不是脱离现实而存在的东西。它建立在历史现实的基础上，当时的社会经济关系及由此发生的观念形态，是《唐六典》借以拟订的物质根基。由于这种物质基础在唐前期不是停滞不变的，因而《唐六典》必然具有这种时代的烙印，在具体运用方面也不免会受到相当程度的局限。了解和明确这些，是开启《唐六典》是否行用问题之谜的锁钥。

《唐六典》制定前后的社会历史背景怎样呢？众所周知，从唐初到开元的百多年间，建立在封建土地所有制之上的均田制、府兵制和租庸调法的结合，使社会经济得到了发展，呈现出秦汉以来封建社会经济空前未有的繁荣。但是，与此同时，随着封建经济的逐步发展，封建社会自身的矛盾也在逐步尖锐。还在武后执政的年代，土地兼并已经盛行，到玄宗之世，其势更猛。“开元之际，天宝以来，法令弛坏，兼并之弊，有逾于汉成、哀之间。”[①] 均田制日趋破坏，农民失掉耕地逃亡，兵源也随之发生问题。下至开元十年（722），府兵已明令由番上而改为招募，“兵农之分，从此始矣”（《资治通鉴》），建立在均田制之上的府兵制名存实亡。政治方面也出现了一系列变化。如科举制到开元年间，唯进士科独尊，“开元之后，四海晏清，士无贤不肖，耻不以文章达”[②]。在职官方面，使职的设置越来越多。由于土地兼并，逃户增多，租庸调的赋役受到威胁，因此从开元十一年（723）置租庸使[③]，开元十二年（724）发“置劝农使安抚户口诏”并设劝农使[④]，同年八月派宇文融为括田使等[⑤]。不言而喻，开元、天宝之际我国封建社会的政治和经济处于激烈动荡的漩流之中，是一个不平常的时代，而《唐六典》的制定恰好就在这个激烈变化的交叉点。不少前期的成法已不符合现状的要求；被《唐六典》采入的某些前代成规已在

① 影印殿本《通典》卷二夹注。
② 《通典》卷一五《选举典》历代制下。
③ 《唐会要》卷八四租庸使条。
④ 《唐大诏令集》卷一一一。
⑤ 《旧唐书》卷一〇五《宇文融传》。

实际生活中渐次废弛或崩解。如《唐六典》卷一所记尚书左右丞相（即左右仆射）唐初本为宰相，自开元中张说兼此任而罢知政事之后，遂开此后不知国政的先例。此外，《唐六典》卷三所记田、赋之制，卷五所记兵制等，亦无不与现实相左。由此可见《唐六典》始一成书，一些具体条例即已落后于历史发展的客观形势。时代愈往后推，文条与现实的龃龉愈加显著。假设将《唐六典》以御撰文书形式明诏颁行，其中部分条文必陷于徒法不足以自行，一则将严重损害封建统治者的威信，再则又必于一些实际事务中引起混乱、争执和纠纷。唐玄宗处于这种尴尬困境下，故经“草奏三复”由臣僚们斟酌再三，依然迟迟不敢明诏施行，最后只好含含糊糊地“祇令宣示中外”。

二、关于前人对《唐六典》行用问题争论的评议

在唐人文献中，记载《唐六典》不曾颁行的史料共有两条。

其一，见唐人韦述《集贤记注》：

> 开元十年，起居舍人陆坚被旨修是书（六典），上写白麻纸六条，曰理、教、礼、政、刑、事典，令以类相从，撰录以进。……二十六年奏草上，迄今在书院，亦不行用。[①]

《唐六典》修于集贤院，《集贤记注》作于天宝十五年（756）。引文中“迄今在书院”的“迄今”，指的是自开元二十七年至天宝十五年（739—756）间《唐六典》“亦不行用”。

其二，《吕和叔文集》卷五、《全唐文》卷六二七吕温《代郑相公请删定六典、开元礼状》：

> （玄宗）以论才审官之法，作《大唐六典》三十卷。……草奏三复，祇令宣示中外，星周六纪，未有明诏施行。……伏维睿圣文武皇帝

① 见《玉海》卷五一，《郡斋读书志》卷七，《直斋书录解题》卷六，《文献通考》卷二〇二，《经籍考》二九，程大昌《雍录》，《四库全书总目》卷七九史部三五引。按：韦述，唐开元间人，主修《唐六典》。传见《新唐书》卷一三二，《旧唐书》卷一〇二，文见《全唐文》卷三〇二。修撰经过另详拙稿《大唐六典纂修考略》。

> 陛下，……每怀经始，则知贞观之难；言念持盈，思复开元之盛。……伏见前件《开元礼》《六典》等，先朝所制，郁而未用，奉扬遗美，允属钦明。然或损益之间，讨论未尽；或弛张之际，宜称不同。将贻永代之规，必候不刊之妙。臣请于常参官内选学艺优深、理识通敏者三五人，就集贤院各尽异同，量加删定。然后冀纾睿览，特降德音，明下有司，着为恒式。使公私共守，贵贱遵行，苟有愆违，必正刑宪。①

此状系吕温代他人捉笔。上于何时，《全唐文》及文集皆未系年月，唯文中有“睿圣文武皇帝陛下”一语，此系唐宪宗“尊号”，尊号上于元和三年（808）正月癸巳，事见《新唐书》卷七。此状作于唐朝无疑。涵芬楼影印元刊本《注释音辨唐柳先生集》卷九《衡州刺史东平吕公诔》记吕温卒于元和六年（811）八月，证执笔在元和三年（808）以后，六年（811）之前。再从此状之作，上距《唐六典》的宣示“星周六纪”来看，一纪是十二岁，从开元二十七年（739）《唐六典》进奏下推七十二载，恰在宪宗元和五年（810）。由此可知，《唐六典》到宪宗元和五年（810）时仍“郁而未用”，“未有明诏施行”。

持否定意见者正是援引以上“亦不行用”“郁而未用”“未有明诏施行”诸字句，断言《唐六典》在唐代不曾行用的。近至清儒，犹拘此说，如编纂《四库全书》的馆臣。持肯定意见者则从《唐会要》中抉出后人援引《唐六典》的材料，去否定唐人韦述、吕温记载中的说法。第一个反驳不曾行用说的是宋人程大昌，他在《雍录》中尝谓：

> 唐世制度凡最皆在《六典》，或谓书成未尝颁用。今按《会要》，则牛僧孺奏升谏议为三品，用《六典》也；贞元二年定著朝班次序，每班以尚书省为首，用《六典》也；又其年窦参论祠祭当以监察莅之，亦援《六典》也；此类殆不胜述。草制之官，每入院必首索《六典》，则时制尽在故也。

① 影印述古堂钞本《唐吕和叔文集》《代郑相公请删定六典、开元礼状》。又见《全唐文》卷六二七。

程大昌对《唐六典》行用是采取全盘肯定态度的，但又无法解释唐人韦述、吕温所说的“亦不行用”，仅云：“不知韦述何以言不用也。”第二个反驳不曾行用说的是南宋人晁公武。他在《昭德先生郡斋读书志》中论云：

>（《六典》）以三公三师三省九寺五监十二卫等，列其职司官佐，叙其品秩，以拟《周礼》。虽不能悉行于世，而诸司遵用殆将过半。观《唐会要》，请事者往往援据以为实，韦述以为书成而竟不行，过矣。

然晁公武既未说出韦、吕“过矣”的所以然，又未尝说出“诸司遵用殆将过半”的所以然。其实肯定《唐六典》行用者，唐代已有其人，那就是刘肃。他在《大唐新语》卷九《著述门》写道：“开元十年，玄宗诏书院撰《六典》以进。……至二十六年始奏上，百僚陈贺，迄今行之。”按刘肃，唐元和间人，唐史无传，据原书前序，《大唐新语》成书于元和丁亥，即唐宪宗元和二年（807）。下距吕温《代郑相公请删定六典、开元礼状》只有三年，两说完全相反。难怪前人多在这个行用问题上陷于扑朔迷离之中。

近代日本历史学家玉井是博氏则采取折中说。据玉井氏所著，其论断要点大凡有三，现综合剖析之：

第一，玉井氏确认《唐六典》在天宝间并未颁行，力持韦说可据。这个确认是对的。

第二，玉井氏认为晁公武、程大昌“皆以天宝末年以后之事，非难韦述《集贤记注》之语，其误自不待言”。按晁氏所举之事系据《唐会要》，《唐会要》中援引《唐六典》最早者见于德宗朝，程氏所举则为白乐天诗《道州民》[①]。玉井氏先责程大昌引白诗未撷明其事之年月，复谓“程氏引

---

① 《白氏长庆集》卷三讽谕诗三《道州民》：“道州民，多侏儒，长者不足三尺余。市作矮奴年进送，号为道州任土贡，（中略）一自阳城来守郡，不进矮奴频诏问。城云臣按《六典》书，任土贡有不贡无；道州水土所生者，只有矮民无矮奴。吾君感奋玺书下，岁贡矮奴宜悉罢。”玉井转引的此诗仅有七句，句读错误两见；且引文首句“阳城不进矮奴日”，继以“城云臣按《六典》书”。前句割裂窜乱原文殊甚，致使语不成文；《白氏长庆集》各种版本皆无“阳城不进矮奴日”一句，不知玉井氏何自而出？

乐天诗虽不知其时代，然乐天固贞元、元和间人”，由是玉井得出结论，认为《道州民》所述阳城请罢矮奴一事发生于宪宗朝。按：阳城请罢矮奴在德宗朝，两《唐书》本纪所叙甚明，玉井系率尔误断。诗人写诗叙事未必尽皆当日亲眼所见，《白集》中的《长恨歌》《新丰折臂翁》皆追述开元、天宝间事即其明证。

第三，玉井氏断言《唐六典》在天宝末仍未颁行固然无误，但对于程、晁所引德宗以来诸臣援引《唐六典》的事实却无力解释，只好推断说：“据二氏所举之例，德宗、宪宗时固已颁行无疑。”又说：“据今所传自《永乐大典》抄出之《唐会要》中，援引《六典》之处早见于德宗建中二年六月六日门下侍郎卢杞奏文，其次为贞元二年敕文，又三年裴佶之奏，又四年敕文，又九年太常之奏，又十年敕文，皆曾引据《六典》，……是则建中二年之时，至少《六典》已见颁行矣。”[①] 这就是玉井是博先生论著的最后结论。对此，人们会提出这样的疑问：为什么《唐六典》在开元、天宝间不颁行，反而在建中二年（781）突然颁行？玉井没有说出理由来，恐怕也难于说出理由，因为此说不是事实，是错误的。初唐、中唐社会变化甚大而使《唐六典》无法颁行的道理已述于前，姑置不论，且摭两事以难玉井先生建中二年（781）颁行说。

一是发生在建中二年（781）前一年的一桩社会大事，即建中元年（780）正月颁行的两税法。两税法是继均田制的破坏随而租庸调制也遭到破坏之后所产生的新税制。它与租庸调制的课税标准和原则有其重大区别。前者是“量出为人，户无主客，以见居为簿，人无丁中，以贫富为差”，颇近近代租税原理。后者却是“有田则有租，有身则有庸，有户则有调”，从税制原理角度上说，是汉魏以来的老办法。两者截然不同，不言明甚。《唐六典》卷三所记田制及其相关的税制皆系后者，其规定早在现实生活中失其时效，因而不能不在德宗即位之初颁行新制（此制在大历年间即已试行）。新制的颁布同时也就意味着《六典》所记旧制的废除。果如玉井先生所言“建中二年《六典》已见颁行”，则势必导致两税制在

① 见日本《支那学》第七卷第三号。

实施不及一年后又予废除，复又颁行旧制的结论。显然，这个结论非仅于文献无稽，也于史实不合。

二是在建中二年（781）以后三十年左右的一件唐人奏章——吕温《代郑相公请删定施行六典、开元礼状》。状文有云：“星周六纪，未有明诏施行。”又云：“（六典）先朝所制，郁而未用。”两句话已足以推翻玉井的“建中二年《六典》已见颁行”说。玉井是见到并引用了这件状文的。可是他不但没有据此重新考虑自己的论断，反而倒果为因地说：“然建中二年《六典》既已颁行，当与上文（按指“星周六纪，未有明诏施行”）考证不符，故吕温六纪之言，若非计算之讹，则必为传写之误，此外无他理由可以解释也。”[①] 何以“六纪”“必为传写之误”？六纪之“六”既为“传写之误”，不误又当为几纪？玉井未作任何说明。当然也难以说明，因为不论几纪，皆难与“建中二年固已颁行无疑”之说恰合符契。姑以玉井所言“写误”为是，试折算之，《六典》奏定之年下距建中二年（781）是四十三年，说六纪是三纪（三十六年）之误？不合。说是四纪（四十八年）、五纪（六十年）之误？也不合。玉井是博先生不作校正的困难恐怕就在这里。我在上文已从“睿圣文武皇帝”“吕温卒年”诸点证此状进奏于宪宗元和五年（810）。元和五年（810）又恰是《唐六典》奏定之后的“星周六纪”（七十二年），从全状行文的文意上，从情理上，从时间的考订勘合上，都可断定原状所说的“星周六纪”无误，指的是直到元和五年（810）还不曾明诏颁行。由此可见，这里既不存在“吕温计算之讹”，又无“传写之误”可言。且原状后半段文字在恭维“当今天子”唐宪宗一番之后，继之以“每怀经始，则知贞观之难；言念持盈，思复开元之盛”。唐人号称“元和中兴”，其理想即图恢复贞观、开元的所谓家给人足的盛世太平，这里指的是唐宪宗应毋庸置疑。原状又云：“伏见前件《开元礼》《六典》等，先朝所制，郁而未用，奉扬遗美，允属钦明。”[②] 继之提出删定施行《六典》的办法和违犯它的惩戒。非常明白，

① 见日本《支那学》第七卷第三号。

② 影印述古堂钞本《唐吕和叔文集》《代郑相公请删定六典、开元礼状》。又见《全唐文》卷六二七。

在这里所说的“郁而未用”的时间不是建中二年（781）或其以前，而指的是“当前”未用，这里要求的“明下有司，着为恒式”是要求删定之后即明诏施行。而“钦明”谁属？谁去“奉扬（六典）遗美”？自然还是指的那位“睿圣文武皇帝”唐宪宗。

总之，玉井是博先生除去确认《唐六典》于天宝末年尚未颁行这点是正确的以外，关于这个问题的其他论断几乎都值得商榷。

三、《唐六典》行用问题的历史真相

对七百年来前人关于《唐六典》行用问题所探讨的成果的清算，概如上述。然而历史的真相究竟如何呢？管见如次：

（一）韦述所称《唐六典》迄天宝末年“仍在书院、亦不行用”，确否？答曰：确。元和五年（810）吕温所称“星周六纪，未有明诏施行”，确否？答曰：亦确。《唐六典》在开元、天宝间不曾颁行，德宗建中年间不曾颁行，宪宗元和间也不曾颁行，概言之，《唐六典》自开元二十七年奏定以后直到唐亡的一百六十九年（739—908）中从来也没有“明诏颁行”。

说韦述、吕温的说法应予肯定，不只是简单的“韦、吕所言相合，唐人所说当无讹误”[①]，而且是在于这两人都是唐朝人，一个是创《唐六典》规制的主名，一个是建议重删施行《唐六典》的当朝宰相（吕温系代郑余庆提笔）。前者是在记述《唐六典》产生的摇篮——集贤院事项时所涉及，后者是宰相上皇帝的正式奏章中讨论的主题。同时这两篇文献本身无窜伪之嫌，至于历代传抄枣雕有无讹错，我检校过几种本子，证其可信，这是一方面。另一方面，说韦、吕所言可信，说《唐六典》在唐代从未颁行，理由可以说得很多，但概括起来却只一句话——从《唐六典》内容联系当日的历史实际，并从历史事物的动态中可以证实未颁行。《六典》甫一制定，即有部分条例与现实有所出入，且历史愈前行则出入愈多，颁行也就愈有困难。兼以御撰文书本身具有国家法典的不可触犯的特性，岂能不顾

① 《四库全书总目提要》六典提要。

实际地草率从事？关于这点，唐人早从实践中道出其浅显而又不可辩驳的道理。以吕温原状为例：(1) 元和年间的宰臣为什么不直截了当请求“皇上”颁行《唐六典》，却去建议“各尽异同，量加删定”之后施行？因为“时异事殊，不可胶于一方之说，泥于一偏之迹”，已经不能原封不动地颁行。(2) 其所以请求删定后始付施行的原因，原状也早有补充说明，“然或损益之间，讨论未尽；或弛张之际，宜称不同”，因有“从宜应变，则解纵拘挛，独出圣谋，不牵常算”的重新删定之议以出。可以说，唐人早将迟不颁行的原因和道理说得一清二楚。

（二）《唐六典》虽在唐代从来就没有明诏颁行，还不等于它只是搁置无用的具文，或者只是“好古者留为文献，故其书阅久而仍存”①。我们不宜专在唐人文献的字面上孤立地推敲，而应从历史的联系中确切了解韦、吕在文字上所写的“亦不行用”“郁而未用”实际是“未有明诏颁行”的同义语，指的是没有用正式的诏令宣布全国必须“公私共守，贵贱遵行”。这是和实际上是否行用的“行用”一词含义有所不同。相反，《唐六典》自制定之始，即开元二十七年（739）非正式的“祗令宣示中外”起，迄唐亡以迄五代，它在实际生活里是发生了作用而且有过深刻影响的。自始至终，唐代朝野对它十分重视。“草制之官，每入院必首索《六典》”，内廷有专藏，各地有传本，边陲州吏，无不通晓其内容，士大夫挥毫阐议于文字，臣僚侃侃论对于庙堂，莫不据以为不刊之法制典据，而于五代之中，也迭见相承援引。前述肯定论者历来辑出的几个材料都是应予确认的事实，而且还远不止这点事实。兹就个人接触隋唐五代史原始文献时摘录的有关史料，抉出数条补述如次：

(1)《唐会要》卷三《杂录》、《全唐文》卷四七八崔纵《请诸王母封号奏》：“谨按司封令及六典，王母为太妃……，今诸王母未有封号，请遵典故。”按：崔纵，德宗间人，尝官吏部侍郎检校礼部尚书、河南尹，贞元七年（791）卒。此文作于贞元六年（790）七月九日，时任太常卿。

(2)《权载之文集》卷三一（又见《全唐文》卷四九四）《秘书郎厅

① 《四库全书总目提要》六典提要。

壁记》："按六典，秘书郎四人，从六品上，分掌四部书，以甲乙丙丁为之目。"按：权德舆，字载之，唐书有传。此文作于元和二年（807）秋九月。

（3）《韩昌黎集》卷三七（《全唐文》卷五四九）《请复国子监生徒状》："国子监应三馆学生等，准六典：国子监学生三百人……""右国家典章，……今请国子监并依大典。"

（4）《全唐文》卷七二九裴通《定决罚当司官吏学生等奏》："当司所属丞簿诸博士助教直讲等，谨按六典云：丞掌判监事凡六……。"按：裴通，穆宗朝官少府监，文宗太和间为国子祭酒。

（5）《全唐文》卷七四四李汉《仆射不当受中丞侍郎拜议》："左右仆射初上，受左右丞诸曹侍郎、诸司四品及御史中丞已下拜。按六典无此仪注，不知所起之由。"按：李汉，文宗时为屯田郎，宣宗大中间召拜宗正卿。

（6）《樊川文集》卷十六（《全唐文》卷七五三）杜牧《上宰相求湖州第一启》："人有爰某者言于某曰：吏部官员外郎例不为郡，子不可求。……答曰：某虽不学，按六典令式及诸故事，多无此例。"按：杜牧，字牧之，文宗太和间中第，历官司勋，吏部员外郎，考功郎中知制诰，以诗文为时所重。

（7）李德裕《会昌一品集》卷十一（《全唐文》卷七〇六）《请增谏议大夫品秩状》："右据大唐六典，隋氏门下省置谏议大夫七人，从四品下，今正五品上，自大历二年升门下侍郎为正三品，两省遂缺四品，建官之制，有所未备。"按：德裕，唐武宗会昌任宰相，会昌四年（844）加太尉，赐爵卫国公。

（8）《全唐文》卷八五〇姚颉《请依六典分铨奏》："谨按六典，吏部三铨，尚书侍郎分典吏部，其格择人有三实四才，孟冬三旬集人，有地理之差。……自天成四年十月诏罢侍郎分铨，遂改发遣凝滞，团集迟留，……臣请即依六典分铨。"按：姚颉，后唐宰相；天成乃明宗年号。

（9）《全唐文》卷八五二刘知新《请留尚书省月粮状》："六典之制，官吏有俸有粮。其尚书省诸司令吏，伏请赐给月粮，俾其俸职。"按：知新，晋天福中官考功郎中，尝使契丹。

(10)《全唐文》卷八七三陈致雍《奏蕃国使朝见仪状》："今月十三日占城国献驯象使朝对，列方物庭实，所司行进。按皇唐六典……合中书侍郎诣殿西取表申奏。……自今请遵常式。"按：致雍，五代南唐官秘书监。

这些材料的时限上起德宗建中，下止五代南唐，绵延二百余年。包括的地区有政治心脏的中原，有经济富庶的江南，影响所到的地区是广阔的。就执笔者的身份来说，有承旨草制的翰林，有总缩政务的宰相，有分揽诸司寺监大权的主管，有治学严谨的文豪，有毕生从事撰述的史官，有牧宰地方的州吏。

综上可见，《唐六典》自开元以来被人引据的材料，在内容方面具有一个共同的特点，即不曾有过涉及如田制、税制等一些带根本性问题的东西，也不曾涉及因时代变迁而改革了的财经、政制问题的材料。其所以如此，是因为"时异事殊"。正如唐人所说："古之道不可变也，古之法不必行也。"① 这就不难了解，为什么中唐以后在实际生活中被人们引据的《唐六典》条制，多属未受时代变异影响的部分上层建筑典制与规范。

《唐六典》在中唐以后被人引据，还出于如下几个原因：一是《唐六典》制定之初，其若干内容虽与现实已有出入，但其中绝大部分条制依然是适用的。虽因其时代特性，适应的范围受到限制，但其一部分条制直至五代仍然被据为经典。根本原因在于终唐之世，其经济基础并未出现根本性的变革。其次是初唐政局稳定，经济上升，社会秩序安定，它是唐人心目中的黄金时代（贞观、开元），唐人对于这个时代是念念不忘的，从而总结了这个时代的政治、经济、历史经验的《唐六典》被奉为科律原则也就是非常自然的。况前人素重祖宗成规，而综合祖宗成规的唐人文献，除《唐六典》之外无它，加之《唐六典》还是一部当年曾经宣示中外的御撰文书。

《唐六典》在唐代不曾颁用，却又曾行用。这样的提法看起来似乎是

① 《皇甫持正文集》卷三（《全唐文》卷六八五）《对贤良方正直言极谏策》。

对立的、矛盾的，但实际却是统一的。

说《唐六典》“不曾行用”，是指它制定以后的二百年间从未“明诏颁行”。不曾“明诏颁行”的原因，应从它的时代特点、内容、性质和它所处的历史环境的变化中去找正确的答案。

说《唐六典》在唐代“确曾行用”，是因为它是初唐百多年来的政治、经济、文化、历史经验的总结，其内容多见诸中唐以前的史实，它是这一时期简化了的综合性的“史录”，开元、天宝以后长期内被唐人奉为不刊之典。

1982 年 5 月改订于湘潭大学
（《中国史研究》1983 年第 1 期）

《大唐六典》今见传本及其源流

《唐六典》（全称《大唐六典》）为总结初唐一百二十年来文物典章制度的专书，修于唐玄宗开元间。纂修共历一十七年（722—739 年），先后参与撰修者有韦述等十八人，到开元二十七年（739）完成定稿。全书三十卷，蔚为有唐一代的重要法典，亦今日国家书府中除《周礼》以外的一部最古的政制官文书。内容网罗丰富，尤保存有唐以前古官制书逸文不少，已为人所公认。后世于此书虽有唐代是否确已全部遵行之议，但仍不失为治隋唐史的重要参考资料。此书自清末光绪二十一年（1895）重刊以后，国人未尝再度重排翻刻，因此坊间流传不广，公私书库所藏也较稀少，至于善本，更不多见。

一、《唐六典》今见坊本和善本

甲　坊本

今日常见的坊本凡四种。

其一是广雅书局刻本，也即光绪二十一年（1895）重刊本。此本刻印时间距今最近，流传也最广。书凡四册，半叶十二行，行廿四字。注文系于正文之下，字体小正文二之一。字均宋体，枣雕清晰，但讹误尚多。书前冠明正德乙亥王鏊序一篇，卷末附载绍兴四年（1134）宋人题志，末署番禺许之璇初校，史攸咸复校，陶福祥再复校。

其二是扫叶山坊本。扫叶本刻于清仁宗嘉庆五年庚申（1800），系根据明嘉靖二十三年（1544）本重刻。页二十行，行二十字，注文双行二十字，白口，错简讹误比广雅本更甚。唯于今见坊本中梓行较前，早于广雅本九十五年。

其三为局本。局本即曾国藩督两江时，先后倡设金陵、苏州、扬州、浙江、武昌官书局出版物的简称。五局刻书最盛在同治、光绪之交。《唐六典》局本想亦此时所刻，但我迄未觅得局本原书，故此处从略。

其四为日本天保官版。行款与扫叶本同，日本学者亦视为复刻扫叶本无疑。天保官本刻于官保七年，适当清宣宗道光十六年（1836），上距中国之扫叶本原刻付梓三十六年。

乙　善本

目前所见的几种《唐六典》善本中，包括宋版、明版和日本的近卫公府本。明版中包括正德本、嘉靖本和不能确定年代的第三种明本。此外，又有据正德、嘉靖两种明刻所综合重刊的“近卫公府”考订本；根据上述考订本缩版复制的影印本。

1. 宋版

江安傅氏双鉴楼《善本书目》卷二，著录宋刊六典残本一种。原《善本书目》指为乾道本，后经鉴定，实为绍兴刊残本。据悉此项残珍尝经傅增湘手自校勘，残卷所存为卷一至卷三第十叶，卷三第十二叶至同卷第二十二叶，卷七至卷十一，卷十二至卷十五，卷二十八至卷三十，共存十五卷。是见双鉴楼所藏，已达全书之半。至其行款、版框横九寸九分（33 厘米），高六寸九分（23 厘米），左右双线，半叶十行，一行大字多者二十，稀者十九字，小字双行二十三字，白口本，原为蝴蝶装，后经改订。卷末有绍兴四年（1134）宋人詹棫题记。

此外，民国时期的历史博物馆尝展览过宋刊六典残本一册，亦为蝴蝶装。

1930 年，日本京都帝国大学玉井是博从内藤虎次郎博士处获悉中国尚有这部《唐六典》宋版残存的线索，曾远道来华访求。据玉井自称，他从拼合四家收藏中，看到过宋版六典的全璧。玉井是博说：“宋刊残本今分藏于四家，本同一部，不知因何分割。”（参日本《支那学》第七卷第三号）。玉井氏所说的收藏四家，经指出的只有江安傅氏及历史博物馆两处，余皆讳言。珍秘讳言，是新中国成立前一部分中外学者的通病。但经玉井如此一提，倒使中国学者有踪可追，贺昌群先生当年即重视及此，并且追出来一个究竟。据贺先生示告：“大约即双鉴楼傅氏、木斋李氏、历史博物馆、内阁大库四处。此四处之物不知何日可延津剑合，影印行世，嘉惠士林。”

2. 明版

a）藏明版《唐六典》历史最久的，唯宁波范氏天一阁。天一阁是国内私家藏书至富的宝库，范氏历宋、元、明、清收藏古籍善本。清朝修《四库全书》范氏进书最多（达六百零二种），因而取得御赐《图书集成》一部。四库全书的皇家收藏书库，即按范氏书阁构造。天一阁藏书虽屡经兵灾，多有散佚，但所编《善本书目》卷二之二“史部职官类”还见录《唐六典》一种。这是一种明正德原刻，惜已非完书，仅存六卷残本。

北京图书馆善本室有明正德本一部，计三十卷。初传为宋刻，后经鉴定实际系正德明本。此书有清咸丰六年（1856）刘惇福跋：予近得宋绍兴本唐六典三十卷，移去序文，即（以）朱竹垞太史跋语抄补卷首，俾好古者得以考证。

此书误为宋本，当自咸丰年间刘氏之说起，得者复以讹传讹，迄1931年左右，始加订正。

b）至于明世宗嘉靖二十三年（1544）刻本，即世称嘉靖本，据前江苏省立第一图书馆《覆校善本书目》载第四十四号籍藏有一部。全书十册，半叶十一行，行二十字，注文双行二十字，板框比正德本长大，卷末题“嘉靖甲辰长至浙江按察司校录重刻”。前有王鏊正德序，末仍宋人跋尾，钤有“乐意轩吴氏藏书”印记。其中卷一至卷二系抄配，为正德本在嘉靖间之覆刻。

c）历来都说明版《唐六典》只有嘉靖、正德二本，但我却见到另一种明刻两次，即《唐六典》明刻第三种。一为前见于北京东城隆福寺书坊，一为近见于中国科学院（今中国社会科学院）历史研究所所藏。唯两者形式上略有异同，前见为六册，后见为十二册，册数不同，篇叶却一。前见有明正德乙亥王鏊序，末钤“归来草堂”印记及宋人题志，后者唯有宋人跋尾，却无序文及刊版年代和刻印所在，亦无收藏墨印。前者虫蛀风黄，但成色仍较新，中国社会科学院所藏则不仅虫伤，并有水湿，且书面、正页均有破损，系重裱重装，书边刀口也见整齐。以上乃两者之重要歧异处。至若版式行款、板框尺寸及正文错简衍脱笔画字体则无出入。每卷之首附有子目，半叶十二行，行二十字，注文小于正文一半，双行接檠于每条正文之下，书法各卷殊不齐一；版心缀鱼尾横线，裂版心为三栏。上栏并书两行：右行书此面大字若干，左行书此页小字若干，鱼尾以下顶线书“唐六典”三字及卷次。中栏横线之上书页码；下栏记镂刻匠人姓名，综全书计有章文、李植、李本、李经、唐恭、李朝、章日、章敖、王今、何吉、康信、章惠诸手民名氏。书末署詹棫题志，文如广雅二十一年刊本，唯无勘校人姓名。全书字迹漫漶，刻印古拙，且书中错简缺文甚多，卷十之首即有连续四行之错简，同页版心“唐六典卷十”也误作“唐六典卷三十”。以上乃两者之重要相同处。

然则，何以解释此两本实出一本而又有其形式上之歧异？又何以鉴定此两本为第三种明刻？试阐述：

我所见的这两种明刻，不论版式、行款、字体、错简诸特征完全一致，纸质及篇叶亦复如一，在实质方面二者尽同，故说它源出于一本。至于册数相距一倍之多，则因归来草堂钤印本系原装，中国社会科学院所藏却经改订，后者不少篇叶在书背均糊上一层底叶，全书因此积累较厚，改装时故分为十二册，改装痕迹昭然。又因改装者不懂明人订书不以一刀截数本，以致明本每书多边刀口不齐为明版的重要特征之一。乃至重将书口截齐，弄得面目模糊。两者风黄、水湿、虫蛀之不同而书色显有新陈则完全是收藏善拙所致。唯科学院藏本何故无序？这有两点可能：一为原序年久破损败灭；二为此书或经坊估之手，曾见原书刻印古拙且又字迹漫漶，故将明序割去，企图鱼目混珠，冒充宋椠射利。至于书尾是否钤有收藏墨印，此点不同本为常情，了无关涉。

歧异处既已解决，而两书相同点又为重要的本质的方面，故断为一本的两份。

复述此本为明刻。就版式行款、版心记录、字体书法、书边刀口、刻印风格、缺笔等特征，以及两本纸质均为白棉纸，断为明刻似无疑义。明代盛行棉纸印书，清刻书却无棉纸。清人近人以四川茧纸仿明本棉纸，却与真正棉纸泾渭分明。又归来草堂本有正德乙亥序一篇，原序字体与正文合，信非后人插入。以上诸点，有识开卷即可断言。但究为明代何时刻印？则有待详勘推定。归来堂本持有人力争其为正德本，愚意不然。

此本非正德十年（1515）原刻，一是与正德本原刻行款不同；二是讹滥殊甚、手民之误，揭卷几可随手拈来。而正德本系由王鏊手录内府所藏“六典”于正德四年（1509）去官归故里吴郡，由郡吏席文同辈刻于是所，正德十年（1515）王鏊亲为之序。鏊于明初为当代儒宗，尝预修“明会典”，以王氏治学态度之严谨，刻印处所又近在身边，且此为明刻“六典”传世之祖本，纵令明人刻书不甚讲究，疏舛也决不至此。再次，日本“近卫本”主文系据“正德本”原刻转录，校以此本，歧异不少。

此本行款与嘉靖本有近似之处，但非嘉靖本又属显然：1. 嘉靖本为大本，不止版框大于正德本，字体也大于此本；2. 嘉靖本末有嘉靖甲辰……校录重刻墨记；3. 文字与嘉靖本有歧互处。

近代以搜罗善本著称的诸家，都无宋、明原椠，已见宋、明刻本《大唐六典》在国内已属稀珍。

3. 善本中的近卫公府本和缩印本

如将《唐六典》宋、明刻本除去，今见善本中审订较好的一种，是二百多年前见世的“近卫公府本”。此本刻印于日本享保甲辰。享保系日本御门天皇第二个年号，甲辰为享保九年，约当清世宗雍正二年（1724）。全书为三十卷完本，凡十五册。中国社科院历史研究所藏有原刻一部（未编书号）。版高六寸六分五（约 22 厘米），幅广四寸六分（约 15 厘米），版式风格别致，上下单边，天地头余地甚窄，版心除两细线以别书口外，每半叶均为无行格之通栏，版心以加有细线的鱼尾上下对置以裂书口为三栏。上栏书“大唐六典考订”，中书卷第，下书页码。半叶八行，正文行十八字。唐人原注不接正文之下，均单独提行另书。低正文一格，行十五字，字体比正文差小。此书又系考订本，考订文字概以小字分注于每字每句之下，颇易识别。凡考订之余可以参校异同以补原脱的，则录其歧互根据附载于各卷之末，颜之曰“补考”。部首冠日本摄政大臣近卫家熙享保甲辰秋七月序一篇，次槧“考订大唐六典凡例”十五条，再次录明正德乙亥王鏊旧序，书末附录宋人张希亮等题记。全书字体除日人家熙“序”系笔力劲道之行书外，自“凡例”而后均写楷体。

“近卫公府本”是在明槧基础上经过二十年校勘整理的产物，所根据的底本即明正德、嘉靖二刻本。以正德本为主，文句有与嘉靖本歧互的即在歧互文句之下注云：“一本作××”，凡是全书小注中的“一本云云”的“一本”，指的都是明嘉靖本。因此，它又是两个明刻的综合物。日本学者的考订自目录始，繁征博引，用力至勤。考订“小注”参稽群籍，如“三师三公已下诸官品与旧新唐书百官员品及通典大唐官品合照，历代官品因革与诸史百官志及通典历代官品合照”。历代诸书引六典者，皆在搜罗考证之列，据云：“旁搜广求，虽出近世之书，亦在所不弃。”作为底本的明刻原书遇有文字空缺的，亦由考订人拟补。拟正文的下正文三字；拟注文的下正文四字。明刻脱文也经补正，如卷四礼部郎中条下之脱文据“册府元龟”“旧唐志”补入，卷七屯田郎中员外郎下据“通典”“旧唐志”补入。凡一时无确切根据可以拟补的缺文则仍令空缺，如卷一“令史十七人……”以下空缺不下五十余言（耕按：据双鉴楼傅氏所藏宋本残珍可补足二十余言）。综全书看来，考订者见闻渊博，校订认真。

据日本人记载，《唐六典》远在日本宽平中即已传入日本，藤原佐世撰“日本国见在书目”职官类已著《唐六典》可证。宽平系日本宇多天皇在位时的年号，相当于唐昭宗大顺至乾宁间（891—897），距今已一千年以上。六典之传去可能通过直接来往于中日间之使节，也可能是通过百济为媒介传去，因唐时中国、百济之间接触频繁，史乘已多记载，而倭王接受中国文化之影响又多以百济为桥梁。

六典传入日本虽古，且日本因此而受的影响也深，但“近卫本”付梓之前，《唐六典》在日本也苦于难得，近卫家熙尝说，“府内适有一本，不无刁刀鱼鲁”，“徒闻而未睹者往往而是”。

日本京都帝国大学（今京都大学）于昭和十年（1935）将“近卫公府本”缩版影印，印本线装两厚册，形式精致典雅，缥青书面，外贴黄色书签，版高四寸一分（约13.67厘米）（每半叶书面上下排列原版两叶），幅广二寸九分（约9.67厘米），书幅大小约当原书二分之一，而每叶竟纳原本四叶，字迹清楚，印刷技术不下涵芬楼。

二、《大唐六典》传本源流

追溯传本源流，不可能就诸本如何流传予以追溯。意图只在尽力求得今本的最先底本，并撷述它在历史上诸时期比较突出的流转状况。叙说分官私两方面，今自清代始。

甲　清代

清高宗乾隆三十七年（1772）诏开四库全书馆纂辑群书，经历八年告竣，著录精椠三千四百五十八种，先后抄缮七份，分庋于京师文渊、京西圆明园文源、奉天文溯、热河文津、扬州大观堂文汇、镇江金山寺文宗、杭州善因寺玉澜堂之文澜七阁。四库全书著录诸书的来源有四：一为自清初以来的承旨敕撰；一为中秘，又称内府原藏（包括皇史宬、懋勤殿、摛藻堂、昭仁殿、武英殿、景阳宫、上书房、内阁大库、含经堂诸御府藏书）；一为辑自永乐大典；一为各省采进。全书中收有《大唐六典》一种三十卷，其来源属于最后一类，即采进本。按：采进自乾隆三十七年至三十九年（1772—1774）共有十二次，其第四次采进中浙江汪汝瑮进书二百一十九种，《四库全书》收录的《唐六典》即其中之一。书为汪氏家藏，《四库总目》卷七十九史部三十五已作揭示。

汪氏所进六典为抄本为坊本或为宋元明刻？不得而知。但联系其他记载，可以推断它是明本，而且是明正德十年（1515）刻本。

从四库全书采用汪氏《唐六典》进本看来，内府秘藏原无《唐六典》，至少无《唐六典》善本。申言之，即自清朝开国一百三十二年以来，中秘无此书。《天禄琳琅书目》初编不见六典即其确证。“天禄琳琅”在皇宫大内，专收宋元明代精刻，其起源系乾隆九年（1744）清高宗诏编内廷秘籍为《天禄琳琅》，到乾隆四十年（1775）重为辑定《书目》十卷（初编）。这部御府《天禄琳琅书目》的体例以经史子集为纲，书则以宋元明刊版为次，如果一部书有数本，也仿宋代尤氏《遂初堂书目》的办法兼载，而且记题跋姓名收藏印记甚详，寻检虽便，却无《唐六典》。

但《天禄琳琅书目》续编中却突然出现一部明本六典。据光绪甲辰长沙王氏（先谦）刊本第九册续编卷十四明版史部所记如次：

> 唐六典一部，二函十四册，书三十卷。是本前有正德乙亥王鏊序，后有绍兴甲寅宣教部知温州永嘉县主簿功农公事詹棫题志，左文林郎充温州教学教授张希亮校正。末有墨记云：苏州嘉定服礼乡沙冈里泰定永福桥西茭门泾北河南丘氏藏书，押有一印，破脱。

据这个记录可以断定这是明版正德本，也即明代最早见世的本子。

《天禄琳琅》续编共二十卷，王刻本未叙此书编定年月，经查《清史稿》卷一百五十三志一二七·艺文志二夹注，系在清仁宗嘉庆二年（1797），上距“初编”辑定之年二十三年。至迟从嘉庆二年（1797）起，中秘已经第一次藏有明正德刊本《唐六典》。长沙叶德辉《书林清话》卷十尝讥《天禄琳琅》续编所收宋元槧本多赝品，经诸臣辨出者达十余种之多，然未尝提及明刻有伪，想来六典为明本可靠。

然则秘阁所藏明本《唐六典》自何而来？其一可能即汪汝瑮所进之本。中秘书目“初编”最后辑定之日虽迟于汪氏进书一二载，根据这点又可疑汪本《六典》或非明刻，不然应已收入初编。但事实上乾隆三十七年至三十九年（1772—1774）十二次各地贡尚方之书，并非径入大内，都先送四库全书馆以备甄别采用。纵此中有孤本古槧，也须待四库全书告成之后，再经儒臣鉴定而后转入秘阁。四库全书的初竣在乾隆四十七年（1782），因此，即使汪本为明刻而且已经进奏，乾隆四十年（1775）编定之《天禄琳琅书目》初编，未予收录却是可以理解和必然的。

由上述各点可以肯定，乾嘉之间的官方图书中，有明版正德本《唐六典》一部，四库全书中经过校勘的《唐六典》写本七份，这七份贮于文渊七阁，按例，且另有底本一份存贮于当日之翰林院。七阁载籍屡经乱离焚散，圆明园之文源阁所藏烬于咸丰十年（1860）英法侵略军之手，扬州文汇阁、镇江文宗阁先毁于第一次鸦片战争（1840），再毁于太平天国革命战争；杭州文澜阁所藏于1861年阁圮散逸，仅存孑遗；沈阳文溯阁原本完整，1931年陷入日本人之手，抗战胜利后之接收情况不甚了解；原存翰林院之底本多在光绪二十六年（1900）为帝国主义八国联军所劫毁，其中单以海船盗运至意大利的即达三万五千多册，其中且有《永乐大典》，后均转入英国；文渊、文津本为完书，文渊先归故宫博物院，后来一度迁去上海；文津所藏由热河运来北京，归北京图书馆。四库全书今日所存的实况如何？不甚清楚，如文渊、文津及移归北京图书馆之珍秘仍完整，则今日存世者至少还有《四库全书》中的《唐六典》写本两份，《天禄琳琅》所遗之明本一份。

清初私家藏书中只能举有代表性的几例。范懋柱（乾隆间“天一阁”主人）、汪汝瑮藏有六典善本，已见上文，兹不复赘。在此之前，藏有六典善本的有朱竹垞。朱氏为清初鸿儒，亦范、汪之前代学者，著述等身，其藏书之富达八万余卷，康熙三十八年（1699）编有《曝书亭著录》，并为《唐六典》写跋，跋文见《曝书亭集》卷四十五。从跋语文意看，当日除这个“今本”而外，似乎还有个“别本”。《鸡窗丛话》说朱彝尊以手自精校图书而后锓刻著称于当代，朱氏重视六典，又尝为跋，或另有曝书亭刻本，但迄今未见。

《四库全书》修撰之后，官方尝简精要命武英殿刊版颁行，武英殿刊本通称“殿本”，可是殿本书中并无六典，这也是《唐六典》兹后流传不广的原因之一。然而，往后《唐六典》的通行本，除去乾嘉以前流传于私家的刻本之外，基本上可视为从《四库全书》中所收《唐六典》发源而来。换言之，乾嘉以后散播的主流始自传抄四库本。这不仅从今见通行本采正德本而四库所录又恰是正德本这点推断，覆按当日史实，作出这个推断也合于情理。四库七阁虽为御藏，但其中的南方三阁（文汇、文宗、文澜）却是专为牢笼士子、对士子开放而设，乾隆四十九年（1784）及五十三年（1788）专为准许士人入阁传抄发过几道谕旨，清史稿卷一五二说：

"江南乃人文渊薮，令好古之士欲读中秘书者，任其入览三阁所藏。用是海内从风，人文炳蔚，学术昌盛，方驾汉唐。""学术昌盛"别有原因，但清廷这种做法，其作用于当代文化确有一定的影响。在北京翰林院的底本，也采用同样的开放办法。南北方四库珍秘开放，《唐六典》从中抄出就是很自然的事情。

随着四库本的流布，而后乃有坊刻本出生。坊刻本出现较早的是嘉庆五年（1800）"扫叶山房本"，扫叶本已概述于前。此后又有"局本"。除此，张之洞于同治末年在四川学政时所编之《书目答问》尚著录《唐六典》一种。据《答问》录书略例，参以原书六典条注文，证张录六典既非扫叶本又非局本，可能当日还另有一本。乾嘉以后的诸本，也就是张之洞于光绪末年督粤创办广雅书局"重刊六典"的底本。广雅本末署许之璇三人一校覆校三校，可能就是以这些底本校四库所录抄本，也许再参以明刻。因广雅刊书，尚在存贮于翰林院的四库底本被毁前五年，张之洞尝预翰林，抄出"四库本"本极便易。

总结前文，可得如下小结：自清代而后，中秘不见《唐六典》宋本，今存世之宋槧究不知何自而出。明本仅见三种，即正德本、嘉靖本及未定年代之明本。乾嘉以前见录于文献的有朱竹垞本、汪氏家藏本；其后有四库写本、传抄本；晚后有扫叶本、局本、张录本、广雅本。早于四库本的有近卫公府本，晚于扫叶本的有日本天保官本及京都大学昭和十年缩印本。三百年来以正德本的传播重刻为主，嘉靖本少见，今仅存二十八卷残简，不论中外，很少据嘉靖本翻刻。宋槧已为宇内极其可贵和难得的珍品，明版流传亦复寥若晨星，坊本粗疏殊甚，唯近卫本堪称可用的善本。

乙　明代

清本、近本均源于明正德本，正德本为今本祖本。

正德本之出，始作俑于王鏊，鏊字济之，吴人，出身国子监，明成化十一年（1475）廷试第三，初授编修；弘治初迁内廷侍讲。尝痛士子謏闻之陋，倡以通经学古为高，以濯磨士类，时不能用，旋丁父忧。正德元年（1505）以左侍郎兼学士起复入内阁，复进户部尚书文渊阁大学士。时内竖刘瑾朋党专横，宦祸横流，鏊不能禁，正德四年（1508）去官归故里，家居十四年，嘉靖初卒，事见明史列传百八十一。鏊博学有识鉴，文章尔雅，特尚经术，力屏轻浮险诡，当代文风，尝为之变，有《姑苏志》《震泽集》《史余》《春秋词命》诸遗书，商务印书馆当年影印四库珍本初集《吴都文粹》收有鏊文。《唐六典》于明初初无刻本，肇始于王鏊官内阁时录自中秘。家居后由席文同、李立卿刻于苏郡，正德十年（1515）王鏊草序。鏊自叙其经过说：

> 三代之制莫盛于周，周礼，圣人作也，未敢遽议，周之后莫善于唐，唐有六典。窃不自揆，谓可追而仿之，而世无刻本。间于中秘得其书，伏读玩绎，手录以归，而议中格。会迁官以去，乃藏之笥箧，考于今，殆无所用之。浙江按察使潼川席君文同，不知何自得之，而意独嘉焉。捐俸命工，刻之苏郡，未竟，升任去。继其任者为嘉鱼李君立卿，实成之。且以序属鏊。曰：六典自公而传，非公则谁序者。（见原序）

席、李《明史》无传，经查《浙江职官志》，席文同字书，四川遂宁人；李立卿字承勋，湖北嘉鱼人。

王鏊录《唐六典》的动机与目的有三：其一因王鏊尝预修《明会典》，自念“搜一代之制著之简册，以为后法，非谫薄之所堪任，思得古之作者师焉，庶（明会典）体裁有则而本末不紊”。其二，“明制仍多唐旧，则居其官，考其制，期有所用”。六典“唐虞以下损益沿革咸具”，正可借以参镜。其三，“斯后之作者亦将有取于斯”。

正德本《唐六典》录自中秘，中秘即指明代北京城里的文渊阁。文渊阁藏书绝大部分系明成祖永乐十九年（1421）由旧都南京迁来，而南京御藏又是明太祖克定大都（即北京）时所接收的元人图籍及兹后诏求的四方遗书所组合。明成祖更遣使购求御藏书府阙略，只要有合适的书，“唯其所欲与之，勿较值”。《明史》艺文志一载宣宗间“秘阁贮书达二万余部，近百万卷”，“皆宋元所遗，无不精美，装用倒折，四周外向。虫鼠不能损”。正统六年（1441），由杨士奇就文渊阁藏书，分厨编定《书目》一册。今据《文渊阁书目》卷十四宿字厨政书门所记：“唐六典一部，十册，阙。”

前记“阙”字，可作残缺解，以鏊就录六典于文渊可证。

从正德本所录“绍兴四年岁次甲寅七月戊申朔”后跋，结合《明史》所记文渊阁书“皆宋元所遗”，而六典辽金元椠又世无文献记载，可信正德本确系根据绍兴本翻刻。但文渊所贮有阙，而正德本为何却是三十卷完本？解释这个疑点只能出于两途，一是正德本镂版时经过一番的整理；一是自正统六年至正德四年（1441—1509）这六十八年间中秘所藏已经补成一个完本。如出于前者，“重刊旧序”应有说明，可能性最大的还是后一个推断。

正德本虽系刻于苏郡席、李之手，却仍是一种官版。因席、李两人都是以“淛江按察使司”的身份主持其事，淛江就是浙江，顾祖禹《读史方舆纪要》卷九十已作诠说。明初私家刻书之风并不普遍，且官书只许翻刻，不许另刻（参叶德辉《书林清话》七）。顾炎武《日知录》、王士祯《居易录》所记明初风靡一时的所谓“书帕本”，也都出自官版。《亭林文集》卷二“钞书自序”云：“当正德之末，其时天下惟王府官司及建宁书坊乃有刻版，其流布人间者，不过四书五经通鉴性理书，他书即有刻者，非好古之家不蓄。”处在这种情况下去翻刻“非好古之家不蓄”的《唐六典》，不仅难能可贵，且《六典》还能流传到今日，王鏊等人确有值得一书的功绩。

正德本刊行后三十年［嘉靖二十三年（1544）］，浙江按察司又根据正德本重刊，这就是今日所称的明版嘉靖本。同一个浙江按察使司，为什么不据正德原版重印却去重新镂版，而且重刊本还逊于正德原刻，反而讹误更多，其间原因安在？正德原版仅三十年间即已被毁焉？此中必有文章。

丙　宋代

明版六典脱自宋椠绍兴本。绍兴本系宋高宗绍兴四年（1134）由永嘉县主簿刻于温州永嘉，也是南宋雕版最早的一个《唐六典》刻本。此本曾经温州州学教授张希亮勘校讹缺。其刻印勘校经过详宋本《唐六典》詹棫跋：

> 唐六典……比缘兵火，所在阙文，棫承乏永嘉，得本于州学教授张公，同以白太守徽学新安程公，一见肃然曰："周公之典，所谓设官分职，以为民极，盖具体矣。其阶品有制，其尊卑有序，其名官有义。公等能广其传，则朝廷于焉若稽缙绅，于焉矩仪士子，于焉讲究，一举三得，不其伟欤！"因命张公校其讹阙而棫募工镂版，几年有成，乃丐藏诸学，以传久远，资其实以养士类云。

绍兴本刻在南宋偏安后不久，时金兵正欲饮马长江，汴京城里的御府藏书早被金兵劫走，绍兴本何所据？已难找出线索，有说据自元丰官本。

南宋著名的数家书目都记有六典。其中记载较早的是郑樵《通志》艺文略三。樵字渔仲，莆田人，《宋史》卷四百三十六有传。樵家居三十年不仕，后奉御命撰定《通志》二百卷，因此通志是一部通史性的官书。渔仲卒于宋高宗绍兴三十二年（1162），在绍兴本六典行世后二十八年。其次是宋淳熙名臣尤袤《遂初堂书目》《海山仙馆丛书》内收有此书；其次晁公武《昭德先生郡斋读书志》七、陈振孙《直斋书录解题》六，也都著录六典，而且在著录中都加诠释。但诸家书录均不注明版本。尤袤字延之，传记《宋史》三八九，《通鉴长编》作者李焘谓"延之书无不观，观之无不记"。在中国目录学史上，尤氏首创一书数本兼载的先例。尤《目》于六典只记一种，且不兼注卷数，由此推知尤氏所记也就是绍兴本，而且说明宋乾道、淳熙间（1165—1189）只有绍兴本。晁志原有袁本、衢本之分，前略后详。袁本即袁州本，淳祐庚戌（1250）鄱阳黎安朝刊于袁州；衢本系晁之门人姚应绩所编，刊于淳祐已酉（1249），后于尤氏书目六十年。与晁志约略同时的即陈直斋《书录》，振孙《宋史》无传，清儒钱竹汀《十驾斋养心录》卷十四据《癸辛杂识》证直斋淳祐时官国子司业，《书录》作于此时，钱所考可信。淳祐系南宋理宗年号。根据以上这些，证六典于宋末传布较广是没有问题的。然诸家所记是否都系绍兴原刻却难断定，南宋为中国历史上刻版印书的头一个高潮期，今日的福建、四川、江浙、江西一带，当年镂版之风大盛，很难武断说六典别无刊本。但六典有宋"乾道本"说，至今未见有确切根据。

比绍兴本早五十四年的有北宋元丰官版。

元丰本刻于宋神宗元丰三年（1080），是一种通过诏命经馆阁诸臣勘校，并由内廷发版刻印的御府本。今摭有关文献数则。

《南丰先生元丰类稿》卷三十四《乞赐唐六典状》：

> 右臣伏见圣恩以雕印《唐六典》颁赐近臣以及馆阁……伏惟皇帝陛下神智圣性，夙成自天，方革敝兴怀，以修太平之业，继唐虞之迹，而稽古不倦，旁及此书，乃自禁中镂版传之，以赐在位。……伏望圣慈，依例赐臣一部，使得伏玩思索，万一得奉清闲，尚可牵强以备访问。

南丰先生即北宋名臣曾巩。巩字固之，建昌军南丰（今江西）人。元丰三年（1080）巩适官沧州道，神宗召对京师，因留勾当三班院。此状便是殿召对后所上，事详曾巩《神道碑》。

《宋史》卷一六一职官志一：

> 熙宁末，始命馆阁校唐六典，元丰三年以摹本赐群臣。

王应麟《玉海》卷五十一：

> 熙宁十年九月，命刘挚等校六典，元丰元年正月成，上之。三年，禁中镂版，以摹本赐近臣及馆阁。

摹本就是雕版刻印本，唐人称之曰摹勒。

元丰官本之前是否还有宋椠六典？史料提供的证据不足。但六典一书于北宋中秘却是有的，欧阳修《新唐书》及《崇文总目》均著录六典可证。《新唐书》成于北宋仁宗嘉祐五年（1060）六月，早于元丰镂版二十四年；《崇文总目》更早，纂定于仁宗庆历元年（1041）十二月，下距元丰三年（1080）四十年。《玉海》艺文类引“宋两朝艺文志”、李焘《续资治通鉴长编》景祐元年（1034）及庆历元年（1041）条，均记编修《崇文总目》经过甚详。《崇文总目》系就宋初崇文院御藏图书仿唐代《开元四部录》编定。据说崇文院藏书中有不少系宋朝开国以后刊刻补充的。因宋初承五季板荡之余，图录簿籍散逸。

《新唐书》五十七艺文志前叙：

今著于篇，有其名而亡其书者，十盖五六，可不惜哉！

洪迈《容斋五笔》卷七国初文籍条记：

国初承五季乱离之后，所在书籍，印版至少，宜其焚荡，了无孑遗。

这种书荒情况随即改变，而且勠力于刊版补足。

《玉海》艺文类：

自（宋）太祖平定四方，天下之书悉归藏室。太宗、真宗访求遗逸，小则赏以金帛，大则授之以官。又经书未有板者，悉令刊刻，由是大备，起秘阁贮之禁中。

宋初于《唐六典》一书极其重视。元丰官制改革是宋史上一件大事，而元丰改制恰是模仿《唐六典》载文的“翻版”。宋初诸名臣文集中多汲汲于《唐六典》内容的探求，再证以《太平御览》一书所引。经初步草草检索，即达四十条以上。如果禁中原无《唐六典》，或虽有书而卷帙残佚，元丰之前也必补写或刊刻以完架阁。

不过元丰官本以前的《唐六典》，与后世所见者略有出入。其一为六典之前冠有唐玄宗自序；其二为一本题张（九龄）奉敕撰。

《南丰先生元丰类稿》卷三十四：

臣尚在馆阁，尝见此书，其前有序，明皇自撰，而其篇首皆曰御撰，李林甫注。

及近得此书不完本，其前载序同。然其篇不曰御撰，其第四一篇则曰：集贤院学士知院事、中书令、修国史上柱国始兴县开国子臣张等奉敕撰。

从这个记载中了解，元丰之前《唐六典》有多本流传，至少有馆阁本与传本，而且互有歧异。

元丰重刊之前“命馆阁诸臣勘校”，也必因为各本多有异文，今见本当自元丰官本定型。元丰本不知何故将明皇原序抽出？割序重刊，看来是一种严重损失，假设唐玄宗原序尚在，也许不发生自南宋以来即纠缠不清的《唐六典》是否行用问题。

至于《唐六典》于中唐、晚唐以迄五代，其流传之广，应无疑问。观诸中外史乘，不只中国内廷有专藏，而且传本远播于四裔，乃至东渡日本。宇内则边陲州吏，无不通晓其内容，士大夫挥毫阐议于文字，臣僚侃侃论对于庙堂，莫不据以为不刊之法典。而于五季之中，如石晋、后唐、吴越、北汉、柴周，也迭见相承援引（别详拙稿《〈大唐六典〉行用问题》）。虽然如此，《唐六典》于唐五代间是写本还是刊本，则难推断。雕印虽肇始于初唐，今日可见实物中唯限于佛经与历版，其于官私文书图籍，仍以写本传抄为主。白诗虽有摹勒发卖之说，惜迄无遗珍。五代中期雕印也仅及于九经及小学字书。不过五代末年的印版情况大有发展和改变。宋初所见六典传本是否刻本，只能存疑，尚不敢以疑说定。

1957 年 9 月 18 日写定于中国科学院历史研究所，时寓北京九爷府，1980 年 4 月改订。

关于古代日本称中国六朝为吴

从种种历史迹象表明，日本同中国古代南方六朝的直接接触和文化影响与文物流通，要比同时期的日本与中国北方的关系更加密切。这从古代日本除把中国称为秦人、汉人以外，而在更多的场合和更长的时间（隋唐以前），却一直把中国称为吴国，把中国人称为吴人，把在日本的中国人居留地称为吴原，把中国话称为吴音，把中国传去的许多物品在其名称之前冠以吴字，如吴床（六朝时代的中国胡床——坐具）、吴织（纺织品）之类，可以证实。

关于日本称中国为吴的由来，此前中日学人虽有解释，但都没有做过比较全面深入的探讨。在一些解说者中，日本考古学界的先驱原田淑人博士是当中的一位。原田博士在新中国成立后曾多次来中国讲学、访问，关心和致力于中日关系友好，从报端获悉，前几年我国在东京举办定陵文物展览，原田博士不顾年老体弱，仍于开幕之前，以极高热情，由门人以手推车护送到展览现场参观，关怀中日文化交流，情意殷殷。1957 年大约五月间，原田淑人博士曾率领日本考古学家代表团和一大批日本新闻界朋友访问中国，在北京大学原校长马寅初先生主持的一次学术报告会上，原田淑人博士作过一次学术讲演，我在那里得悉原田对“吴”的指称有独到见解。原田认为，古代日本称中国为吴，是一词兼孕二义，首先是指的三国时期孙吴的吴，因古代日本同吴接触较多；其次是日本语“吴”的读音可作クレ，而日本语クレ的意思是天快黑，也即日没之处、西方，因中国的地理位置正在日本的西边。

当时，我认为原田所释的第二点，见解新颖，也近情理，这大概与近代中国人多称日本为东国、东瀛、东洋，其义盖同。但是近年细一推敲，深感此说似不尽然。兹抒管见，供学人攻错。

第一，吴，按日本语固可读为クレ，确有日暮、黄昏或岁末年终之意，然而日本人于“吴”也音读为ゴ，和日本使用汉字午、五、舞、悟音读相同。日本政府两次公布的《当用汉字表》《当用汉字音训表》都保留了吴字，读音也一概作ゴ。古代日本指称中国，用的是“吴”字的音读，与日本语クレ或クレル扯不上关系。

第二，谓吴孕有“西方”之义，系按方位指称，似难成立。朝鲜半岛也在日本西边，密迩相邻，且当时日朝之间比同中日之间的交往更多更密，日本不指称朝鲜为西方、西人、西国，又何独冠称于更远的中国？何况日本历史上两千余年以来，从不按方位指称中国，习惯只依当时日本所接触的中国朝代名称来指称，如秦代同中国接触，即称中国为秦，汉代同中国接触，即称中国为汉，往后唐代同中国接触较多，又改称唐人、唐国，以此推定，吴是指的朝代和地区无疑。

就在日本指称中国为吴的同时，还在指称中国北方为汉。当时日本流行的中国织物和纺织方法，已有汉织、吴织之分。汉织系指汉魏以来的中国北方织物无疑，吴织自然是指不同于汉织的孙吴以来的中国南方织物。如把吴解作西方，那日本人同时并提的这个汉织究何所指？就会讲不通且难于理解了。再，古代日本人读中国传去的汉文字，一直有汉音、吴音之分，下至八世纪末年平安朝的桓武天皇，还在延历十七年（799）下过一道天皇诏谕，规定全国臣民今后读书，“一用汉音，毋混吴音”。汉音是较早传去日本的汉字的中国北方读音（如今后有机会从汉唐音韵中下功夫并以之比勘日语读音，我深信会取得很多证明，也会发现很多新问题、新成果），吴音是汉字的中国东南沿海地方语音。如依原田之说，吴为西、西方、天快黑的地方，又是概指中国，那就包括中国南北了，试问：那又为什么同时并提汉音？汉音又何所指？此见吴是因孙吴、吴地而来，日语不是取的“西方”之意，而且别无他义。所谓吴孕有“西方”之义云云，只不过今人凭借一个偶然因素的附会之词，不足为训。

关于古代日本指称中国为吴，我认为如下解说比较合理：

一、它滥觞于日本同三国孙吴的接触。接触多了，积久成习，自然就把吴国这个名称传输过去，这是与原田博士的第一点见解一致的。

二、孙吴政权结束以后（共仅四十三年），日本之所以继续把中国南方的东晋、宋、齐、梁、陈历代政权仍一概名之曰吴，一是这个地区是春秋吴国，而两汉时期吴又是江东唯一大邑；二是江东是孙吴立国故地；三是南方六朝政权一直以三吴故地的古扬州地区为其政治、经济、文化重心。

在六朝领域内，三吴故地人户至多，最称繁华富庶，所谓“三吴奥区，地惟河、辅，百度所资，罕不自出”。“扬部有全吴之沃，鱼盐杞梓之利，充仞八方，丝绵布帛之饶，覆衣天下。”（《南齐书》四十、《宋书》五十四）六朝时期的中国人，自己就有吴人、吴语之称。

在《晋书·夏统传》中，贾充称夏统：“此吴儿是木人石心也。”夏统是晋人。

在《世说新语·排调》中，刘真长始见王丞相（导）时，“刘既出，人问见王公云何，刘曰未见他异，唯闻作吴语耳”。王导是东晋著名宰相。

《南史·顾琛传》：“先是宋世江东贵达者，会稽孔季恭子灵符、吴兴丘深之及琛，吴音不变。”江东泛指大江（长江）以东，吴音即南方话、三吴话；孔季恭、孔灵符、丘深之、顾琛皆南方人。而且在南朝境内的住民，当时还有所谓侨、吴之分，侨指从北方南渡江左的侨人，吴则泛指三吴土著。当日南北两个政权动辄相互詈骂，南朝斥北人为北虏、索虏、荒伧，而北人犹常斥南朝为吴人、吴儿、吴贼（《宋书》四十七、《南齐书》五十二、《梁书》三十九）。兼之南方对外海上交通港口多在三吴境域，日本人同南朝交往既多，了解风土人情习俗必深，沿袭当时当地人的习惯也指称中国为吴，那自是情理必然。

（载《历史研究》1979年第2期）

《宋会要辑稿》述论

《宋会要辑稿》为近世辑佚巨著，全书综八百万言，编次近五百卷，已两次影印行世。1936 年 10 月，由国立北平图书馆影印五百部，线装二百册；1957 年 11 月，又由中华书局再次影印出版，精装八厚册，7898 页，印行一千六百部。《宋会要辑稿》所收宋代历朝会要，虽因千百年来辗转传抄，反复掇录，殊多残缺，唯所集当代政府档案诸原始资料甚多，为研究宋代社会史与有关的辽、夏、金、元史必加检索的要籍，夙为学术界所珍视。

（一）

中国古代史学，先有所谓六家，其后又有四体[①]。四体之中，会要居其一。会要历与纪传、编年、纪事本末并重，也与四体之外的帝王实录、起居注、日历、政典宪章、玉牒乃至私家著述的典、志、考、录、略、记相辅并行。所谓会要史体，系就编纂形式而言；其方法为摭拾一代重要的政治、经济、文化、军事、邦交、历象、舆地及诸朝章典制，叙其因革损益与夫相关史事，依据时次先后，分门别类荟萃于一书。用今天的语言来说，其性质就是一种史事类编或史料汇编。论编纂体裁，则条理分明，眉

① 古史六家之说，始自唐人刘知几《史通》。所谓六家，指尚书家、春秋家、左传家、国语家、史记家、汉书家而言。刘知几又归六家为编年、纪传二体。时尚无四体之分，因会要、纪事本末二体晚出，综此四者，是谓四体。

目清晰，寻检史事，颇为方便；言内容，又常载“正史”所不载，可与纪传及他种史籍参稽互证，共相发明，故自来为治史者所重视。

会要之学，本滥觞于唐代，而定型却在北宋。唐人苏冕、崔铉先后撰录武德以迄宣宗十五朝会要八十卷，此固会要史籍之权舆。唯唐人所撰，中止于宣宗大中，仅及有唐开国以来的前几个阶段。唐末以还，干戈倜攘，百度陵夷，朝野史家，不遑顾此，故晚唐以迄五季，会要之续辑无闻。迨北宋开国，王溥始综苏、崔两书，规仿唐人成法，增补晚唐史事，融合成书百卷，颜之曰《唐会要》；复辑五代十国史事别撰《五代会要》三十卷。会要断代成书，于兹始见，时在宋太祖建隆三年（962）。嗣后宋人编定当朝会要，寖成风尚，中枢设有专司其事的“会要所”，隶属秘书监，与国史院、实录院、日历所诸机构互为唇齿。故宋人所修历代及本朝会要，其数量之多，内容之富，各代无敢与之伦比。除南宋末年出自徐天麟的《西汉会要》《东汉会要》一百一十卷外，宋朝于本代会要之修纂，今可考而得见者，仍有十种，即《庆历国朝会要》（又称《三朝会要》）、《元丰增修五朝会要》（又称《国朝会要》或《六朝国朝会要》）、《政和重修会要》、《乾道四朝会要》（又称《续会要》）、《乾道中兴会要》、《淳熙会要》、《嘉泰孝宗会要》、《庆元光宗会要》、《嘉泰宁宗会要》（包括《续修会要》）、《嘉定国朝会要》（又称《国朝会要总类》或《十三朝会要》）。

往年汤中先生著有《宋会要考略》，文见《东方杂志》二十八卷六期，于前述十种会要之卷数、朝代、编修年月、修撰进奏诸臣，详征博引，考订严谨翔实，足资参考。民国时期国立北平图书馆《影印宋会要辑稿缘起》所录《宋修会要简表》，即据汤氏考订原文改编。

上述宋修当代会要十种，一至第四种纪北宋，第五种以下纪南宋；第一、二、三种修于汴京（今开封），自第四种起皆成于南渡江左以后。各种概自为起讫，原本单独成编；其卷第多者达五百八十八，少者亦百卷；其中有纪宋代数朝乃至十数朝史事者，如第一、第二、第四、第十诸种；有仅得一朝中某类史事者，如第三种仅有“吉礼”一门；自余第五、第六、第七、第八、第九种，则均为一朝史录。因有综合数朝史事于一书的长编，故其间每多重复。综十书合达二千四百四十一卷[①]，上起宋太祖建隆元年（960），下止南宋宁宗嘉定之末（1224），纪事时间共约二百六十五年。按南宋至嘉定之后，尚有理、度二宗，显、昰、昺三帝，为时尚约五十年。但自理宗端平三年（1236）李心传撰定《十三朝会要》[②]，淳祐二年（1242）史臣上《宁宗续修会要》[③] 以来，南宋三朝内政日趋窳败，外又蒙古族强敌凭陵，偏安朝廷已入无可苟且偷安之势，上下惶惶然应付大局之不暇，故于本朝会要，已恐无复有人认真辑掇，使嗣后五十年之会要乃付阙如[④]。

在中国历史上，宋人本以编纂图书与雕印典籍著称。国子监专藏经、史雕版，并许全国士子公开传印之例，即创始于宋代，此风一直绵延而至于清朝中叶不替。且宋室南渡之后，各级官司、学府以至临安（今杭州）、闽、粤、蜀川私坊刻书，更开空前未有之盛况，所刻书种多而且精，夙为后世所钦重，唯独于本朝积数十年功力苦心编撰之会要，亘有宋三百年，竟无有一完种付诸雕刻印行。唯一例外，即李心传尝刊《国朝会要》（即《十三朝会要》）节本于蜀中，然此非八十八卷完书，仅其节录而已。此种现象，乍视令人殊不可解，前人咸以卷帙浩繁不克付梓为释，唯细加审察，事或不然。盖综十种会要而言，固堪称卷帙庞大，然此十种并非完成于一时，乃累二百余年以得；如就单种言，其在二百卷左右及其以下者居多，宋廷积极镂版刻书之风早盛于北宋元丰以前[⑤]，所刊经史在二百卷上下者，据今日所知，犹有不少，又何独舍此专纪本朝故实之典籍于不顾？恐其别有重大政治原因在。王应麟《玉海》五十一云：“会要所记，礼乐政令之大纲，仪注物事为之细目，帝后以底臣庶，朝廷施于蛮夷，有关讨

① 民国时期国立北平图书馆《影印宋会要辑稿缘起》误作二千二百余卷。

② 据《宋史》李心传本传。

③ 王应麟《玉海》。

④ 宋末理、度二朝，似仍在续纂会要或汇进前朝会要，唯不见传流，现录有关史文留供参考。《宋史》卷四十三理宗纪云：淳祐十一年二月乙未，左丞相郑清之等上玉牒、日历、会要。又同上卷四十四：宝祐二年八月癸巳，谢方叔等上玉牒、日历、会要。《宋史》卷四十六度宗纪云：咸淳四年八月壬寅，奉安宁宗实录、御集、日历、会要。《宋史》卷一百二礼志、吉礼：淳祐五年，进光宗、宁宗两朝宝训……会要。咸淳四年，奉进宁宗、理宗实录、御集、会要、武经要略。

⑤ 参《玉海》艺文类。

论，顾无不载。”章如愚《群书考索》续十六又纪宋高宗之言曰：“《会要》，祖宗故事之总汇。”宋于辽、夏、金、元之间的纠葛极多，腼颜奉事“蛮夷”的举止措施也至众，他若徽、钦辱国，奸蠹秉权，朝政之腐糜，宫闱之琐秘，秽迹丑闻，在在多有可以告人而又不可告人者，诸此事类，朝野固早悉其太半，然亦不过闾阎里巷之间口耳相传已矣。设以记有此类史事之会要刊刻公诸国人，则无异赵宋朝廷全盘承认其所忌讳，且又自行力加散布。因所修会要，按例概先经“御览”（送经皇帝审阅），“御览”刊行，自然也就等于发一份详尽官方公报加以认定，事过境迁之今日视之不以为然，而当年如此做法，对赵宋封建政权所产生之不良政治后果，必至深且巨，宋廷至愚，岂肯出此？故终赵宋倾国，终不愿率尔锓行。李心传蜀中所刊，已值南宋政局分崩离析，国势衰危之际，且其所刊仅为节本。缘由恐亦在此。

综上已知，宋修本朝会要，于宋概无刊本，仅有史臣撰定之初的“奏御本”（进呈皇帝的原本）。“奏御本”皆工整墨书，惯例诏藏中秘，故又称“阁本”。靖康之变（1127 年），赵宋丢失半壁河山，汴京城里的玉帛子女文物，概被金兵洗掠一空，捆载北去；因是国史散逸，靡有孑遗。迨宋高宗南逃建康，北宋积存文物几已一无所有，前此所修之庆历、元丰、政和三会要阁本，亦皆亡佚。虽数有诏旨访求，迄五年后之绍兴元年（1131）始得唐开献《元丰会要》①，随之又就许中处抄录《政和会要》②。至于《庆历会要》之下落如何，了无文记。王应麟《玉海》五十一、郑樵《通志》六十五“艺文略”三虽有著录，恐亦有目无书；唯陈振孙《直斋书录解题》五记有此书，下注云八十五卷（仅及原书一半）。按陈氏书目“著例”，有书始录，此见已佚之《庆历会要》或仍流播人间，但已残散，陈氏所见，当即残稿或残稿之抄本。姑不论《庆历会要》已否原璧重归，所幸《元丰会要》尚在，则《庆历会要》之存丧已无关紧要。因《元丰会要》系据《庆历会要》增补改编，益以仁宗庆历四年（按：

① 参《建炎以来朝野杂记》甲集卷四神宗、哲宗新实录本。

② 陈振孙《直斋书录解题》五。

庆历会要原修至庆历三年）至神宗熙宁十年（1044—1077）三十四年间事，合六朝（宋太祖、太宗、真宗、仁宗、英宗、神宗朝）一百一十八年（960—1077）事于一书，已将《庆历会要》所记全部编入此书[①]。

宋修本朝会要除“阁本”外，恐当时尚别有抄本散出民间，尤以南宋以来为甚。陈振孙得见五种会要固可视为此一断说的根据，而士人著书多见征引会要原文，更是力证。据清代学者俞正燮《癸巳类稿》十二《宋会要辑本跋》所记宋人引会要之著作竟不下十数种，如曾公亮、丁度《武经总要》，孔平仲《珩璜新论》（卷四），王应麟《玉海》（较多），王象《舆地纪胜》（无卷不引）[②]，罗愿《新安志》（卷二、四、五）[③]，董史《皇宋书录》（上、中篇）[④]，李心传《旧闻证误》（卷一、二、三）[⑤]，岳珂《愧琰录》（卷一、四、五、八、九、十、十二、十三、十四）[⑥]，宋人佚名《梦粱录》（卷十四），洪迈《翰苑遗事》（引会要十七条）[⑦]，程大昌《考古篇》（卷七），姚宽《西溪丛语》（卷下），王弥大《清溪弄兵录》[⑧]，等等。诸家宋人著作所引，或泛称会要（不指所据何种），或称《庆历会要》（即前揭第一种），《续会要》（即前揭第四种），《国朝会要》（即前揭第十种），又有《三朝会要》（即前揭第一种），《中兴会要》（即前揭第五种），更有《仁宗会要》者（即前揭第二种）。其中有的著作征引会要达四种之多，如岳珂《愧琰录》（四部丛刊续编收有此书影印本）就是如此。诸此征引宋修会要之著述，属北宋者仅有《武经总要》一种，

① 马端临《文献通考》卷二百一经籍二十八。

② 《舆地纪胜》几乎无卷不引会要，尤以卷一所引为多。“府州沿革入宋”多引会要原文；引文称《国朝会要》《中兴会要》或《续会要》。

③ 罗愿，字端良，尚书罗汝楫第五子，淳熙二年（1175）成《新安志》十卷，十年（1183）知鄂州，十一年（1184）卒。原书卷二引会要二条，卷四、卷五各引一条。

④ 董史，字更良，成淳间成《皇宋书录》四卷，四引会要：上篇太宗条引《国朝会要》，仁宗条引《仁宗会要》，徽宗条及下篇王向条亦引会要。

⑤ 李心传《旧闻证误》卷一引《皇朝会要》，卷二引《三朝会要》《续会要》，卷三引《中兴会要》。

⑥ 岳珂《愧琰录》卷一、卷九、卷十、卷十四引会要原文，卷五、六、十三、十四引《国朝会要》，卷四、卷五引《续会要》，卷五、六、八、十二引《中兴会要》。

⑦ 洪迈《翰苑遗事》引《国朝会要》十一条，《续会要》六条。

⑧ 王弥大《清溪弄兵录》（记方腊起义事）引《续会要》二五三卷中一千三百余字。

自余十二种皆撰于偏安以后。而此十三种典籍，除曾公亮、丁度著书《武经总要》系奉敕编修，李心传尝据历朝会要改编为《会要总类》，因而得见中秘所藏会要阁本或原稿，不足为所见系另据抄本之据外，其他十一人曾入馆阁者不多。既非阁馆之臣，又从不役史笔之任，然则此类著作所引会要文字，舍抄本则无法别求解释。

唯于此尚有一事应加辩白，即两宋会要抄本何自而出？前北平图书馆《影印宋会要辑稿缘起》云：因“政府许臣民自由传抄”此说殊无坚实可信根据，且与史实不符。宋有会要抄本固无问题，已论证如前述. 唯抄本非出“自由传抄”。宋代于国史传抄有禁，下而家传书录，亦在史官搜索审查之列，即使“有裨于公议，亦由中禁存留，不许刊行，其余悉皆禁绝，违者坐之”[①]。乾道六年（1170）秋，有商人载书十二车渡淮，经盱眙军查出其中载有史事之《中兴小历》（熊克字子复著）以闻，从而引出一场全国规模之检查，遂命诸道帅宪司察郡邑书坊所鬻书，“凡事于国体者，悉令毁弃”[②]，著名史学家李焘尝因纂史罹重罪，稍涉宋史者皆知[③]。观此，尚有何“许臣民自由传抄（国史）”之可言？宋确有许人传抄经史之例，已抉出于前文，但此类准许传抄之经名并不包括本朝史录在内，仅历代史传而已。前北平图书馆《影印宋会要辑稿缘起》执笔诸公之断说，于此层史事未及深加剖析。或谓高宗建炎间唐开献《会要》，又于许中处抄录《政和会要》，岂非宋可自由传抄之证？答曰：否。唐开所献者，故都（东京）沦落之日散失之阁本原稿；许中处抄书者，盖“许中尝预崇宁修书，故存此本，以备中禁之采录”[④]，乃会要底本，而非自由传抄所得之抄本。然则，抄本之来源究竟如何？判断不外二途：出于从预修者自存之底本中抄出，此其一；馆阁权臣得窥中秘，借机自阁中摄录，此其二；初为私密相授传抄，历久文字语言律弛，乃辗转写录而散漫。殆宋末朝政

---

① 见《建炎以来朝野杂记》甲集卷六嘉泰禁私史条。

② 见《建炎以来朝野杂记》甲集卷六嘉泰禁私史条。

③ 焘弄史获罪事，见《宋史》本传。焘为宋代卓有成就之史家，传世之《续资治通鉴长编》凡五百二十卷，为研究北宋历史之重要典籍，新中国成立后尝由前燕大教授聂崇岐氏校点，中华书局正全部印行（校点本）。

④ 参《直斋书录题解》五。

日衰，禁令若具文，于是晁公武敢录，陈直斋敢录，其他人士著述亦复敢录，不合法之国史传抄，乃一变而成半公开之形势。

至南宋末年，蒙元牧马江南，德佑丙子（1276）之役，宋室请降，临安（南宋首都，今杭州）不守，江山从此易帜，两宋所修会要阁本，于是皆入元人之手，共被掳的宋帝赵显而并之大都（今北京），先“贮于元都国史院”[①]。宋代遗存史料最称繁富，苏天爵《滋溪文稿》卷二十五云，宋自太祖至宁宗，实录凡三千卷，国史凡六百卷，编年又千余卷，其他宗藩谱图、别集、小说，不知其几。迄至正三年（1343）元政府诏托克托修宋、辽、金三史，除上述诸史料外，宋会要阁本亦元朝史官据以取材的重要蓝本之一。惜元修《宋史》时日匆促，草率疏舛，宋会要原文，于《宋史》中求其本来面目之轮廓而不可得。

宋会要于元代有无刻本？文献无征。元人虽亦官私刻书，较诸两宋则逊色已远，此犹其次。就蒙元政权利益考虑，恐亦必不渠行，盖宋虽积弱，然于文字之间对辽、夏、金、元仍多诋责，斥之曰番夷，曰蠢虏，且宋人每有规复河山、北定中原之志，犹多痛乎国难家仇、慷慨激昂之辞，此于今本《宋会要辑稿》中尤历历可检，元廷眼见张世杰之兵败死节，陆秀夫之溺海求全，文文山（天祥）之从容就义，乃至亘有元一代九十年间此伏彼起揭赵宋旗号以抗蒙元之事实，岂可又焉能以此类文籍公刊以激人故国之思？是敢断言，宋会要于元代必无刊本。此征诸元人著述中引用宋会要极少一事，亦可佐证。胡三省注《资治通鉴》虽引有一条[②]，恐系由宋代流传而来之民间抄本取得。

迨明太祖洪武元年（1368）底定大都，又收北平元人图籍南迁金陵（今南京），此藏诸元廷中秘达九十年之宋会要阁本，于兹又归明室。永乐元年（1403），明成祖患世讥惭德，乃效宋太祖网罗天下士子纂修《太平御览》以收人心之故技，下诏搜求古今闳文巨籍，孤椠稀珍，编修《永乐大典》（初名《文献大成》），用弭朝野私议，当代名儒解缙、姚广孝、

① 参《元史》董文炳传。

② 参潘元兴文署本《通鉴》卷二九四周显德六年二月条胡注。

刘季篪先后监领[①]，参与修纂及司事者共二千一百六十九人，从传世之七八千种古籍中，“分韵类聚经、史、子、集、天文、地志、阴阳、医卜、僧道、技艺之言为一书”，分装一万一千零九十五册，合二万二千八百七十七卷，凡例、目录六十卷犹不与焉[②]。数百种今已亡佚之古籍得以保存于世，此书厥功甚伟；宋会要亦因而散缀于《永乐大典》各韵中。自北宋庆历四年（1044）章得象进奏《庆历国朝会要》以还，至永乐六年（1408）已三百六十余年，宋人自修本朝史志，始首次以断简零编之形式全盘公白于天下。永乐十九年（1421）迁都北京，原贮南京之文籍又择要（一百柜）北迁，宋元遗椠及中秘要籍概贮于北京左顺门北廊[③]，《永乐大典》则庋“文楼”（即清初之宏文阁）；前者（左顺门北廊）中有宋元所遗宋会要阁本，后者（文楼）则有宋会要缀文。至明英宗正统初（1436），始有旨移左顺门北廊图籍于文渊阁，“是时秘阁贮书约二万余部，近百万卷，刻本十三庋，抄本十七”，“皆宋元所遗，无不精美，装用倒折，四周外向，虫鼠不能损”[④]。唯文渊厨庋虽富，残缺却多，宋会要阁本，亦所不免。正统六年（1441）华盖殿大学士杨士奇编定《文渊阁书目》其卷六史附门宙字号第二厨书目云：

“宋会要一部。二百三册，阙。”

是见宋会要此时尚在，唯已残缺不全。

至明神宗万历乙巳（1605）孙能传、张萱重编《内阁藏书目录》，宋会要忽不被著录，证知中秘已亡其书，此有宋一代三百年史录珍品，于兹乃扫架无存，此后欲一窥宋修会要面目，唯有求诸辑入《永乐大典》中之零落精英。

然宋会要究在何时因何故而损失？确是一桩尚待重加判决之公案。前国立北平图书馆《影印宋会要辑稿缘起》尝记会要之失云：“文渊阁藏书，明宣德间焚于火者大半，故万历重编阁目，已无（宋会要）其书，赵宋一

① 参《明史》卷一四五、卷一四七。

② 参《艺风堂文集续集》卷四《永乐大典考》。

③ 参杨士奇《文渊阁书目》请旨题本。

④ 《明史》卷九十六艺文志一。

代故实，遂扫地以尽。”

推按《影印宋会要辑稿缘起》原文，则已断宋会要焚于宣德之火。《影印宋会要辑稿缘起》执笔诸公，多属一代文宗，学问文章，夙称严谨，亦我素所钦敬，唯如此断说，则有大谬不然处，且其行文立论，亦前后自相矛盾。不佞无学，敢摭两事以纠其踳驳疏误。文渊火灾，宝简琅函虽半归煨烬，而宋会要却幸免不焚。盖宋会要系自南京迁来，是时尚贮左顺门北廊，迁藏文渊东阁，事在文渊大火之后数年间，即使当年文渊所藏全付一炬，亦与宋会要阁本了无关涉，此观杨士奇《阁目·题本》可证者一；文渊之火发生于宣德，宣德乃明宣宗年号，在前；正统为明英宗年号，在后；《文渊阁书目》编就于文渊大火后之英宗正统六年（1441）六月二十六日，其间尚系录宋会要残卷二百三册已揭如前文。火灾之后宋会要原书无恙，此证宋会要不为丙丁所波及者二。抑有进者，《影印宋会要辑稿缘起》于文前既引文渊阁目所著宋会要以证其书明正统间确在且已残佚，复又于文后断其以尽于宣德。既于宣德已焚，又何能正统有目可供征引？既加征引，又何谓其早焚？时间、史事之错乱，亦甚矣哉！

然则，宋会要阁本之失，当在明正统六年迄万历三十年（1441—1605）此一百六十五年间，观王肎堂《郁冈斋笔丛》，宋会要之流佚，似典藏不善故。

（二）

宋会要原本既亡佚于明代，嗣后此书之传，则端赖《永乐大典》。明、清人著述所引宋会要，恐皆从《永乐大典》以出。然大典之传流，亦几经艰折。永乐元年（1403）诏修此书，越年而成初稿，六年（1408）始臻定稿。虽谓公修，亦不过写本一份贮之（南京）中秘而已。我往年负笈北京，得见此五百五十年前所修之《永乐大典》残本，其书颇为讲究，书高一尺六寸（约53厘米），广亦九寸五分（约31.7厘米），封、底皆黄绢硬面，正文宣纸，半叶八行，行大字十五，小字三十，朱笔句读，书名间亦朱书。永乐十九年（1421）迁都北京，此写本亦迁庋北京大内文楼，其时宋会要阁本尚存。迨宋会要亡逸，《永乐大典》亦险遭不测。盖明嘉靖三十六年（1557）四月皇宫火灾，波及甚广，幸《永乐大典》得救无损，诚书林幸事。明世宗有鉴于《永乐大典》孤本易遭不虞，因于嘉靖四十一年（1562）选礼部儒臣程道南重录正、副两本，命张居正等校理其事，另配书手一百八名，绵历五年，至穆宗隆庆改元（1567）竣工，乃以《永乐大典》原本仍送贮南京，嘉靖重录之正本贮文渊阁，副本别藏皇史宬。后南京贮本果尽毁无存，所幸重录之正、副两本尚在。明亡，1644年，清人入关接收此书。清顺治初，移《永乐大典》正本于乾清宫，移皇史宬副本于翰林院。康熙中，《永乐大典》搜罗之富，已引当代学者注目，徐乾学即首倡从《永乐大典》中裒辑逸文秘典，惜议中辍。下及乾隆元年（1736），全祖望寄居李绂京宅，借李之助，得假《永乐大典》，日读二十卷，以所签分令四人抄之，从中抄出王安石《周官新义》等书数十种[①]。唯《永乐大典》此时已短缺二千四百二十二卷，且全榭山所辑不及宋会要。

清乾隆三十七年（1772），统治者为粉饰太平，牢笼士子，继雍正三年（1725）编成《古今图书集成》[②]之后，又诏开四库馆修纂《四库全书》。《四库全书》收录典籍之来源有四，《永乐大典》即其最要者[③]。四库馆不仅赖《大永乐典》校补他书，且从中辑出之书经著录者达三百八十余种，四千九百二十六卷，存目者又一百二十七种，占《四库全书》所收近十分之二（按：《四库全书》共收书三千四百六十一种，七万九千三百零九卷，分装三万六千余册）。《四库全书》出自《永乐大典》之书虽富，惜宋会要又不与焉。析其缘由，不外数端：四库馆校办《永乐大典》为期太促，因期促而草率疏忽不录[④]；校办诸臣之间对《永乐大典》评价不一，有虽与其役而不乐其事者，乃至视之为散片，为鸡肋，因而不及细察其间富有菁华[⑤]，致使此一足资启镛后学，广益多闻，而实流传已少，尚可哀

① 参郭伯恭《四库全书纂修考》页七十八。

② 清雍正《古今图书集成》系仅次于明《永乐大典》之一部大类书。全书分六编（历象、方舆、明伦、博物、理学、经济）、三十二典，六千一百零九部，共一万卷，集经、史、诸子百家以成书。

③ 四库馆所收书，除《永乐大典》外，尚有敕撰本、内府本、督抚学政采进本和私人献进本。

④ 《于文襄公（敏中）论四库全书手札》第三十一函。

⑤ 《于文襄公（敏中）论四库全书手札》第三十一函。

缀成编[①]之宋会要亦弃而不顾；宋会要卷帙浩繁，条目纷杂，又分隶《永乐大典》各韵，更难觅其端绪，荟萃编次，措功不易，故虽见其文，亦未敢率尔操觚。（四库臣除朱筠外，如于敏中大多数人皆不主从大典辑出宋会要；专治宋史之邵晋涵亦复如是，殊为可怪）。

清代康、雍、乾三朝官私均无与于宋会要之辑掇，至嘉庆初，有俞正燮发此闳愿，且已着手进行。俞氏辑此书之动机，乃因其日辑太一十神事，以纪传不详，思得会要，苦不见其书；初疑此书元时早亡，乃锐意自前人引文中类辑。及见明人引用尤多，又疑此书明时尚在；后见徐乾学《续礼通考》书目中有宋会要及《五礼通考》迭引宋会要；又见全祖望《九经字样跋》亦引宋会要之文，不知时人所引何所出，更疑当日或仍有全书，疑信之间，时辑时辍，故起甲子以迄庚辰（1804—1820），费时十七年，所得宋会要辑本不过五卷。殆嘉庆二十五年（1820）就此书五卷厘定成编，方始发觉徐松早已辑得“无虑五六百卷矣”，十七年苦心，则已全功尽废。盖俞氏虽博极群书，睥睨一代，但终生不第，无缘得窥中秘，不知宋会要即存缀于《永乐大典》中，以致徒劳多年功力。俞氏固败，其所辑仍不失为宋会要之第一个辑佚本，因其始辑之日，尚早徐松六年。

嘉庆二年（1797）乾清宫大火，《永乐大典》嘉靖重录正本又扫数灰烬，宋会要文字之保存，至此已全赖残缺十一之《永乐大典》副本。及嘉庆十三年（1808）清仁宗诏继曹寅编录《全唐诗》成例，命文华殿大学士、文渊阁领事董诰总裁重编《全唐文》事，设全唐文馆于北京文颖馆旧址，移内府旧藏《全唐文》及《四库全书》《文苑英华》《古文苑》《永乐大典》诸书于文颖，以供编校之臣“搜罗采取，普行甄录”[②]，越六年成《全唐文》千卷进奏[③]，湮没数百年之宋会要，亦因修《全唐文》而并出，此即今本《宋会要辑稿》之来历。

① 参《四库全书总目提要》卷首所录谕旨。

② 参《全唐文》总目卷首御制序。

③ 《全唐文》在嘉庆十三年（1808）十月诏修，十九年（1814）二月成书，共一千卷。收录唐、五代文一万八千四百八十八篇，撰文者三千四十二人。诗序已见《全唐诗》者不录，有伤风化者不录，有关巫惑者不录，此其编录宗旨。唯仍录有关释道文字四十余卷。今常见版本有三，以写楷体内府本最佳。中国社会科学院历史研究所藏有一部。

然有应特加申述者，此一代要籍，又非真由唐文馆诸臣辑出，乃因预此馆总纂工作之青年学者徐松之功力及其费尽苦心而得。清儒俞正燮引徐松之言曰：

> 宋会要世无传者，余于永乐大典中（按：即残缺副本）辑出，无虑五六百卷。①

徐松，字星伯，原籍浙江上虞，侨居顺天府大兴，遂为河北大兴（今属北京市郊县）人，每见徐松自著序跋，末皆自署“北平徐松”。星伯为清代嘉、道间之渊博学者，三十岁前即淹雅为时推重。唯生前经历坎坷，仕宦极其蹭蹬，身后又无传铭以传其行状，试检清代三十三种碑传集，求徐松之名而不可得。《畿辅通志》采徐松事迹，而亦牴牾不免。幸缪筱珊（荃荪）参稽徐氏所著诸序录记跋，尝编《徐星伯先生事辑》②，于是徐氏生平，乃得略窥一二。星伯生于乾隆四十六年（1781），弱冠（二十岁）中恩科举人［嘉庆五年（1800）］，二十四岁［嘉庆十年（1805）］会试中进士，殿试二甲第一，朝考一等第一，改庶吉士（指进庶常馆肄业），嘉庆十二年（1807）散馆（指结业）授翰林院编修，入直南书房，备皇帝咨询顾问，时年二十七岁。③ 其京宅在北京城内顺治门大街，居曰“荫绿轩”，治学之所称“治朴学斋”。徐松少年得志，良非偶然，因他非仅博贯经史，即文字、音韵、目录、金石、版本、舆地亦无所不通，而且于唐史

---

① 俞正燮《癸巳类稿》卷十二。道光求日益斋刻本。

② 《艺风堂文集》卷一。光绪庚子刻本。

③ 科举始自隋唐，封建朝廷以此取士，经历一千多年，至清光绪三十一年（1905）始废此制。明清科举分院试、乡试、会试、殿试。院试即童考，由各省学政主持。录取者称秀才（或相公）。乡试三年一次，逢子、午、卯、酉年在南京、北京及各省城举行，试期在秋八月，故称秋闱，应试者须秀才或监生、贡生，录取者称举人或孝廉，第一名称解元。会试在北京，三年一次，逢丑、未、辰、戌年举行，由朝廷礼部主持，应试者须是举人，考期在春三月，故又称春闱，录取者称贡士，第一名叫会元。殿试在北京皇宫太和服举行，由皇帝主持，经殿试录取之贡士始称进士。殿试录取分三甲，一甲三名（状元、探花、榜眼），称进士及第状元例授翰林院修撰，二甲、三甲各若干名，称进士出身及同进士出身。新进士经朝考选取入庶常馆肄业，称庶吉士，散馆（结业）留馆者授翰林院编修、检讨，不留馆者改充六部（吏、户、礼、兵、工、刑六部）主事或外放知县（县长）。因朝廷大典，大庆或皇帝特许于规定之年以外增举考试者叫恩科，如嘉庆五年（1800）岁次庚申，不在乡试的子、午、卯、酉年之例，徐松于是年中举，故称“恩科”举人。

研求，尤为精邃，此读其三十卷《唐登科记考》（书在《南菁书院丛书》内）可证，每发前人所不发，揭杜佑、马端临所不清者而澄清，钩深抉隐，反复论证，有识之士无不为其赅博所惊服，膺选甄录唐文，固其宜也。先生入全唐文馆，据自著《唐两京城坊考序》，在己巳之岁［嘉庆十四年（1809）］，据缪著《事辑》，时年二十九，据嘉庆十九年（1814）闰二月《进全唐文表》所附编校诸臣职名，先生冠衔“提调兼总纂官”，且列名首席。嘉庆十五年（1810）充文颖馆（唐文馆）总纂，同年出简湖南学政（又称提督学政，各省一人，主管全省学务及科举考试秀才、童生。清制从翰林官及进士出身之部院官中选派，三年一任）。嘉庆十七年（1812）三十二岁，以科场案为御史赵慎畛所纠，获谴流放新疆，出嘉峪关，过镇西府，手拓《裴岑纪功碑》（海内仅此一本），明年［嘉庆十八年（1813 年）］抵伊犁，停寓城南宣闿门第三舍老芙蓉庵戍馆，一称“亦园”。嘉庆十九年（1814）松筠再次出任伊犁将军，闻星伯赅博之名，乃延请重修《伊犁总统事略》（后更名《新疆识略》，南开大学历史系新编《中国古代史》下册误为松筠撰）①，于是徐松得遍游天山南北，“携开方小册，置指南针，记山川道里，下马录之，每至邮舍，则进仆夫、驿卒、台弁、通事，一一与之讲求，经年风土备悉”②。先生从此兼治西北史地，为张穆（1805—1849）、李文田（1834—1895）、何秋涛（1824—1862）诸家究心西北与朔漠历史地理之先导③，亦开近代东方学之先河。嘉庆二十四年（1819）在戍六年朝满，释放回籍，行前手拓散见新、甘之汉唐残碑八种偕归，上所著《新疆识略》十卷。嘉庆二十五年（1820）诏命武英殿为此书锓版行世，并赏赐内阁中书。然徐松时已年近四十，《全

① 嘉庆七年（1802）将军松筠初次莅任伊犁之日，尝命郎中祁韵士（鹤皋）以知县汪廷楷所集资料编纂地方志，名曰《伊犁总统事略》，凡十二卷。嘉庆十九年（1814）松筠第二次出任，以徐松精于地理之学，更托徐氏重修，书成凡十卷，徐松通过实地考察，授古证今，备述新疆山川道里曲折，于建置控扼钱粮兵籍，言之尤详，后经松筠进奏其书，清仁宗改题《新疆识略》，并付刊行。

② 见《徐星伯先生事辑》。

③ 张穆，字石洲，山西平定人，善属文，道光中优贡生，代表作有《蒙古游牧记》十六卷，为研究蒙古史地必读之要籍。卒年四十五岁。何秋涛，字愿船，福建光泽人，博览经史，留心舆地，代表作有《北徼汇编》八十一卷（咸丰中更名《朔方备乘》），卒年三十九岁。李文田，字若农，广东顺德人，己未探花，官至礼部侍郎，生平关于元史及西北地理著述最多，内容精富，卒年六十二岁。

唐文》千卷亦已进呈六年。

徐松在伊犁时，先后撰有《新疆赋》（分南路、北路二篇），又撰《西域水道记》五卷，龙万育尝为之《序》（述作者心得与纂述体例），徐氏此书乃学术界至今推重之名著，其卷二最早揭出库车（今新疆龟兹县）赫色勒河畔有丁谷山佛教石窟寺与佛教壁画。而此类佛教石窟及其艺术创作流派，恰是敦煌艺术及其后麦积岩（甘肃天水）、云冈（山西大同）、龙门（河南洛阳）石窟艺术的源头与嚆矢。徐松在新疆又以亲身经历所得，撰《汉书西域传补注》二卷，以补唐人颜师古注之疏舛。星伯有关西北地理之作，又有新斠注地理志集释十六卷、《元史西北地理考》、《西夏地理考》、《长春真人（丘处机）西游记跋》。自从徐氏东归，首倡究心西北地理，一时蔚为风气，名家辈出，硕果累累，而星伯乃成为嘉道间此一新起学科之中心人物，时居京师，与最负时名之西北史地学者张穆、沈垚[①]深相契合。张穆尝记云："子敦（沈垚，字子敦）留京师，居内城，间旬出相访，则星伯先生为烹羊炊饼，召余共食，剧谈西北边外地理，以为笑乐。"（《落马凤楼文稿序》）

顾徐松供职全唐文馆，起于嘉庆十四年（1809），止于嘉庆十七年（1812），为时共约三年。从《永乐大典》（重抄副本）中辑出宋会要，即在此时。夫以区区三年之功，竟从《永乐大典》二万余卷之巨帙中，就宋会要散缀诸篇之断珪残璧辑出"无虑五六百卷"，其神速，其勤笃，其精敏，今日视之，尤不禁涑然汗下，读二十六史儒林、文苑、艺术传，几亦未有逾乎此者，非徐松学海渊富，安敢有望及此。

不仅此也，先生所著《唐东西两京城坊考序》云：

> 余嗜读《旧唐书》及唐人小说，每于宫苑曲折，里巷歧错，取《长安志》记之，往往得其舛误，而东都阙如也。己巳之岁，奉诏纂辑唐文于《永乐大典》中，得《河南志图》，爱同球璧，……因作唐两京城坊考云。

① 沈垚（1798—1840），字子敦，浙江乌程人，道光优贡生，精西北地理及金元史学，代表作均收入刘嘉业堂刊印之《落帆楼文集》（二十五卷），卒年四十三岁。

《艺风堂文集续集》卷四《永乐大典考》云：

而修全唐文时，大兴徐星伯先生松，曾抄出宋会要五百卷，中兴礼书一百五十卷，河南志三卷，秘书省续到阙书二卷。

此见徐松自《永乐大典》中辑出之逸书共有四种，合六百六十卷。《河南志》已有江阴缪氏刻本，书见《藕香拾零》；《唐两京城坊考》另由山西平遥杨氏刻入《连筠簃丛书》，今日我国考古学者正发掘西安汉唐宫城遗址，《城坊考》仍为富有价值之参考文献。

徐松辑宋会要非由朝命，乃出个人珍视古典史籍之热忱，与夫孜孜不倦之笃学精神，故其辑佚过程，非仅无条件，无支持，无赞助，小而月誊录书吏，亦不得不假唐文馆之书手而为之，今见《宋会要辑稿》其所以版心及页首第一行多书“全唐文”，而内容则概为宋会要，出此故耳。

徐松辑出宋会要后，即不幸有伊犁之戍。放还以来，虽就辑稿笺疏排比，而徐松治学严谨，不欲草率撰次成编，“每一卷思之再四而不得编排主脑”[①]，又苦于难觅博学之助手以襄其事（徐氏自语），此从当时之知名学者致徐松书札与赠别诗文，尤可见出此种情状。诸家对宋会要一书固推重备至，于徐氏之编次成帙，且寄望殷殷。

著名历史地理学家《李氏五种》纂者李兆洛与徐松书云：

（宋）会要一书，自当钩稽异同，拾遗补坠，使本末灿陈，为故宋一代考证渊薮，若草草属录，复何与于存亡之数，执事敏于识而练于古，壹此不懈者数年，自当纲目详备，宏富绝特，卓冠流略，为宇宙留此奇籍，幸无复以欲速致悔也。（见《养一斋文集》十八）

又同时之严可钧与徐松书云：

足下在全唐文馆，从大典写出宋会要，此天壤间绝无仅有者。及今闲暇，依玉海所载宋会要体例，理而董之，存宋四百年典章，肆力期年，粗可竣事。而来书言苦无助我为力者，助得附名，非有议叙，

① 参《宋会要稿》食货门纲运令夹签。

废时悬望，难必其人，异日或蒙大用，无暇及此矣，时哉不可失，盖早图之。(见《铁桥漫稿》三)

李、严主张容有不同，而切望此书得成完帙则一。龚自参赠别徐松诗犹勉云：

笥河寂寂覃溪死，此席今时定属公。(见《龚定庵全集》)

笥河、覃溪（朱筠、翁方纲）乃清代籍隶北方之学术名家，龚自珍以徐松为唯一后继者相赞许。

未几，徐氏迁补御史，又出知榆林府，东西南北播迁，乃至经历数十寒暑，终不及将宋会要纂成定本。而天丧斯文，道光二十八年（1848）三月一日，此一代文星，竟不克遂其初志而含憾陨落，终年六十八岁。

徐松虽殁，其保存两宋重要史籍之功则永不可殁。星伯之名，将于艺林并《宋会要辑稿》而千古不泯。盖当徐松自仅存之《永乐大典》副本中辑出宋会要后五十一年，《永乐大典》副本即遭咸丰庚申（1860）之难。是役也，英法侵略联军攻入北京，焚我圆明园文源阁之《四库全书》，毁我翰林院之《永乐大典》副本。嗣后《永乐大典》继续流散，殆光绪元年（1875）检点，仅存《永乐大典》五千册（为原书十分之四）；光绪二十六年（1900），帝国主义八国联军再度攻占京津，对我翰林院之存书又横加抢掠，仅由海船盗运《四库全书》底本及《永乐大典》副本（原本、正本早已散亡）至意大利托尔埠者，即达三万五千余册，据任松如云："其书后又运藏英国。"[①] 庚子巨劫后，《永乐大典》余存仅有三百册，下及辛亥革命（1912）民国政府接收清廷图书，孑遗《永乐大典》只六十册，仅及原书百分之零点五，几等于无。[②] 此见宋会要辑稿始出不久，其据以辑录之孤本——《永乐大典》副本即已陆续散亡。设无徐松辑稿，后世承学之士岂有所谓宋会要可读可用乎？是曰徐松抢救古文献之功彪炳

① 任松如《四库全书答问》。

② 现存北京图书馆之《永乐大典》写本，经民元以来及解放后之收集，已有一百四十余册；《四库全书》现有三万六千三百多册。

日月。

徐松除《宋会要辑稿》外，另撰有《宋会要沿革》一册。据《艺风堂文集续集》卷六《宋太宗实录跋》云，徐松尝向粤中吴石华（兰修）求《宋太宗实录》八卷残抄本，吴氏则索星伯所撰《宋会要沿革》相报。唯徐著《宋会要沿革》，不论手稿、抄本，我曾多年寻求，迄不之见。

（三）

当《永乐大典》渐次散亡的同时，从中辑出之《宋会要辑稿》亦陷流落。盖徐松青壮之年顿遭利禄奸徒暗算，晚景犹甚凄凉，有子延祖先殁，家亦中衰，其藏书万卷，生前斥卖已大半，身后家人出于生计，又变卖其余，于是徐松毕生搜藏之图籍及所撰手稿，乃扫架以罄[①]，宋会要稿本亦不复为徐氏所有，辗转落入北京琉璃厂旧书肆（翰文斋）书估韩心源之手。[②] 缪荃荪游京师，此稿又归缪氏。荃荪字筱珊，晚号艺风，江阴申港镇人，光绪二年（1876）进士，尝任翰林院编修，博综文史，毕生从事文化教育事业，为近代较有成就之金石、目录、版本学名家，江南图书馆、京师图书馆（今北京图书馆）之奠立丕基，缪荃荪皆与有力。此公又雅嗜缥缃，亦江南有名之藏书家，与湖南之王先谦、叶德辉，湖北杨守敬诸人私交甚笃，尝自云“四十余年暇辄与书估为缘”[③]，其与琉璃厂书肆关系尤密，故能先得徐松手稿。此稿缪氏得自何年？经披检艺风文集、年谱、行状概无记录，然仍不难从旁考见。按风行一时之张之洞《书目答问》一书（四卷），缪荃荪曾参与协撰，主要是为《书目答问》作小注及版本考订工作。据《艺风堂文集续集》卷五所取《半岩厂所见书目》（即邵懿辰《四库全书简明目录标注》序），其时间在同治十三年甲戌（1874），时缪荃荪正馆于川督吴棠署，适张之洞督学四川；据《艺风老人自订年谱》，则助撰《书目答问》在光绪元年之乙亥（1875）八月，时荃荪执贽张之洞门下称弟子。总之，助撰《书目答问》不外在同治十三年

① 参《烟画东堂小品》第七册《星伯先生小集》附记。
② 见《艺风堂文漫存乙丁稿》所收《琉璃厂书肆后记》。
③ 参《艺风堂文漫存乙丁稿》所收《琉璃厂书肆后记》绪言。

(1874) 到光绪元年 (1875) 间。《书目答问》政书第十一“宋朝事实”条下有缪氏小注云:“徐松辑宋会要□百卷,未刊。”

此见缪荃荪此时已得徐松辑稿。查《艺风年谱》,缪氏于光绪元年(1875) 之前,曾三次自四川去京会试,即同治六年 (1867)、同治七年(1868)、同治九年 (1870),缪得徐松原稿,当在此时。质言之,最晚不迟于同治九年 (1870)。

《宋会要辑稿》自归缪氏,十余年来虽间有校笺,但未彻加整理,仅自其间抄出《宁宗会要》一卷,收在《艺风抄书》第十二册。抄本现藏北京图书馆,书号:总六四一·八五三·四:十二。我任职中国科学院历史研究所时,尝向北图借见此一抄本,原件单边绿线带耳,版心无记,半叶十一行,行二十四字,全本二十七叶,有缪氏朱笔校改,一字笔画参差,都经校正。

缪氏以博学为张之洞所倚重,数十年来虽各处一方,然张每遇文史典籍诸事,必以函札或约见就商于荃荪。光绪十三年 (1887) 张之洞督粤,创办广雅书局于羊城机械厂旧址,敦促荃荪南下,时缪氏供职京师。光绪十四年 (1888) 缪荃荪携徐松《宋会要辑稿》游粤,并以此稿让归广雅书局,且推荐当日声名藉甚之青年学者屠寄担任此书校勘,不二月即离粤北还,本人未尝参加广雅书局整理宋会要辑稿工作。《影印宋会要辑稿缘起》谓荃荪与屠寄同为广雅稿本之校订者云云,校诸缪氏自订《年谱》,殊有不合。[①]

宋会要稿本归广雅书局后,专司勘校整理之任者为屠寄。寄字静山,江苏武进人,工诗文,尤专元史,撰有《蒙兀儿史记》。屠寄任职广雅为

---

① 缪荃荪将宋会要稿本让归广雅后,本人未预校订,其年谱可证:“光绪十四年戊子,年四十五岁,先供职京师。十二月,张文襄(即之洞)召游粤东,住广雅书局校书堂,轩宇宏敞,……布置雅称,与陶心云(睿宣)、屠静山(寄)、章颐卿同寓。王雪橙、王子展为(广雅)提调。光绪十五年己丑,年四十六岁。在广雅书局,二月游香山,三月反江阴。是年十月张文襄调两湖,自粤来沪,荃荪迎沪上,同游焦山。光绪十六年庚寅,年四十七岁。二月辞馆到湖北谒张文襄师,交《湖北通志》稿,五月入都。”是见缪氏游粤客居广雅书局仅两月,未尝参与校勘会要。此行当是张之洞召其商办书局事,并送去宋会要稿本。今见影印本中之荃荪按语,当系缪氏未让稿本之前所作,不宜与广雅校订混为一谈。

时约一年，宋会要经厘订而得者唯“职官”一门。随之张之洞调督两湖［光绪十五年（1889）十月］，屠氏亦于光绪十六年（1890）离粤去鄂。正在整理且筹划锓版行世之宋会要，于是又告夭折。张之洞、屠寄他调后，宋会要徐松原稿并屠寄整理就序之稿本，概归广雅书局提调王秉恩（四川华阳人）乘机吞匿。迄民国四年（1915）王秉恩流寓上海，无以度日，乃以此吞匿之稿本售与当代江南最著名之藏书家嘉业堂主人刘承干（怡翰），索得售价银圆二千九百元。

刘嘉业堂得宋会要辑本原稿后，乃先后延请刘富曾、费有容为之整理。尤以刘富曾用力至勤，专注此书者十年（从1915年至1924年），日夕钻研，抽绎条理，于卷数厘订，门目分合，史事归属，字句勘正，逐一整比钩稽，因是而成清本（嘉业堂整理本）四百六十卷，分别类列自帝系以迄蕃夷一十七门。各门卷第起讫，可得而见者如次：

> 帝系一十二卷起卷一至卷十二；后妃六卷起卷十三至卷十八；礼七十六卷起卷十九至卷九十四；乐八卷起卷九十五至卷一〇二；舆服七卷起卷一〇三至卷一〇九；仪制一十八卷起卷一一〇至卷一二七；崇儒九卷起卷一二八至卷一三六；运历三卷起卷一三七至卷一三九；瑞异四卷起卷一四〇至卷一四三；职官九十五卷起卷一四四至卷二三八；选举四十卷起卷二三九至卷二七八；道释二卷起卷二七九至卷二八〇；食货九十八卷起卷二八一至卷三七八；刑法二十卷起卷三七九至卷三九八；兵二十九卷起卷三九九至卷四二七；方域二十三卷起卷四二八至卷四五〇；蕃夷十卷起卷四五一至卷四六〇。

嘉业堂虽费十年之功理出清本如上述，然终不见以授剞劂，除少数中外人士，学人徒闻而未见者，比比皆是。专家有鉴于应飨读者，乃竭力建议前国立北平图书馆以四千银圆从嘉业堂购出徐松原稿，时在1931年。于是此一辗转流徙一百余年之孤珍，至此始转入国家图书馆之手。1933年，北平图书馆又向嘉业堂借出刘氏整理之清本，比勘徐松原稿，始知清稿曾由刘氏“参引《宋志》《通考》《玉海》改益旧文，增添新事”；且认清本总类子目，离合无端，杂引他书，不注所本，有窃改兰台漆书之嫌，只能供读原稿者比勘之用，不足据为典要。乃舍刘氏清本，决定影印徐松原稿，延请陈垣（援庵）、傅增湘诸名家为编印委员，推援庵老前辈主持其事。绵历三载，至1935年交印，1936年10月出版，线装二百册，当年每部售价银圆一百四十元。

《宋会要辑稿》付印固幸事，然其间又有不如人意之痛史不堪回顾。国民党执政多年，文化教育事业衰败，非仅于我祖宗数千百年来遗存之文物菁萃无存养、无扶持、无保护，且任凭诸帝国主义窃盗抢购，私家藏书为海舶捆载以去者，所在皆是。即以《宋会要辑稿》而言，当年亦在日本人垂涎觊觎之列，日本名史学家藤田丰八尝有为此来华之行，所幸而不失者，皆学人奔走呼吁、挣扎苦守之力。当徐松辑稿处于如此危殆之际，专家始有购出印行之议，以免后学诸生欲读祖宗故籍，又需远渡重洋。但当年影印此书需费一万银圆，而当时北平图书馆岁费有限，财力有所不及，许是乃有美在华机构“哈佛燕京学社”资助印费二千五百美元（当日合五千银圆）之事以生。今日青年学子恐已多不知此一故实，故特附置一言，以明哈佛资助之来由。

1980年5月改订于湘潭大学

（载《中国史研究》1996年第4期）

中国编纂文集之始和现存最早的诗文总集《昭明文选》的研究与流传

一、导言

在世界上，中国是保存古代文献最为丰富的国家之一。就其内容之精、范围之广、数量之多、部帙之巨而言，恐怕还应是最可称道的国家。在这座宏伟的中国文献图书宝库里边，固然也不乏糟粕，但绝大多数是可以从不同角度为古代历史、文化、科学、技术研究和现代文化建设提供丰硕资料的精英。它是先民积数千年时间共同艰辛创造的文化硕果，是中华民族智慧的光荣和骄傲。

根据专家们的粗略估计，中国古代文献包括现存的和有目无书即散佚的，大概不下十五万种。而其中尚存世流传可供披览检证的，也仍在十二万种以上。在传世的图书文献中，部帙大的达万卷以上，少则一卷或不分卷。为数达一千卷的，也不下十余部。这十多万种存世图书、文献，从时间上说，先秦三代的不多，一则由于年代久远，流传中多有散失湮灭，再则由于秦火。其中大多数是西汉"解藏书之禁，开献书之路"以至清末二千余年来所积聚，特别是唐末五代和北宋雕版印刷术盛行以后所积累起来的东西。书山文海与日俱增，于是就出现了一个如何将这些图书、文献科学地分门别目、部居类次，以便时人和后人"按图索骥"、有系统可循的查检和阅读它们的问题，因是乃有目录之学以出。目录学为学人问途的捷径，清人王鸣盛早已说过。已故当代卓著成就的学者若余嘉锡、陈垣诸前辈，其治学之始，也无不从目录之学入手。中国有目录学，自汉代刘向刘歆父子校书东观，搜录整理古今图录簿籍，并编定《别录》《七略》开始。其后班固修《汉书》，又规仿《七略》登录文献而修《艺文志》，这是编次于中国官修“正史”中的头一部目录书。至晋人荀勖始有甲、乙、丙、丁四部之分，南朝齐梁间更有阮孝绪《七录》之作。唐初纂定《隋书》，更在《经籍志》中将古今图书分为经、史、子、集四大部类，从此直到季清一千三百年间，图书部类划分基本不变。其所以只说“基本”，一是图书子目在四部之间，历代仍互有调整变换；二是清代张之洞编定《书目答问》，在四部之外，特将丛书、类书并列为一大部类而使之成为经、史、子、集、丛五部；三是民国（1912）以迄于今，虽图书别有新的分类方法，但在古典文献书库之中，仍多冠以经、史、子、集四大部类典藏。即如现代所出两大著名古文献书刊，如商务印书馆精选版本影印的“四部丛刊”，中华书局用聚珍版仿宋字印行的“四部备要”，其四部所指，仍是经、史、子、集四大部。

儒家思想及其学说统治中国社会，特别是中国士子头脑将近二千五百年。包括儒家正统经典（所谓十二经）及为这些经典训释、笺注、疏证、阐发的经部图书，所占数量自然最多。但其内容丰富，风格流别峥嵘，足以沁人胸臆，动人心弦，濡染社会思想感情，进而有力地促进中国社会文化的繁荣发达，并迸发其光辉于世界，尤其是严重影响东方世界的，无论质和量，仍须首推集部书。

所谓集部书，指的是历代鸿儒硕学、闺秀艺伶、释道方外，与夫樵歌田卒及词客骚人们在各个不同时代、不同社会环境、不同生活条件下创作的文章、辞赋、诗歌、乐章和词曲。

本文所论，仅限集部。而且只限于文集编纂之始，和现存最早的，也是最有影响的诗文总集《昭明文选》的研究和流传，以供同好诸子参考，并求正于世之淹雅大匠。

二、中国文集编纂之始与图书集部类目的出现

文集编纂之始与图书集部之目的出现，前人所述多嫌笼统，推明、清

人论说较有条理。然乍看似众说纷纭，略事爬梳，则仍系统分明。兹先录明清诸家之说数则，以见其端倪。

《四库总目提要》卷一百四十八“集部总叙”说：

> 集部之目，楚辞最古，别集次之，总集次之，诗文评又晚出，词、曲则其闰余也。
>
> 古人不以文章名，故秦以前书无称屈原、宋玉工赋者。洎乎汉代，始有词人。迹其著作，率由追录。故（西汉）武帝命所忠求（司马）相如遗书，魏文帝（曹丕）亦诏天下上孔融文章。至于六朝，始自编次。唐末又刊板印行。

《四库总目提要》“别集类”一又说：

> 集始于东汉，（楚兰陵令）荀况诸集，后人追题也。其自制（集）名者，则始张融《玉海集》。其区分部帙，则江淹有前集、后集；梁武帝有诗赋集、文集、别集；梁元帝有集、又有小集；谢朓有集、逸集；与王筠之一官一集；沈约之正集百卷。又别选集略三十卷者，其体例均始于齐梁。盖集之盛，自是始也。
>
> 唐宋以后，名目益繁。然隋唐（经籍、艺文）志所著录者，宋《志》十不存一；宋《志》所著录，今（清）又十不存一。新刻日增，旧编日减……存佚靡恒，不足异也。

清人章学诚著《文史通义》卷三有“文集”一篇，翔论文集的嚆矢流变，其“诗教”下篇也说：“集文虽始于建安，而实盛于齐梁之际。”

晚明张溥纂《汉魏六朝百三家集叙》，对文集之名见录于书目，又有简明解说。谓：“文集之名，始于阮孝绪《七录》，后代因之，遂列史志。”“晋挚仲洽总钞群集，分为流别；梁昭明特标选目，举世称工。”

上录前贤文字五条揭述中国文集编纂之始和集部书目的出现及其发展，自大体而言，已可略见梗概。若具体而微，则各家所述互有出入。缘由立论与认识角度不同，然也各自有据。概而言之，包括诗文词赋一切词章在内的诗文集或集部书，最早的，还应推周代的诗歌结集三百五篇，而汉人汇聚先民泛说儒孔的《礼记》，实际也是一部论说文集，但诸此图书早被汉人列入儒家经典，故《四库总目》置而不述，而迳谓《楚辞》在文集之中最古。究其实，《楚辞》这个名称，也是西汉成、哀之际，刘向裒屈原、宋玉、景差乃至汉人贾谊、淮南（刘安）并刘向本人所作共十六篇为一书，而后追冠的书名，后人或谓之骚体。战国秦汉私家著述文章日富，已为世所公认，但在当时，却从来没见“以人名文，以书称《集》”的（学术思想讨论之类的诸子书又当别论）。汉武帝诏求司马相如文章，只不过搜录大匠遗文。[1] 自汉魏建安、黄初间（196—226）情况始为之一变。曹丕（魏文帝）论文，首推孔北海（孔融），悬金募录，俦比扬（雄）班（固）[2]；其《与吴质书》说：“徐、陈、应、刘[3]，一时俱逝，痛可言耶！……顷撰其遗文，都为一《集》，观其姓名，已为鬼录。”[4] 当代文章名家死后，曹丕始有命为之编《集》，这在中国史上才第一次出现和使用文集名称。故《隋志》三十说：“别集之名，盖汉东京之所创也。自灵均（屈原）以降，属文之士众矣。然其志向不同，风流殊别，后之君子，欲见其体势而见其心灵，故别聚焉，名之为《集》。”

建安而后，辞赋转繁，众家之集，日以滋广，其间虽已有文集之名，又有文集之实，但有一个突出特点，都属于后人编集前人文字。至于人自为《集》，及本人生前自称其所聚诗文为《集》的，则从南齐张融《玉海集》和王俭生前自编其文集肇始。

张、王二子，《南齐书》有传。张融字思光，吴郡吴人，宋孝武帝间累迁司徒、左长史，齐明帝建武四年（497）卒。《南齐书》融传有云，（张）融文集数十卷行于世，自名其集曰《玉海》。司徒褚渊问故，融云：

---

① 《史记·司马相如传》云：“相如既病危，家居茂陵。天子曰：司马相如病甚，可往从悉取其书，若后，失之矣。使所忠（人名）往，而相如已死，家无遗书。问其妻，对曰：长卿未尝有书也，时时著书，人又取去。”此见并非代编文集，旨在搜录相如遗文。

② 见魏文帝《典论》及《后汉书·孔融传》。曹丕《典论》五卷，论今之文人，以鲁国孔文举第一，并谓“孔融体气高妙，有过人者”。

③ 北海徐干、广陵陈琳、汝南应玚、东平刘桢，系曹丕推重的七子中的四人，有谓“斯七子者，于学无所遗，于辞无所假……”

④ 《文选》卷四十二。

“盖玉以比德，海崇上善耳。”按张融《玉海集》，《隋志》作十卷，新、旧《唐志》俱作六十卷，今已亡，仅存海赋、笺、书、门律自序、遗令、戒子、防墓评等十多篇。明人张溥编《汉魏六朝百三家集》掇有融文，题名《张长史集》。

王俭，字仲宝，琅琊临沂人，袭父爵豫章侯，尚南齐明帝阳羡公主，尝依《七略》之例撰《七志》，终年三十八岁，卒谥“文宪”。故其文编后人也冠称《王文宪集》。

前已言及，中国图书目录虽发端于西汉刘向、刘歆父子，但所著《七略》尚无“文集”名目之称。班孟坚采刘歆《七略》而撰《汉书艺文志》，除“辑略”以外的六大类中，也只有“诗赋略”百六家、千三百十八篇，置于“六艺”“诸子”与“兵书”“数术”“方技”五大部类之间。其后晋人荀勖据魏郑默《中经》更著《新簿》，固已有甲、乙、丙、丁四部划分，且将诗赋、图赞及汲冢所出书归之于丁部，然仍未以“文集”或“集部”独立标名。南朝宋齐之间王俭编《七志》，以诗赋归类立名“文翰志”，介在“兵书”与“诸子”之间。真正以“文集”二字连类而称并著录各家文集于图书目录书之中的，则从梁人阮孝绪《七录》开端。《隋书经籍志序》说：“（梁）普通中（520—527），有处士阮孝绪，沈静寡欲，笃好坟史，博采宋齐以来王公之家凡有书记，参校官簿，更为《七录》：一曰经典录，纪六艺；二曰纪传录，纪史传；三曰子兵录，纪子书、兵书；四曰文集录，纪文辞诗赋；五曰技术录，纪数术；六曰佛录；七曰道录。”

阮孝绪（479—536），字士宗，梁陈留尉氏人，终生不仕，梁天监十二年（513）征召亦谢不赴，事迹详《梁书·处士传》及《南史·隐逸传》。所撰《七录》为我国古代著名的私家目录，原书凡十二卷，已佚，仅存《序》一篇，见载唐释道宣《广弘明集》卷三。前引张溥所说“文集之名，始于阮孝绪《七录》”，所指即此一图书目录最早有“文集录”。

三、文学总集的嚆矢和《昭明文选》的编撰与价值

文学别集日兴，积久寖多，散无统纪，于是乃有“总集”的编纂以出。一则网罗放佚，使零章残什，并有所归；一则删汰繁芜，使莠稗咸

除，精华毕聚。晋人挚虞（字仲治）苦读者翻检的劳倦，因而采撷孔翠，芟翦奇邪，条贯古人文学作品，类聚区分为三十卷，各为之论，题名《文章流别集》[①]，辞理惬当，为当世所重。文章分体编录，又以此书为权舆。其书虽佚（仅存数则），其论尚散见唐初人欧阳询《艺文类聚》中，故仍可得见其体例、宗旨的一斑。其后继起的“文集总钞”甚多，《隋书经籍志》已有著录，然皆散佚不传。梁武帝大同间，又有综聚历代诸家诗文，依体条分类别，而后汇总成帙的《昭明文选》问世。此固诗文辞赋笺表总集（也是选集）之盛，亦现存集部书中文集总集之祖。自兹而后，下逮明清，别集、总集与日俱增，成为中国历史文献中的一大部类。

《昭明文选》本名《文选》，南北朝时期梁代萧统（501—531）编订。统字德施，小字维摩，梁武帝萧衍的长子，天监元年（502）立为皇储。兄弟八人，萧统与其弟梁简文帝萧纲同出丁贵嫔，《梁书》《南史》并有传。萧统卓有才华文采，尤好结交文士，当时最负盛名的文章英彦，诸如刘孝绰、王筠、陆倕以及《文心雕龙》作者刘勰，或出入东宫，或供职其门下。其平生著述，除《文选》而外，另有《正序》十卷、《文章英华》二十卷、《文集》数十卷，惜多已不传，独《文选》行世。萧统在梁中大通三年（531）四月卒，终年三十一岁，谥“昭明”，故世称《文选》为《昭明文选》或《昭明太子文选》。

《文选》是我国现存图书中编选最早的一部文学总集或文学总选集。书凡三十卷，依事义分类，又依时次编排，收录上起子夏、屈原，下至六朝齐梁，共七八百年间一百二十七位知名作者和佚名作者[②]的文学作品总七百四十一首（篇）。自第一卷班孟坚《两都赋》起，到末卷王僧达《祭颜光录文》止，全书分为赋、诗、骚、七、诏、册、令、教、文、表、上书、启、笺、弹事、奏记、书、檄、对问、设论、辞、序、颂、赞、符

① 挚虞，字仲治，京兆长安人，少事皇甫谧，才学通博，著述不倦。晋太始中举贤良方正，拜中郎，累官至秘监、太常卿。京洛荒乱，虞素清贫，饿死。《晋书》有传，所作除《文章流别集》外，又有《三辅决录注》七卷、《集》十卷。

② 古诗《西北有高楼》等九首，《文选》佚名；《饮马长城窟行》，《文选》亦佚名。据陈代徐陵《玉台新咏》，前者为枚乘作，后者蔡邕作。

命、史论、连珠、箴、铭、诔、哀、碑文、墓志、行状、弔文、祭文等三十八大类，自先秦以迄梁初各种文体的重要作品，几乎搜录靡遗。

昭明太子为此书撰有《文选序》一篇，冠于篇卷之首。中国文献的《序》或《叙》，自先秦两汉魏晋以来，习惯皆置于书篇之末，如司马迁《史记太史公自叙》、许慎《说文解字叙》、杜预《春秋经传集解序》，乃至萧统出生之年成书的刘勰《文心雕龙序志》等，无不如此。到萧统编《文选》，始第一次移《序》（或叙）于书篇之首，自此相沿不改以至于今日。

《昭明文选》登录文字颇严，其选文标准，《文选序》已有说明。萧统以文学不当与经、史、子相杂，排除子书于文学范围之外，仅对史书中“综辑辞采”“错比文华”的赞、论、序、述酌量入选。萧统心目中的文学概念，必须是“事出于沉思，义归乎翰藻”的篇什；而且力主文学作品应“丽而不浮，典而不野，文质彬彬，有君子之致”。故一部《文选》，辞藻华丽、声律和谐的楚辞、汉赋、六朝骈文，所占比重较大，诗歌也多选入格律严谨的颜（延之）、谢（灵运）诸家之作。萧统曾为陶渊明编集作传，并谓“余素爱其文，不能释手，尚想其德，恨不同时”①，可谓倾倒已甚。而对陶渊明、鲍照一些平易自然的诗篇，却入选偏少，更不必说对民间文学（或俗文学）给予应有的注重；甚至连《古诗为焦仲卿妻作》那种文笔流畅、质朴生动、内容暴露封建礼教罪过，且久已脍炙人口的叙事诗，概摒而不录。《文选》虽也选入若干低层文人作品，诸如《古诗十九首》（见李注本第二十九卷诗已、杂诗上）之类，亦为数寥寥。萧统是皇太子，是封建国家的皇位继承人，他和他所组织的一班人取此种选录态度是不足为怪的，正是时代风气和其在封建统治者群中的身份、地位所造成。

前人或谓《洛神》放荡，《文选》未尝删弃，嗤为诟病。愚意不然，以为这完全是某些封建士大夫囿于礼教偏见的苛责。《国风》十五，孔子犹存《郑》《卫》②，则《高唐》《神女》《登徒子》《洛神》入选，又岂可

① 萧统《陶渊明集序》。

② 陈思王曹植（子建）寄情甄逸女，作《感甄赋》，后明帝见之，改名《洛神赋》，封建文人斥其弛情放荡。《诗经》十五国《风》有《郑风》《卫风》，亦多咏男女相爱之情，封建文人斥为“郑、卫之声淫”。

偏讹？于此正可窥见萧统衡文旨趣，确乎自有见地主张。宋朝陈仁子编《文选补遗》四十卷，大肆讥斥萧统选文欠当，谓“文选存封禅书，何如存天人三策；存剧秦美新，何如存更生封事；存魏公九锡文，何如存蕃、固诸贤列传；出师表不当删去后表；九歌不当只存少司命、山鬼；九章不当止存涉江；汉诏令取武帝不取高、文；史论赞取班、范不取司马迁；渊明诗家冠冕，十不存三；又不当以诗赋先诏令奏疏使君臣失位，使质文先后失宜”云云。[①] 今按陈仁子所论，不过私倜传统的文章正宗之说。然“正宗”本主于明理，而《文选》原止于论文。言岂一端，要各有当，见仁见智，自不可一概而论。

《文选》有疵病不可否认，也毋庸讳言。但在当时的社会历史条件下，却还起过相当的积极作用。它对唐代文学的繁荣，对后世中国文学乃至日本文学的影响，都有值得肯定的深远意义。在中国封建文化、封建文学史上，萧统所生活的六朝时代，正是上承两汉魏晋文学繁荣余风，下启隋唐文化昂扬发展高潮的中间过渡和转化的阶段，文体已由楚辞而变为汉赋、俳赋，西汉散体变为东汉骈文，再变而为六朝骈文，诗歌变古体为律体。六朝时期各种文体百花竞放，形式、辞藻、对偶、典故、音律日益讲究，在某种程度上，为唐代文学繁荣准备了条件。而萧统所编《文选》也是此种条件中的一个重要的方面和重要的促进因素。其所以如此，一是从“正统派”的文学观点说，《文选》选择最精，它是在萧统主持下，集当代博雅通儒，聚书三万卷，研求不倦，商榷古今，凭借众人学力，在一定标准下选录的古今文章。此前鸿篇佳什未必全部入选，但入选的文章却都经过严格衡量。萧统以前，文章的英华，基本上已搜集总结在《文选》一书之中。二是《文选》所录，并蓄兼收，各体均备，从中可以看到和学到先秦至齐梁各种重要文体的内容和变化，可使“后进英髦，咸资准的”（李善《上文选注表》）。三是此前还无人做过此种大规模总结选编历代文学菁华的工作，萧统是第一人，《文选》是第一部这样的著作[②]，它为时人和后人

① 见庐陵赵文《文选补遗序》引。

② 前此总集有挚虞《文章流别集》已佚不传。

阅读此前历史上各家代表作品提供了最大的披检方便，有利于后人的学习和历代文学作品知识的普及。故前人评它“是固文章之衡鉴，著作之渊薮”①。因此《文选》甫一问世，即受到朝野重视，得以空前广泛的传播。及至隋唐，文人学士无不家蓄《文选》，讽诵成风，成为学人为诗撰文和应试科举的必修课本，社会尊重几比于《六经》。史载金城公主下嫁吐蕃，开元十八年（730）使来，奏请《毛诗》《礼记》《左传》，还特别奏明求赐《昭明文选》一部（事见《旧唐书·吐蕃传》及新、旧《唐书·于休烈传》）。唐代文豪韩愈得力于《文选》者甚多，已有定评。而此前李白，特别是杜甫，也受到过《文选》的深刻影响。杜甫课子学诗，即谓“诗是吾家事，人传世上情。熟精《文选》理，休觅彩衣轻”（见《全唐诗》卷二三一杜甫十六《宗武生日》）。从《文选》中熟悉文理和汲取丰富资料，是杜甫作诗、传诗的一条文艺技巧和经验要诀。日本古代知名汉学家梁川星岩有诗云：“一部《杜诗》君试阅，尽从《文选》理中来。”北宋大史学家宋祁，小字“选哥”，据说宋母夜梦朱衣人授与《文选》而生景文，因以命名，说见《尘史》。梦兆固无稽不足信，然而却说明当时《文选》之家喻户晓，是世人望子成材的必读要籍。南宋陆游《老学庵笔记》，也说宋代文人崇尚《文选》，为文作诗，多从中寻求典故，方其盛时，社会士子乃至有“《文选》烂，秀才半”之谚。晚至清代，仍是“受学之士，均思熟精《选》理，以润色鸿业”②。对于后世，《昭明文选》尤有保存古代词章名篇与历史文献之功，故明人高儒说：“汉魏六朝之文独赖《文选》《艺文类聚》之存，不然，几至泯没无闻矣。”③

四、“选学”研究的兴起和《昭明文选》诸家注释的特点及优劣

由于社会对《昭明文选》高度重视，早在隋唐之际，对这部书的研究和注释，就已形成一项新起的专门学问，这就是“文选学”或称“选学”。为“文选学”开先河的是隋末萧该著作《文选音》，继之又有曹宪

① 《四库总目》卷一百八十六。

② 见胡克家《重刊宋本文选序》。

③ 见明人高儒《百川学志》卷十一。

教授“文选学”而知名于世，句容许淹、江都李善、公孙罗、魏模之徒，皆从曹受学①，使“文选学”大盛于初唐。而李善注《文选》，更是一部具有学术价值的集大成之作。

《文选》注本共有两种，即李善注和五臣注，皆唐人所作。宋代则更有合李善、五臣二注于一书的所谓六臣注。

《文选》李善注是《昭明文选》的第一个注本，也是一个内容闳博精审、取材丰富、最见注家学术功力的最佳注本。

萧统《文选》原本三十卷，至唐初李善为之注，始每卷各分为二，析全书为六十卷。李善，扬州江都人，与其师曹宪同郡，乃唐代书法碑颂大手笔、著名的《长沙麓山寺碑》（原碑尚存）撰书人北海太守李邕之父。李善有雅行，淹贯古今，人号“书簏”，累擢崇贤馆直学士兼沛王侍读。所为《文选注》，于唐高宗显庆三年（658）九月表上朝廷，赐赉优渥，书亦大行于世。晚年教授《文选》于汴、郑间，载初元年（689）卒。

李善注《文选》，引证精赅，博采古今群书，兼释音训、名物、故实，无论经、史、诸子、杂纂、异说，多所网罗，所征引书，共达一千七百余种，而其中尤多后世不传的佚文、佚书。故此《注》非仅是唐以前的文史资料宝库，亦唐以前古佚书文字之渊海。

李善对入选之文，凡诸文已有前人旧注可取者，一概保留旧注。凡旧注义有未尽，或注有未洽者，则又自加补释；并在篇首标出旧注者名氏，示不掠美。凡旧有多家注释又皆可取者，李善也一概阑入，凡原来虽有旧注但嫌“征引疏略，其释肤浅”者，则一律割弃不取，由善重为之注。凡旧注佚名又一时无从查考姓字者，李善绝不攘为己有，并于篇首以“旧注”二字标明。凡旧注有乖谬舛误者，则加考订改正。

至其“引书之例”，李善于《东都赋序注》自谓：“诸引文征，皆举先以明后，以示作者必有所祖述。”故已故知名学者武陵余嘉锡于所著《四库提要辨证》卷三有云：“彼既欲示学者以故事之所始，词藻之所出，自当引其最初见之书。”此见李善注《文选》，非唯注释严谨，足为后世注

① 见《新唐书》卷一百九十八。曹宪尤精文字学，尝注《广雅》世称赅博。

家之师范楷模，且其间诠说一事一词所征引书，亦皆此事此词所从出的最早文献。

唐人李匡义《资瑕集》说："李善于文选有初注、覆注、三注、四注，当时旋被传写。绝笔之本，皆释音训义，注解甚多。"是知李善作注，数易其稿，不断修改增订成书，宜其为世推重。

李善注《文选》问世之后六十年，也即唐玄宗开元六年（718），又有工部侍郎吕延祚召集其弟常山县尉吕延济，都水使者刘承祖之子刘良，处士张铣、吕向、李周翰五人共为之注，表进于朝，世称五臣注。自此《文选》有两个注本行世，故唐《志》分别著录。

五臣注《文选》是一个乖错殊多又了无新见的劣本。而五臣却于李善注《文选》反噬诋毁，颇欲"排突前人，高自位置"。唐人李匡义在《资瑕集》中已早备揭其剽取李善注《文选》，巧为颠倒，条分缕析，击破无遗。宋人苏轼也斥五臣注《文选》为陋，洪迈《容斋随笔》卷一更谓其"更不知有史策，而狂妄注书，所谓小儿强解事也。唯李善注得之"。其后姚宽《西溪丛语》、王楙《野客丛书》、明人田艺衡与清代诸家，又继对五臣注有所纠驳，故清人纪昀为之总评曰："今观五臣所注，迂陋鄙倍之处，尚不止此。而以空疏臆见，轻诋通儒，殆亦韩愈所谓蚍蜉撼树者欤。""然其疏通文意，亦间有可采，唐人著述传世已稀，固不必尽废之也。"①文章公论，历久乃明，李善注《文选》卓然不可磨灭，千三百年来已为艺林公认。

综上所述，已见《文选》注释诸家，以李善注最为谨慎，又保存有许多已佚古籍文字，残圭断璧，对今日整理古文献及从事文史学术研究，咸具重要参考价值。叶德辉有云："六朝唐人书注最浩博者，梁裴松之《（三）国志注》、刘孝标《世说新语注》及《文选李善注》三书而已，郦亭《水经注》犹后也。三书恒为考订家所采获，检阅颇难。"② 职是之故，季清孙志祖乃有《文选注引用书目》之作；1931 年 10 月，原哈佛燕京学

---

① 《四库总目》卷二百八十六。

② 叶德辉《世说新语注引用书目前记》影印本第 487 页。

社“引得编纂处”又编有一种《文选注引书引得》，均颇便学人使用查检。

此外，尚有一种唐人佚名《文选集注》，其中尝引公孙罗《文选钞》，大概是曹宪诸弟子（包括李善）受学《文选》所纂注释的合抄。此书全帙早已失传，《四库全书》既无著录，亦不存目，证清代中秘并无此书（《天录琳琅》亦缺见），今得而仅见者，唯1918年罗振玉影印的一个旧写本残卷。

五、《昭明文选》的版本流传和敦煌残卷

《文选》及《文选注》，唐以前只有传写本，近世敦煌石室所出，无不如此。逮五代末年后蜀孟昶之日，在现在的四川，始有毋昭裔于明德二年（935）镂版印行的最早刻本，说见宋人陶岳《五代史补》及王明清《挥尘录》。[①] 唯毋刻本系李善注、五臣注或他注？因原书早佚，无可验证。下至北宋天圣七年（1029），据《宋会要辑稿》所记，国子监已刻印李善注，然亦世无传本。此后始有人将李注与五臣注合刊，世称《文选六臣注》，陈振孙《直斋书录解题》始见著录，证合刻不迟于南宋。自此经元明至清，遂辗转相沿，合为一集。商务印书馆“四部丛刊”初编收有影印宋刊六臣注本。五臣注所以长年未被摈弃而得流传下来，端赖它附合在李善注一起，附骥以传，盖亦幸矣。

鉴于六臣注鱼龙混杂，宋代就有人从中辑出李善注单行，此即世传宋淳熙辛丑（1181）尤袤（延之）锓本，通称尤刻本。后来明代毛晋汲古阁本即据尤本翻刻。到清嘉庆间，又有胡克家（果泉）以宋刊尤刻为底本，属深通此学的著名学者顾广圻、彭兆荪深相剖析，反复推详，认真校勘，费时多年并八易其稿，得出一个稍善的《文选李善注》本，订正尤刻之误不下七百处，于嘉庆十四年（1809）付梓，并以所撰（考异）十卷附于书后，通称胡刻本。此后翻刻，多依胡本。1977年11月中华书局又据胡刻缩版影印，并做出许多有益工作。

① 今本《五代史补》无此条，别见宋人王明清《挥尘余话》引《史补》。

唯宋本尤刻，远非唐显庆间（善注）原本直接写、刻而来，胡克家在清代校刻重刊时即已指出："尤本仍非未经（与五臣注）合并者也，观其正文，则善与五臣已羼杂，或沿前而有讹，或改旧而有误，悉心推究，莫不显然。观其注则题下篇中，各尝阑入（五臣）吕向、刘良。"（胡克家《文选考异序》）这种有五臣注散杂混乱于单行李善注本之中，《四库总目》卷一八六集部三十九揭汲古阁本（亦据宋刊尤本翻刻）时也早有指擿。故近人罗振玉有言："（昭明文选）《善注》世无善本，今刊《善注》本乃从善注、五臣注合并本（即六臣注本）中选录出之，非善注单行之旧。"①

近世敦煌发现《文选》残卷多种。一类为白文本，即未加注释之前的萧统三十卷原本，学者订其时代为陈、隋间之传抄本。另一类为李善注六十卷本：其一，凡"虎""世""治"皆缺笔，"旦"字不缺，学者疑为唐高宗时之内库本。其二，《文选·张衡"西京赋"》残珍，存三百余行，末行题"卷第二"，与今本卷第同；又有"永隆年二月十九日弘济寺写"，其中"世""虎"诸字不缺笔。按永隆为唐高宗年号，弘济寺在长安，学者疑书出自寺僧之手，亦不严守避讳。以上均见王重民《敦煌古籍叙录》。由于敦煌所出无论白文、注本，年代最古，又为胡克家校勘之日不及见，可补正今本之处甚多，殊可珍贵。

敦煌石室又出有《文选音》残卷一种（伯希和编号 2833），计残存九十七行，其中"民""治"不缺笔，而国字作"圀"，乃武则天所制新字，可断写于武周时期。唯《文选音》本有多种，《隋志》有萧该《文选音》三卷，《唐书艺文志》有曹宪《文选音》十卷，许淹《文选音》十卷；而据日本古籍藤原佐世《日本国见在书目》又有李善《文选音》十卷、公孙罗《音决》十卷；今皆已不传，无从证见敦煌残卷为谁氏书，北京大学周祖谟、王重民二氏有商讨，亦难最后定论。

六、清人、近人"选学"研究成果举隅

我国历代研究"文选学"的著述，为数甚多。自唐宋而后，几乎每代

① 罗振玉《雪堂校刊群书叙录》卷下第 49 页。

都有，尤以清人卓著成就。清末张之洞尝云："清代汉学、小学、骈文家皆深选学。"其有论著校勘者，除钱陆灿、潘耒、何义门诸子之外，成果可观者尚不下二三十家。兹参张氏之说及清人文献，甄择大要，胪列如下，以备参考。

文选举正	二卷	陈景云撰
文选拾遗	八卷	朱铭撰
文选李注补正	四卷	孙志祖撰
文选考异	四卷	孙志祖撰
文选考异	十卷	胡克家撰
文选集释	二十四卷	朱珔撰
文选音义	八卷	余萧客撰
文选旁证	四十六卷	梁章钜撰
文选笺证	三十二卷	胡绍英撰
文选疏解	十九卷	顾施桢撰
文选考音	一卷	赵晋撰
文选编珠	一卷	石蕴玉撰
文选通假字会	四卷	杜宗玉撰
读选意笺	一卷	陈汉撰
文选课虚	四卷	杭世骏撰
文选古字通疏证	六卷	薛传钧撰
选学胶言及补遗	二十五卷	张云敖撰
选学规何	一卷	徐攀凤撰
选学规李	一卷	徐攀凤撰
文选理学权舆	八卷	汪师韩撰
文选理学权舆补	一卷	孙志祖撰

近人则选学名家辈出，凡研究古典文学、历史文献及社会文化史、文学史、训诂、音韵、文字诸学者，无不涉猎及此，文章济济，各有千秋。而长沙骆鸿凯氏著《文选学》一书，于我国历代选学研究，更作有总结性

介述与评说。

七、"选学"传入日本及其古今研究

《文选》及"文选学"，自隋唐而后，不仅极盛于古代中国社会，也影响东邻日本。《文选》东传，上限可早自日本推古天皇（女）时期（相当于隋唐之交）。在厩户太子（圣德太子）有名的《王宪十七条》中，学者咸认就有引用文选的反映（《续日本纪》卷十九）。日本"大化改新"（645—649，唐太宗贞观末叶）之后，出现努力汲取中国文化的高潮，一切规摹唐制。在中土风行的"文选学"流被日本，亦势所必然。当时日本朝廷仿效中国设立学官，其中"明经道""记传道"学官讲授中国儒经、《史》、《汉》和《文选》诸书。养老二年（718，唐玄宗开元六年）元正天皇（女）颁布的《养老令》（法律）明文规定："凡进士试时务策二条，所帖读，（则）《文选》上帙七帖，《尔雅》三帖。"此见日本仿科举取士，《文选》是士子必读的书籍。所谓"帖读"，即选《文选》的某段、某句文字，将上下文用纸糊去，仅露出其中数字或一句数句，据此而应试者能对答全文、全句或全段者为合格。由此可知应试者必先熟读全部《文选》，方可对付此种考试。据《续日本书纪》卷三十二记载，圣武天皇天平八年（736，唐玄宗开元二十四年）随日本遣唐使中臣名代东渡日本的中国人袁晋卿，因有通《尔雅》《文选》学能和专长，被授以"大学音博士"，历任"大学头"，后来且由日皇加恩赐名清村宿弥。按日本近代明治维新以前，一般平民或侨民（"归化民"）不能有姓。今代日人姓氏田中、山下、渡边、石桥之类，都是明治后平民自冠的姓氏。而古代日本，姓氏都是少数贵族所有并显示其身份地位的。宿弥是贵族氏下的姓，是一种荣誉。

在日本奈良正仓院（奈良、平安朝以来的历代皇家文物仓库）所存唐时文书中，犹有关于《文选音》记事。清和天皇贞观十七年（865）冷泉院大火，中秘藏书煨尽，日本朝廷不得不重新广泛搜集图书，于宇多天皇宽平年间（889—897）诏命藤原佐世仿《隋书经籍志》重编《日本国见在书目》，其中仍列有《文选》及《文选音义》《文选音决》多种。唐宋时代日本讲习研求《文选》之风，正如一条天皇时期（约当北宋太宗、真宗间）日本汉学家林鹅峰本《一人一首》诗集卷十所说：“《文选》行于本朝久矣。嵯峨帝（约当唐宪宗、穆宗间）御宇，《白氏文集》始全部传来，诗人无不仿《文选》《白氏（居易）》者。”据《日本纪略》《百练钞》《权记》所载，一条天皇宽弘二年八月，太宰府（今九州）奏报有中国商贾曾令文到日本，赠《白氏文集》及《五臣注文选》于日本摄政藤原道长及皇太子。

元末有福建莆田人俞良甫，因避乱侨居日本，自号“大唐俞良甫学士”，尝在日本与华侨陈孟荣二人合力刻印《李注文选》《昌黎文集》等中国古籍十多种，世称“博多版”①。

总之，《文选》是历代日本人在研究、学习时最受重视的一种书。晚至十九世纪，日本高等学府汉文学系仍列入《文选》课程；冯自由且谓横滨有大同学校，“该校于文学上只间采用《昭明文选》中的书启、论文为课本”②。迄今，广岛大学仍是有名的“文选学”研究中心，选学号称这所大学的传统学问，英才辈出（日本神户大学伊藤正文教授语）。开创这个传统学问的奠基人是前主任教授斯波六郎（1894—1959），斯波据上海扫叶山房本编有《文选字词索引》全四册，并附所撰论文《文选诸本之研究》，已由日本京都大学人文科学研究所在1957—1959年刊行；又有小尾郊一教授著《文选李善注引书考证稿》据《武库川国文》第十七号载，已出版至第三册，此学于日本方兴未艾，来时必大有成就。

1985年2月11日写于长沙马王堆疗养院

① 说见《传法正宗记》，谓俞氏刻书，“多凭自己财力，置版流行”。俞氏渡日在博多登岸，侨居京都附近嵯峨，故亦名其所刻书为“博多版”。

② 见冯自由《革命逸史》初集。

二千年来四次最重要的文物图书大发现

中国是世界历史上四大文明古国之一，具有五千年以上的悠久历史。数千年来，我们的先人，通过艰苦的生产实践和科学、文化、技术实践，创造了灿烂辉煌的文化，对亚洲各国文化的发展产生过深远的影响，也为推动世界历史前进做出过卓越的贡献。

由于历史悠久，中国积存于地上、地下的历史文物数量极多，内容丰富多彩，优美精湛，价值巨大。也正因为历史悠久，时日递嬗，沧桑变化，我们祖先创造和艰苦积累起来的许多文物图书，或因辗转流徙而不断有所损毁散失，或湮没于地下、山间、荒徼而不为后人所知。二千多年以来，对这些已被湮没的图书文物虽历代有所发现，但最重要、最有意义并且产生了重大作用和影响的大发现却只有四次。现在将这四次重大发现，向我们的青年读者做点简约的介述。

第一次重大发现：西汉孔壁古书

先秦时代，中国社会上流行的最著名的图书之一，就是由儒家集其大成的所谓六艺，也即诗、书、易、礼、乐、春秋六经。六经是儒家的开创者孔子（公元前六世纪）搜集上古和当世王官（史官、医官、卜官、乐官）手上流传下来的古籍和口述材料，又就耳闻目见，经过综合加工，删订整理成编，用以传授儒家门徒的课本。其中保存了上古、殷、周以迄春秋时代的丰富史料，也表述了儒家的哲学思想和政治、文化、经济观点和理论，被后世门徒奉为不刊的经典。战国以来的儒家活动，就是以六经作为最高准绳和根据的。秦始皇统一六国以后，由于儒生各尊私学，是古非今，恣意诋毁现状，议论朝政，惑乱人心，造成社会舆论和思想上对秦皇统治的威胁，因于公元前212年和公元前211年赓续下令焚书坑儒，儒书除易经而外，一律烧毁，唯医药、卜筮、树艺之书不禁，有敢聚谈诗、书者弃市（死刑），是古非今者灭族（杀全族），又活埋儒生四百六十余人于咸阳。从此儒家失势，儒书在社会上失传，仅凭个别人私下口耳相授。下至西汉惠帝（前194—前188），才废除秦人书禁，儒书始再公开在社会流通。但先秦儒书早被烧毁，再度流传的诗、书、春秋诸经，皆出当代儒生凭记忆口授，而后用汉朝通用文字（隶书）笔录成书，脱误不少，通称今文经。[①] 迄西汉景帝（前156—前141）末年，鲁恭王掘修孔子故居旧壁，发现其间藏有用先秦蝌蚪文书写的古文《尚书》（即六经之一的书经），又称孔壁古书，这大概是秦皇焚书之日或在此之前儒生暗地埋藏于此的。古文尚书（45篇）比今文尚书（29篇）多出十六篇，而且“文字异形，言语异声”，乃由司马迁的老师孔安国（孔子裔孙）为它作“传”（传即解说和音读）。其后古文儒经又续有出现。由于今、古文经篇数不同，文字音读不同、师法解说和作风不同，从汉武帝时起，它们和一定的政治力量结合，在儒家之中分裂出今文经学和古文经学两大派别的斗争。儒学是中国封建社会最占统治地位的官方显学，因此，这个斗争也一直随着中国封建社会的存在而持续了二千多年，直到清朝灭亡为止。今、古文经学的斗争不仅是学术或学术思想斗争，又时常表现为政治斗争。如两汉之交的王莽（9—23）改制，就是充分地利用了古文经；清末戊戌变法，康有为持为理论根据的，又是今文经学的“微言大义”。而这场斗争的起始，则是西汉孔壁古文《尚书》的发现。

---

① 中国文字字体，长年来经过多次变化，总的趋势是由繁到简。两周时代的文字，笔画繁重，叫作大篆，又称籀文。到战国时期，东方齐鲁地方文化发达，另行一种简体字，汉人叫它古文，也称蝌蚪文。秦朝统一六国，又将籀文、古文统一改变为一种新字体，叫小篆，又称秦篆。东汉许慎编了一部中国最古的字典叫《说文》，《说文》每个字头都完整地保存了秦篆。到汉代又废秦篆不用，通行字体是隶书，汉人叫它今文，另把先秦字体统称为古文。

第二次重大发现：西晋汲冢竹书

西晋武帝太康二年（281），在汲郡（地在今河南）有人盗发古墓，从中掘得竹简书数十车。经当代学者考订，这是战国时代魏厘王（又说是魏襄王）的坟冢，竹简书是随葬物，即公元前三世纪埋藏地下的文物。中国到西汉才发明纸，上古到汉初，通用的官私文书图籍书写工具，除战国后期的缣帛而外，就只竹简和木牍两类。长篇文字写在竹简上，短文、图画及信件写在木制版牍上。据王国维考订，先秦竹简一般长度是每片三尺、二尺、一尺，木牍则一尺或一尺见方（先秦一尺约当汉尺八寸）。用竹简写书，一般每简写一行，也有写二行或二行以上的。两片竹简串联起来叫做策（册），写完一段文字或一篇文字然后用皮革或丝织绳带串起来叫做编（篇）。这次发掘出土的数十车竹简书，都是漆书蝌蚪文（即战国时代的古文字），可以辨认书名文字的共达七十五篇，另有七篇竹简折断损坏，弄不清是什么书名题目。竹书出土以后，因历年久远，已错杂混乱，毫无次序，晋武帝乃命悉数运去帝京（长安），派名学者卫恒对这批竹简书进行辨认整理，并改译竹简上的古文为今文。卫恒死后，又由束哲接手整理，作出考证。

整理后共得一十九部书。这是继西汉孔壁古书以后，又一次最重大的先秦古籍发现。这十九部先秦古籍的书名是：《竹书纪年》（十三篇）、《易》（二篇）、《易繇阴阳卦》（二篇）、《公孙段》（二篇）、《国语》（三篇）、《名》（三篇）、《师春》（一篇）、《琐语》（十一篇）、《梁丘藏》（一篇）、《徼书》（一篇）、《生封》（一篇）、《大历》（三篇）、《穆天子传》（五篇）、《图诗》（一篇）、《杂书》（十九篇）。此外，又有《周食田法》《周书》《论楚事》《周穆王美人盛姬死事》。这是一批极有价值的古书，《竹书纪年》《穆天子传》《国语》《周书》都是先秦时期的重要史记，《穆传》《盛姬死事》又是后世传奇小说和游记之祖，《周食田法》估计是记录西周土地制度的专书。最可惜的是，这些书除《纪年》《穆传》《周书》《国语》数种还流传到今天可供人检读而外，其余都在晋以后的一千多年流传中散失湮灭，这是令人痛心也无法弥补的损失。

第三次重大发现：河南安阳殷墟甲骨文字

刻在先秦金属器物上的文字叫金文，刻在乌龟板和牛胛骨或其他兽骨上的商代文字叫甲骨文。金文在历史上早有所知，古代把金文和刻在石碑上的文字考释并其他古器物鉴定合称金石学。但是甲骨文字学却是最近一个世纪才新兴起来的新学科，因为1898—1899年之交，才有第一批刻有商代文字的龟板出土问世，从此之后人们才知道有所谓甲骨文，距今还不过八九十年历史。

司马迁作《史记》，其中有篇《龟策列传》，讲的是古代求神问卜的迷信。在《龟策列传》中又有这么一段话："王者决定诸疑，参以卜筮，断以蓍龟。"意思是国王要解决各种疑难，都以蓍龟卜筮来决断可否和凶吉。蓍是蓍草（植物），那是《诗经》和其他古籍常见记载的。贞卜专用的龟是个什么样的具体形状，是整龟还是龟壳或龟板，卜辞刻于何处？写《史记》的司马迁是否见过不知道，至少从《史记》以后到十九世纪末叶的二千多年以来，应是谁也不曾见过。真正第一次见到并发现了它的，是清末彰德府的农民。

清末彰德府就是现在京汉铁路线上的河南安阳。在安阳城郊西北2.5公里的安阳河畔，有个三面环水的小屯村，戊戌变法后一年的冬天，农民在这里冬耕掘地，在不深的地层中无意发掘出一大批刻有横竖歪曲折合笔画的乌龟板，但谁也不认识这就是刻有三千多年以前殷代文字的珍宝。适逢山东潍县一个姓范的古董商来到这里，范商虽然惊讶，但他并不识货，为了射利，乃从农民手上以贱价悉数收购了这批"废物"运去北京求售。当时北京也无人识别，除好奇的官僚王懿荣购去千片以外，范商售卖一部分给北京的中药铺，由中药店打碎，名曰"龙骨"配方入药，尚余下一部分无法售脱，范商只好运回老家潍县，这一部分后来被当地的两个外国牧师购去，最后流入伦敦、芝加哥、爱丁堡、匹兹堡四家博物馆。

1900年帝国主义八国联军攻入北京城，慈禧太后和光绪皇帝仓皇逃去西安，一位丹徒人刘鹗（字铁云，即名著《老游残记》一书的作者）挟巨款入京活动购出太仓粟（皇仓粮食），适逢官僚王懿荣死难，王氏当年所得龟板千片转入刘鹗之手。刘系有一定学识的知识分子，觉察这些龟板是古物、龟板所刻是古文字，除继续收购积累达三四千片外，并未对它作深入研究探讨。1902 年，清末学者罗振玉在刘处见到这些有古文字的龟甲片，引起了他极大的兴趣，此后数年他尽力收购农民陆续发掘出土并刻有文字的龟甲骨达数万片，并访问出土地点。罗振玉又根据《彰德府志》和《史记·项羽本纪》及宋朝人所记河亶甲城出土商代器物诸可靠的记载，第一个正确考订出安阳河就是古洹水，小屯村一带即商代的河亶甲城，也即商王盘庚迁殷以后的王城，龟甲骨片上刻画的文字是殷商王室的贞卜之辞。于是，中国三千多年前的文字，也第一次为世人所见所知了。对发现和开创甲骨文字学，罗振玉不失为第一有功之人。

罗振玉研究辨认甲骨文字并使它与世人相见是具有成绩的，和罗振玉同时稍后研究甲骨文字取得卓越成就的还有王国维，继王国维之后又有郭沫若。故言中国甲骨文字学者，总忘不了三堂，也即罗雪堂（振玉）、王观堂（国维）、郭鼎堂（沫若）。继三堂而起的还有罗氏弟子商承祚（在中山大学）以及董作宾（在台湾）、胡厚萱（在中国社会科学院历史所）……他们都是当今驰名国内外的甲骨文字学者，通过他们的努力，还培养了一大批后起新秀。特别是胡厚萱在党的大力支持下，集合一些同志花费多年心血，编撰成一部集甲骨文字学之大成的巨著《甲骨文合编》（1980 年出版），对祖国文化学术事业是一项重大贡献。

通过甲骨文的发现与研究，三千多年前的中国文字及其形态重现于当世。

通过甲骨文的发现与考释，结合对商代遗址出土的青铜器物与墓葬的研究，帮助解决了中国殷商古史上的一系列问题，并使甲骨文字成为一门独立的新兴科学。

第四次重大发现：敦煌莫高窟古文物

敦煌在甘肃河西走廊的最西头，地当甘肃、青海、新疆交界处，是古代通西域的门户和咽喉，也是古代中外交通的“吐纳港”。靠近它的西边稍北是古玉门关，偏西南是古阳关。古代中国的物质文明和精神文明输向西方，西方文化流入中国内地，都以敦煌为中转集散地。世界上的几大古老文明，中国的、印度的、伊朗的、希腊的，后来又来个阿拉伯的，都曾在这里汇合；世界上几大宗教，世界上不同的文学艺术流派，不同的文字、语言，不同的科学传统，不同的民族，不同的风俗习惯，也曾来到这里汇合，相互激荡、融合，开出了奇妙的花朵，在敦煌文化遗存中留下了深刻的痕迹。敦煌是汉代后起的名称，先秦时代叫作三危。汉武帝击败匈奴，打通了通西域的“丝绸之路”，公元前111年和公元前121年先后在河西走廊建置武威、酒泉、张掖、敦煌四郡，中国史书上才第一次出现敦煌的名称。清代雍正年间，又在古敦煌郡境内分置敦煌、安西二县，敦煌古文物主要集中在敦煌东南20公里鸣沙山东头岩壁的莫高窟，也叫千佛洞。这是一些古代开凿的密密麻麻、重叠多层的佛教石窟群。佛教石窟从南到北长达1.5公里，平均高度十七米，至今保存的石窟还有近千个，但有文化艺术价值的却只有486个。

临崖开凿石窟作为宗教礼拜之所和僧徒的住处，最早发源于印度。随着佛教东传，佛教石窟建筑艺术在公元初世纪前后也越过葱岭传入中国的新疆，其后又集中反映于敦煌。敦煌石窟是中国内地佛教石窟的起点和源头。据专家考证，它的第一个石窟始建于366年。从敦煌石窟举步继续东渐，其后才有甘肃凉州石窟、永靖炳灵寺石窟、天水麦积崖石窟和最负盛名的山西大同云冈石窟和河南洛阳龙门石窟①，以及四川大足、广元石窟等。千多年来，在中国的西部、北部、中部、西南部地区，形成了一个内容极其丰富、规模极其庞大、价值极其珍贵的佛教石窟文化艺术建筑网，这种状况，在世界上是独一无二的，也是佛教和佛教石窟发源地印度所不能比拟的。

敦煌虽有为数众多的古代佛教石窟，长期以来却不曾引起人们的注意和重视。它之引起全世界瞩目和震动，是晚至清代末年在莫高窟一个洞窟的暗室（俗称藏经洞）内发现一大批古文物一同开始的。1900年5月26日，住在敦煌下寺的道士王圆箓在清扫十六号石窟甬道历年积沙时，在偶

① 云冈石窟创建于453年，龙门石窟创建于495年。

然的机会中发现了一个密封的暗室，其中保藏着从北魏到北宋初年即公元五世纪到公元十一世纪长达六百年的古文物。这些古文物初发现时完好无损。从所藏文物年代没有迟于北宋初年的东西来看，这大概是党项族的西夏王朝进占河西走廊之日，敦煌佛教寺院的和尚们把历年积存的文物秘密埋藏在这里以后逃跑了，迄至清末王道士发现为止，已九百多年不为世人所知。这批古色斑斓的瑰宝重见天日，是中国历史上一次重大的发现，其内容之富，绵延年代之长（六百年），价值和作用之大，又是举世无匹的。在这些古文物中，有宗教的、世俗的文书经卷二万三千多卷，其中百分之九十几是北魏以迄宋初各个时代的墨书卷子，百分之二左右是木刻印刷品，世界上唯一的一件年代最古老的印刷物——咸通九年（868）金刚经（全长 5.3 米），就是在这个洞窟暗室中发现的。此外，还有一千件左右的艺术品。不幸的是，这批新发现的古文物遭到了极其严重的盗窃和损毁，先是 1907 年、1914 年英籍匈牙利人斯坦因两次从中盗走了二十多大箱（现藏英国伦敦大英博物馆），继之是法国人伯希和于 1908 年盗走数千卷（现藏法国巴黎国家图书馆），1911 年日本人桔瑞超等人又从中盗走约五百卷（现收藏在日本），国内孑遗的文书经卷仅及三分之一，艺术品则已洗劫一空。

自从藏经洞内的文物发现之后，敦煌几百个石窟及其内的艺术装饰也一同引起了国内外注意，例如丰富多彩的壁画，绘制年代上起北魏，下至元朝，各具时代特色，各窟壁画加起来的长度据说可达三十公里。又有各个时代的（泥、草、麻）塑像二千四百一十五躯，此外还有石窟檐廊等木结构古建筑（唐末、宋初所建）遗存。这些本应无法搬动的文物，也被外国人挖空心思进行盗窃，仅美国人华尔纳就在 1924 年用预先特制的化学胶布，从中粘走了二十六方壁画，又盗去若干唐代塑制的“供养人”像。这些被盗文物现都藏在美国。

敦煌文物确是包罗万象、应有尽有的。以壁画、泥塑、卷子画而言，其图像既有天国，又有人间。而人间图像又有汉人、胡人（深目高鼻）、突厥人、于阗人、回纥人、吐蕃人、西夏人。身份有王侯，有官僚，有甲卒侍从，有男有女有婴儿。神像、人像大者等身，小的几寸，不仅可以从中见出中国历史上本土的、外来的艺术匠人的高超技巧，也重现了各个时代的风貌、服饰、习俗、车舆、器物、乐舞风姿，为民族史、民物史、民俗史、美术史、音乐舞蹈史提供了最可靠的实物模板和材料。敦煌经卷虽以佛经最多，也有其他宗教如道教、摩尼教、景教、祆教（拜火教）、明教、伊斯兰教经典，还有印度的贝多经叶（梵贝），为校勘宗教经典和研究宗教历史提供了丰富的材料。而书写经卷文书的文字又多种多样，有汉文、梵文、古叙利亚文、古西藏文、突厥文、古回纥文、古于阗文、吐火罗文、粟特文以及其他尚未识出的文字，为研究有关文字和已死文字提供了可信的根据。此外，还有许多世俗的官方文书，卖田、卖身、雇工、借贷、劳务、交易契约字据，官方版籍（户口、人丁、土地账），寺户籍账，地志书，文学作品，美术书法作品，阴阳医卜书，以及许多儒家经典、小学、文字、音韵书写本。如传世孤本——隋释道骞的《楚辞音》、唐代名书法家柳公权手写的《金刚经》、禅宗最古老的《坛经》写本，概出自敦煌文献。总之，通过对敦煌文物的研究，不仅再现了北魏、隋、唐、五代、宋、元六个时期的历史生活许多方面真实的画面，可以帮助解决一系列无法解决的历史问题，而且通过这些新发现的敦煌实物，向人们提供了一种可靠的尺度，用以衡量传世的作品及传世文献资料的阙佚和真伪。

敦煌文物发现以后，在世界上兴起了一门新学科——敦煌学。敦煌学以研究敦煌文物为主并旁及于其他，现在世界上已有许多国家和地区的学者在从事这门学科的研究。我国前辈历史学者亦早注意及此，如王国维、罗振玉、陈寅恪、冯承钧、向达、贺昌群诸史学名家都为研究敦煌文物作有积极的成果。而把数十年心力全部贯注于此并为敦煌文物研究所的创建、发展做出了巨大贡献的学者是常书鸿。

（1982年应共青团湖南省委《年轻人》杂志邀约而作）

曾国藩家藏稿本及其整理

曾国藩父子兄弟及其同僚袍泽，在中国近代历史上，无论政治、军事、财政经济、学术文化、人才培养管理乃至外事、洋务各个领域，都起过重大的作用和强烈的影响。这些作用和影响，从性质和社会效果分析，无疑有它十分消极而且应予批判的一面。但从曾国藩一生的思想、言行、事迹与作为风格中，却也不是毫无可以总结、借鉴甚而可取的东西。采取严肃认真的态度研究和评判曾国藩，并且通过这种实事求是的研究和分析，更深入地解剖中国的近代历史，应是马克思主义史学工作者的一个任务。

曾国藩的大批家藏手稿，是研究曾国藩其人和有关历史的第一手材料，是具有重要学术参考价值的历史文献。对这些家藏手稿进行科学整理（包括甄别、考订、辑补、校勘、标点、编次）并全部公诸于世，无疑是一项有意义的事情。

一、曾氏家藏手稿的基本内容和两次播迁

曾氏家藏手稿数量巨大，包罗闳富。这些手稿在时间上，以曾氏生平的最后二十年所占最多。就其内容而言，则有曾国藩本人的奏章、咨、札原稿；有录存的朝廷谕旨；有兵部、吏部、户部以及平行督、抚、将军来往公文的抄件；有曾氏文武僚属的上报公文和批牍；有审讯太平军个别将领官兵和清方触律触纪人员的“供状”“供词”；有同官录（曾氏下属谒见或召见时所填父、祖及本人三代履历和曾氏召见后对此人的才、器、

识、学、状貌、健康、风格与夫可用与否的亲笔手批）；有若干不同年份的军饷、协济、征解、调拨银两钱粮收支账目和所属官吏月薪年俸的亲笔批定与改定（此类零散、片断、残缺）；有手写日记、书札手稿和诗文辞；有曾氏选编前人著作的十八家诗抄和经史百家杂抄的手抄本；此外，还有补抄本、过录本和选抄本。如果把内容重复稿和过录本、选抄本一起计算在内，估计不下二千万言。这总数达二千万言的曾氏家藏手稿和抄本，原来都集中汇藏在湖南湘乡荷塘乡富托（今湖南省娄底市双峰县荷叶镇富托村）曾氏故里“曾八本堂”。曾八本堂系曾国藩生前新建专门典藏曾氏手稿和部分图书的地方，世代由其直系后人典守。对于这些家藏手稿和抄本，在旧中国，除罗尔纲先生等个别人通过有关部门的交涉和关照，得见其中的极少数件、册之外，曾氏后人于这些所谓“先人遗泽”的全貌，始终秘不示人。

曾氏家藏手稿有过两次播迁。两次播迁的都只是从曾氏后人角度看来比较重要的一部分“先人手泽”，而非全部手稿和抄件。两次播迁都由曾宝荪、曾约农姐弟二人携行。曾宝荪（女）原系长沙市艺芳女校（今长沙市第十四中学，校址在长沙市局关祠，即光绪初敕建的曾文正公祠原址）校长；曾约农原系湖南克强学院（后并入湖南大学）院长。二人皆曾纪泽之孙，曾国藩的曾孙，新中国成立后定居台北。

第一次播迁在 1938 年。时当侵华日军首次进犯湘北，长沙“文夕大火”的先一天，曾约农等从庋藏中仓皇检出曾国藩、曾纪泽的全部手写日记、书札及“近支先辈其他手泽”① 和少数图书，从富托故居出发，经桂林、南宁假道越南河内，于 1939 年运抵香港。1941 年太平洋战争爆发，港九沦于日人之手，曾约农姐弟及所携文物概陷其中。因风闻侵港日军搜求曾宝荪，二人乃变换姓名，急作归计，并将“先人手泽”托在港友人余六铁、廖傅亚帮助由间道迳运湖南，其他稿本及图书则托另一友人郑仲衡负责运去广州湾。曾宝荪、曾约农也于 1942 年 8 月取道广州湾徒步旱路辗转回湘。上述携行陷港的曾氏家藏墨迹、图书，未几亦全部安全运回富

① 据曾约农《先文正惠敏两公日记原本抢救纪略》，1965 年 4 月撰于台北。

托，据说“片纸未失”。

第二次播迁是1949年程潜在湘和平起义前后。先此有湖南茶陵谭氏执教于印度加尔各答大学，适与印人倡议并召开“世界和平会议”于印度，曾氏姐弟二人均以学人身份被邀出席。出国行抵香港，得悉程潜将军起义，湖南全省和平解放。曾氏姐弟因受反共宣传愚弄欺骗，又昧于中共保护文物政策，复仓皇派人从湖南湘乡故里将曾国藩父子兄弟日记、书札手迹及其他部分轻便稿本抄件运到九龙，从此曾氏姐弟流寓香港达两年。迄1951年，台北当局以“副总统”陈诚名义一再邀约赴台，于是运到九龙的这部分曾氏家藏文献，也于同年随曾约农、曾宝荪一同迁置台湾台北市。1966年由台湾学生书局出版发行的“中国史学丛书”所收《曾文正公手写日记》《曾惠敏公手写日记》以及《湘乡曾氏文献》所收的其他文献，就是依据曾氏后人携港转台的那部分曾氏家藏文献的影印本和排印本。其中的曾国藩《日记》，比宣统元年（1909）由曾氏家族委托中国图书公司印行的石印本［起于道光二十一年（1895）］多出道光十九年（1893）、二十年（1894）两年日记。曾纪泽的手写《日记》，则起同治九年（1870）正月初一日，至光绪十六年（1890）闰二月二十三日（殁前七天），也远较传世的《曾惠敏公全集》（江南制造总局编印）所摘刊的日记（仅二卷）多出甚伙。

如前所述，曾约农等携去台湾的曾氏家藏文献，只侧重在曾国藩、曾纪泽父子兄弟的墨迹，主要是日记手稿和家书、家训之类等，全从“念祖追先”“保存先人手泽”角度考虑。[①] 而将研究中国近代史富有学术参考价值的大批奏章、咨、札原稿和录存的有关朝廷谕旨及公文批牍抄件以及各种过录本、补抄本一概弃置于湘乡故居，无人典守。1953年3月上旬，中共湖南省委及省人民政府为贯彻执行党和国家保护名胜古迹和文物、文献的一贯政策，由当时省委宣传部负责人李锐过问，责成湖南省文物管理委员会陈浴新等人，前往湘乡荷塘富托（今娄底市双峰县荷叶镇富托村），

① 此类原件，仓皇携走时亦有遗落。仅家书一项，即遗落25件未及携走，现仍存于湖南图书馆。

将曾氏后人弃置的曾国藩奏章、咨、札原稿及录件、抄件，悉数清点，辇运长沙保护，交由当时的湖南中山图书馆（今湖南图书馆的前身）典藏，至今完好无损。1953 年 3 月 23 日《香港时报》所载，后来又扩散于台湾社会的所谓“已被‘毛共’或‘土共’全部焚毁”之说，纯属一种毫无根据的谣言。

二、奏章、谕旨、咨、札的清点、分类和若干问题的诠释

1949 年遗置富托八本堂的曾氏家藏文献，以奏章、咨、札和录存谕旨及其有关抄件比重最大。相对而言也最称完富，最有学术参考价值。其次则公文批牍。复次则其他。

1. 奏章中包括曾国藩单衔、会衔、后衔的奏疏、奏折、奏片和密折。奏章有四种本子，其内容或相互补充，或互有重复。这四种本子是：

第一，奏章原稿。即曾国藩在征战军营和两江、直隶督署任内上报朝廷的奏折、奏片底稿原件，计共三十七大本，分装六十四分册。起咸丰四年（1854）七月十一日，止同治十一年（1872）正月二十八日。原稿皆八开纸自右至左直书，每页字数不一，自三百字至四百余字不等，全按清代文书制度格式起草，有平抬、双抬、三抬。无板框，亦无行格界栏。因底草出自各个不同时期的幕僚（文案书吏）之手，又经曾国藩本人亲笔修改，字体有草书、行草、行楷、正楷不一。原稿各本（册）页数及起止年月经清点如下：

第一本	311 页	咸丰四年七月—十二月
第二本	367 页	成丰五年正月—十二月
第三本	430 页	咸丰六年正月—十二月
第四本	158 页	咸丰七年正月—八年十二月
第五本	285 页	咸丰九年正月—十二月
第六本	400 页	咸丰十年正月—十二月
第七本	430 页	咸丰十一年正月—八月
第八本	399 页	咸丰十一年九月—十二月

第九本	290 页	同治元年正月—三月
第十本	300 页	同治元年四月—六月
第十一本	322 页	同治元年七月—九月
第十二本	586 页	同治元年十月—十二月
第十三本	214 页	同治二年正月—三月
第十四本	411 页	同治二年四月—六月
第十五本	248 页	同治二年七月—九月
第十六本	370 页	同治二年十月—十二月
第十七本	263 页	同治三年正月—三月
第十八本	353 页	同治三年四月—六月
第十九本	372 页	同治三年七月—九月
第二十本	368 页	同治三年十月—十二月
第二十一本	184 页	同治四年正月—三月
第二十二本	281 页	同治四年四月—六月
第二十三本	291 页	同治四年七月—十二月
第二十四本	193 页	同治五年正月—三月
第二十五本	174 年	同治五年四月—九月
第二十六本	250 页	同治五年九月—十二月
第二十七本	325 页	同治六年正月—六月
第二十八本	277 页	同治六年七月—十二月
第二十九本	370 页	同治七年正月—六月
第三十本	291 页	同治七年七月—十二月
第三十一本	419 页	同治八年一月—六月
第三十二本	356 页	同治八年七月—十月
第三十三本	271 页	同治八年十一月—十二月
第三十四本	532 页	同治九年正月—六月
第三十五本	432 页	同治九年七月—十二月
第三十六本	291 页	同治十年正月—六月
第三十七本	357 页	同治十年七月—十一年正月

在曾氏家藏四种奏章稿本中，何以肯定这三十七大本就是曾国藩的奏章原稿底本？作出此一鉴定的理由与根据如下：

（1）按清人文书习惯，先由文案书吏承旨起草，而后交由主管官核阅或修改定稿，而后呈画，而后誊清拜印封发。此三十七大本奏章中，在底草上，大多有改动文字或改动文意，甚而大段增删的另一种笔迹，经核对现存曾国藩手稿，证实改动及增删字迹确是曾国藩手笔。特别是咸丰七年（1857）二月三十日曾国藩在湘乡故里丁父忧之日，请湖南巡抚骆秉章代奏《奔丧到籍日期折》，全文二页皆曾氏亲笔起草。

（2）经与北京第一历史档案馆所藏清廷“宫中朱批奏折”及“农民运动类太平国项档案”核对，上送朝廷的正式奏章与改动后的此本各件文字完全一致，而与未改动之书吏底草则不一致。此可证实，上报件是按曾国藩修改增删后的文字誊清的。

（3）在三十七大本奏章中，常见曾国藩亲笔在底草上所批注的指示。如“此次尚有谢恩折未钞。钞至家者亦不宜过三日”①。又如对李元度弹劾折有“此件不应示人，将来更不应发刻”。又如第六大本第47页，曾国藩将文案所拟“札文”圈掉，并批云：“应将去年初奏、部驳，本年复奏、朱批，及此次部文，另办一稿，刻板呈阅，分别行知，毋庸叙于此稿之内。”不一而足。若非原件，何来曾国藩的此类手批？

（4）三十七大本中各件奏章，凡曾国藩单衔奏事的，件末都盖有曾氏各个不同时期所用的不同关防（印信）；凡与他人会衔的，则不仅盖有曾氏本人印信，还盖有会衔人印信。如非原稿，曾氏本人不必于其末用印，更不可能取得会衔的他人在其末用印。

（5）清人文书例须呈画，表示主管官认可。认可方式，对朝廷则在底稿上签一“奏”字，对平行及下属文书则签一“行”字（民国后统称画行）。三十七大本各件，均有曾国藩本人或曾国藩和会衔人的亲笔签“奏”、签“行”，如咸丰六年（1856）三月廿九日曾国藩与江西巡抚兼提督衔文俊的一件会奏折（第三本第67页），既有曾国藩本人于件末签一

① 第七大本上册第四十一页《咸丰十一年二月初八官军破贼黄麦铺等处折》首行眉批。

“奏”字，又有文俊在底稿件末签“俊奏”二字。第三大本第120—121页有件《江西士民请建罗泽南专祠片》，这是一件曾国藩单衔上报皇帝的奏片，盖用“关防”自不待言，此件呈画时，本应签“奏”字，而曾氏在件末签错，“行”字写一半停笔，另重书“奏”字于其下。这又证明，此非抄本、过录本而是原稿底本。

上述奏章原稿，第一大本起自咸丰四年（1854）七月十一日，显然是很不完整的。如从咸丰二年（1852）十一月二十九日曾国藩奉旨在乡帮办团练起算，这期间尚缺一年半奏章原件。如从咸丰四年（1854）春曾国藩率师“东征”起算，也有半年的奏章原件阙如。如从曾国藩始为京官之年起算，则短缺时间更长。为什么会造成此种短缺现象？考其原由，大致如次：

（1）按清制，封章奏事之权，在京只有亲王大臣、内阁六曹部院等，在地方也仅限于督、抚、将军、总镇、司、道。曾国藩为京官十四年的前期，并未取得此种资深地位，故无奏章可言。后期虽为礼部卿贰并兼署过工、刑、兵、吏部左侍郎，也大多以所在部堂名义代拟折稿，个人出奏者不多。从道光三十年（1850）《遵议大礼疏》，到咸丰二年（1852）夏《请假回籍省亲片》，曾国藩个人出奏总不过十四件。此十四件原折，据同治十一年（1872）八月曾纪泽与湖南巡抚王文韶往返函商发刻《曾氏全集》的书札所记，均未并其他朱批折件循例缴送中枢，悉存湘乡故里。唯曾约农遗置富托文献中不见此类原件，只有完整录副抄本，可能这十四件折稿手迹原件已被携去台湾，或在曾氏家族典藏的数十年中散失。

（2）曾国藩自咸丰二年（1852）冬起奉旨在湘帮办团练及其后募建水师勇营，均系以在籍守制的前侍郎身份协助地方督抚办事性质，并无专命头衔，更无关防印信，除个别奉旨陈复折件外，一切有关湖南地方团练、“查匪”、“剿匪”及募勇、造船诸事上报朝廷，概须由地方督抚领衔出奏，曾氏多居会衔、后衔地位；特别是咸丰四年(1854）春靖港败溃革职，曾国藩单衔专折奏章之权也一同被褫夺。所以这段时期的奏章原件，多交地方督抚潘铎、张亮基、骆秉章处存档，曾氏本人只保存“过录副本”。

（3）咸丰四年（1854）夏秋之间，曾国藩因率军东出洞庭，为沟通上下信息，始获朱批谕旨特准这位革员单衔奏事。自此曾国藩“湘军”大营文书制度渐趋完善，主稿、会稿奏章皆得保存底草原件。但在同年十二月二十五日夜，曾国藩所率水师老营（指挥部），在江西湖口外江又遭太平军一次猛烈奇袭，夺走曾国藩座船（曾逃去另一舢板而幸免于死），“管驾官广东把总刘盛槐、李子成，监印官安乡典史潘兆奎、文生襄办文案葛荣册阵亡，文案全失”①。于是此前的一些奏章原件，并其他一切文案一同散毁于此役。后来见到的这一段奏章抄件，应系以朝廷发回的“正本”② 重录而来的。

第二，奏章抄本。在家藏文献中有奏章抄本四册，可补奏章原稿缺佚，弥可珍贵。其中包括：

（1）咸丰二年（1852）、三年（1853）、四年（1854）《会奏折稿》一册，共计十二件，皆骆秉章、曾国藩二人会衔出奏。

（2）《奏章补钞》一册，总共五十二件，除三数件外，多为奏章原稿所缺。其中：

咸丰四年（1854）（七月以后）二十七件。咸丰五年（1855）二月一件。咸丰十年（1860）十二月一件。咸丰十一年（1861）七月一件。同治元年（1862）三月一件、八月二件、闰八月三件、十二月二件，共八件。同治二年（1863）六月一件。同治三年（1864）共六件。同治四年（1865）正月三件。同治五年（1866）正月一件。同治八年（1869）十一月一件。同治九年（1870）正月一件。

（3）《后衔会奏稿》二册，起咸丰三年（1853）三月，止咸丰四年（1854）闰七月，总共二十六件。（外附录江忠源、张亮基、骆秉章三人的“水师议奏”三件）此类折件，均以湖南先后巡抚潘铎、骆秉章或湖广督臣张亮基名义领衔出奏，由曾国藩后衔会奏。

上述抄本三类四册，用官堆纸正楷抄写，半页十行，行二十四字，板框左右单边，上下双边，版心黑口、单鱼尾，无文记、页码。

---

① 《成丰四年十二月三十日水师湖口三胜两挫自请严处折》，见整理本奏稿第一册 0205 件。

② 清制，大臣奏疏拜印封发都留原稿，缮呈正本亦由朝廷批示发回本人收存，俟年终或殁后汇缴军机及奏事处。

第三，奏章谕旨汇抄本。共一百三册。内容与第一、第二两种原稿和抄本重复，官堆纸楷书，无板框及行格界栏。应是曾国藩命书吏抄寄家中诸本的综合。这种抄寄，至少有两个本子。一是曾国藩自咸丰四年（1854）率水师东出以来，凡奏章文报，均命文案书手随时抄寄家中，这在上述三十七大本奏章原稿中时见批示。二是从直督回任两江总督之初[同治九年（1870）]，曾命专人汇抄奏章等件寄家。同治九年（1870）六月初四曾国藩日记有云："留历年奏折，令夏吏择要钞录。今已钞一半多，自须全行择钞。钞毕存之（湘乡）家中，留于子孙观览。"前者因干戈倜攘，文报、粮饷通道时断，抄送时作时辍，很不全面及时。后者则系"择要钞录"，也不全面。现存上述抄本，估计是曾氏家族在曾国藩殁后综合二者整理而得的汇抄本。在整理曾国藩奏稿中，此本有参校价值。

在曾氏家藏文献中，还有一个第四种奏章抄本，半页十行，行二十四字。这是曾国藩殁后，经曾纪泽清点奏稿、日记、书札，由长沙杨商霖（书农）、曹耀湘（镜初）及东湖王定安（鼎丞）诸家协助，共同从奏章原稿选录出来交黎家坡遐龄庵发刻的范本，也即光绪二年（1876）季夏（长沙）传忠书局刊刻印行的《曾文正公奏议》三十卷初刻本的底本。所收奏稿，仅及曾国藩生前奏章的百分之六十左右。1974 年 2 月由台北文海出版社有限公司视同珍本的《曾文正公全集·奏稿》，即这个所收不全的初刻本的缩版影印本，初刻本发刻的底本却完好保藏在湖南。

2. 在曾氏家藏文献中，与奏章并存并具有同等重要学术参考价值的，还有大批谕旨、咨、札。这些录存的谕旨、咨、札分见于如下稿本中：

（1）三十七大本各件奏章之后，夹有大量谕旨、咨、札，数量最多，为数近两千件，且均按原件格式录存。

（2）《上谕廷寄补钞》一册。半页十行，行二十四字，抄录咸丰四年（1854）闰七月起至咸丰十一年（1861）十二月止谕旨五十六件，又同治三年（1864）八月初十日议政王军机大臣（奕䜣）密寄谕旨一件，总五十七件。

（3）《密谕》一册。八开纸按原格式录抄。计同治元年（1862）密寄十三件，同治二年（1863）八件，同治三年（1864）一件，总二十二件。

无行格界栏，每页四百字至四百五十字不等。

人所周知，谕旨或上谕，均指发自封建皇帝的指示。但这只是一种笼统的泛称。在清代中、晚期，谕旨按其内容性质与向下传达的机关不同和受文对象级别不一，而有廷寄、传谕、明谕、密谕诸名目。在曾国藩收到的“中央文件”中，上述四种名目的谕旨俱有，因此有必要略加诠说，以便今人利用时得见其主次轻重。

凡上谕经由中枢权力最重大的军机处下达的，谓之寄信。寄信发交给经略大将军、钦差大臣、参赞大臣、都统、副都统、办事领队大臣、总督、巡抚、学政一级的，即称“军机大臣字寄”，也就是廷寄。其发交盐政、关差和各省藩臬一级的，则称“军机大臣传谕”。廷寄、传谕书写有定式，通用五行格子缮写，每行二十字。外用封套，二者也有区别：廷寄，封面右书“办理军机处封”，左书“某处某官开拆”。传谕则居中大书“办理军机处封”，左下方书“传谕某处某官开拆”。封口及书年月处，都钤用军机处大印（文曰“办理军机事务印记”，满、汉两种篆文合镌于一印），在曾氏家藏文物中，还保存有这种廷寄封套。

廷寄和传谕所传达的上谕，皆军国机要性质的大事，不许外泄。曾国藩家藏文献中有一件同治元年（1862）九月初九廷寄上谕云：“近来各该省及军营接奉廷寄，往往不能慎密。辗转传钞，不成事体，殊属可恶。嗣后该大臣等接奉（军机）寄信及抄阅折片等件，务当格外慎密。即须知照他处，亦必亲自手录并转行知照接奉之人，毋许漏泄。各衙门书吏人等，恐有受习（洗）教者（耕按：指天主、基督教徒），须防其密通消息于外国人之手。如有疏虞，惟接奉廷寄之该大臣督抚是问。”

凡须宣示中外的上谕经内阁下达的，称“内阁奉上谕”。此类谕旨，谓之明发，又称明谕。明谕通用六行格子写，行二十字。

曾国藩上报奏章，往往得到皇帝一种或二种或同时三种批答。

一种批答是“朱批奏折”。即在原奏折末尾，皇帝用直截了当的简单数语批复；或批“另有旨”。所谓“另有旨”，即示告另有内阁明谕或军机廷寄。清制，凡奏章朱批后，除“留中”及“交议”折件外，均将原折发回奏事人，实是一种批答。

另一种批答是单发明谕或廷寄，或对同一奏章既发明谕，又发廷寄。明谕往往是褒奖、赐恤、升革或其他可公告于天下的事情，如对曾国藩“赏穿黄马褂”“授兵部尚书衔”之类；同时另发廷寄，则多属“指授机宜”。

凡绝密上谕，则由军机处另发“密寄”。密寄只有曾国藩本人可以启封。

曾国藩家藏廷寄、密寄，在同治初年的许多件中，常见其上盖有“御赏”“同道堂”两颗小印章。此何所属又何所指？起初不甚了了，兹后得读庸庵居士陈夔龙《梦蕉亭杂记》，始悉此为慈安、慈禧两个皇太后垂帘听政之日所用的印记。时两宫直接批览奏章，核阅下达谕旨，各有小印章钤于奏折及廷寄之上。慈安所用“御赏”二字朱文印章，一般钤在“字寄”之首、“军机大臣”字样之上；慈禧所用“同道堂”三字白文印章，则钤在廷寄末尾结语处。核之曾氏家藏实物，完全吻合。此见下达曾国藩的廷寄，有些是经过慈安、慈禧二人过目之后才发出的。

家藏文献中的咨、札，现存者多为原稿。咨文是对平行官吏，札文对下属。稿本中都有曾国藩本人亲笔签“行”，并批注有何者先发、何人即发的指示。现存咨、札除个别件外，一般都是转录廷寄或转录明谕。据此，适可补充曾氏单独录存谕旨之不足。

曾国藩收到的谕旨、咨文，在正文之末和封套之上，往往附有一句“以六百里加紧谕令知之”，或“以×百里谕知”，或“三百里排单驰发”。在发出的奏章、咨、札的底稿上，也常有曾国藩亲笔批注的“三百里排单”，或只批一句“三百里”“五百里”“六百里”“八百里”。所有这些，都是指的此件公文在传递过程中的迟速，“指令”日行若干里。清代驿递制度完善，据刘锦藻《续皇清文献通考》所记，在全国各地设有 2204 个驿站，形成一个周密的全国传递网。朝廷的公文，先发兵部车驾司验妥盖戳，即送下属捷报处（在北京东华门左近），由马馆备夫马从北京传至第一站（西路在良乡县、东路在通州），而后由良乡或通州往下循驿沿途传递，达于受文之处。兵部另派有十余名武职分驻各省省会，归当地按察使司（即臬台衙门）管辖，经管该处直接寄京的文报，名叫“提塘”。地方文报由“提塘”送交附近首站，以次传递于北京兵部车驾司转中枢“奏事处”或宫中“内奏事处”。直送内奏事处的，系地方特殊紧急公文，如曾国藩、曾国荃同治三年（1864）7月19日攻陷太平天国首都天京的“捷报”，就是如此直达。《梦蕉亭杂记》卷一云，南京克复，捷音到日，时已过午，遥见外奏事处司员，手捧鸡毛文书由景运门入乾清门，面交内奏事处宫监恭呈御览。此系八百里加紧公文一件，缀以夹板，大书“克复南京省城”六字。所谓排单，则指驿递公文后边粘连的一份空白行程单，其上也注明每日限行旅程。沿途所经各个驿站，都需在排单上签注收发时刻，以保证公文按限达到及明确误期的责任。

1985年12月16日写于湘大北山三九斋

（载《求索》1986年第2期，《新华文摘》1986年第7期全文转载）

曾国藩奏章的历年刊刻及家藏稿本整理

(一)

曾国藩自通籍入翰林以迄谢世，先后为官三十四年。其中前十四年为京官，后二十年在乡帮办团练、创建湘军，并带湘勇东出洞庭，镇压太平军和捻军，又先后出任两江总督、直隶总督，旋又回任两江总督，最后于同治十一年（1872）春初病殁南京任所，终年六十一岁（1811 年 11 月 26 日—1872 年 3 月 12 日）。

曾氏居官三十四年中，留存遗著甚多，而议论政务和有关军国、财经、夷务大事的奏章折、片，所占篇帙最大。曾任曾国藩随身幕僚的薛福成尝谓：“奏疏一宗，几居全集之半，尤称闳富。”这是符合实际的。奏稿不仅数量大，也自来为世所重，清末李瀚章（李鸿章之兄）有言：“（曾）公于文不苟作，又不欲辄以示人，今时士大夫所诵习者，亦惟奏章居多。”即以现在眼光来看，曾国藩的奏章和他录存的有关谕旨、咨、札，在学术研究上仍最有参考价值。通过它，可以弄清许多弄不清的问题，借以了解曾国藩其人和当时各种错综复杂的关系，以及重大史事的渊源、发展和流变。

曾国藩录存的谕旨、咨、札从未公刊。而已付剞劂公之于世的奏稿，虽先后有过几种不同的本子，却从来也没有一种是收录完整的。或者仅及其半，或者连一半都不到。这几个版本是：

1. 最早流传的是同治十二年（1873）由江苏无锡薛福成编次，常熟张瑛、庞湛同校的木刻本，题名《曾文正公奏议》和《曾文正公奏议续编》。前者十卷，收奏议一百四十二篇；后者四卷，收奏议五十八篇；总十四卷，共收奏议二百篇。

薛福成从曾国藩虽为时稍晚［同治四年（1865）］，但自入幕之始即得曾氏赏识，军谋机要，多所赞画；幕中文书，尤所熟悉。这个刻本所收，是他在幕府中抄录出来的一部分曾氏奏章，据云不及全部奏疏十之二三，实际是个奏稿节选本，而选辑侧重“于军事关系大局者”。此本刻于苏州，印刷不多，流传不广，唯广州中山大学图书馆、北京图书馆柏林寺书库等处尚有收藏。

2. 与前一个奏稿节选本同时稍后出现的，是光绪二年（1876）季夏长沙黎家坡遐龄庵传忠书局木刻本《曾文正公全集》所收《奏议》三十卷，世称传忠书局初刻本。这个刻本是由长沙曹耀湘（镜初）、杨书霖（商农）等人负责编校，东湖王安定（鼎丞）经理其事，湖广总督李瀚章、直隶总督李鸿章、两江总督何璟（苏抚调署）这么一批曾国藩的门人故吏共同资助出版的，参与其事的曹、杨、王诸人也是曾国藩生前的幕僚。这个号称“珍本”的初刻本，收曾氏奏稿八百九十八件。校之同治十一年（1872）八月曾纪泽上缴件数，仅及其半。实际仍是个奏章选本，只不过选录较多而已。

初刻本自清检原稿到安排选辑、编校、发刊，始终是由曾国藩的儿子曾纪泽（当时丁忧在籍）主持。同治十二年（1873）癸酉五月初十日曾纪泽致李鸿裔函：“纪泽之职，但在荟萃手泽、斟酌轻重，何者应刊刻以传海内，何者应钞存家塾以示子孙。”缘于此，故世人又称传忠“初刻本”为曾氏“家刻本”或“自刻本”。

因全集（包括奏稿）编纂发刻之初，李鸿章等人多次致函曾纪泽，询问全集编定之后是否即送南京发印。曾纪泽本人在同治十二年（1873）三月二十一日致两江总督李宗羲的信中也说：“将来（全集）编纂成帙，当由曹部郎（耀湘）载全稿赴江宁觅匠刊刷，届时另行筹资。”又在同年五月初十日致李鸿裔函中明确提及：“传忠局编辑先太傅诗文奏疏，秋间乃可成帙，仍拟由镜初载全稿赴金陵觅匠刊刻。”后来不知何故，全集的各个部分都在长沙刻印完成。由于以上原因，又由于初刻三十卷《曾文正公奏议》扉页背面只书“光绪二年季夏传忠书局校刊”而未标明“长沙”，以致引出将“初刻本”误为“江宁传忠书局本”或“金陵书局本”。实际此书未送南京刻印，南京也无传忠书局。

3. 光绪初年，在长沙敕建的曾国藩专祠（地在今局关祠，即长沙市第十四中学）落成后，祠内东偏尝辟船山祠（即今长沙中山东路船山学社），祀王夫之木主。随之在此设思贤讲舍，渥育湖湘学子，先后由郭嵩焘、王先谦主讲其间，并由郭、王利用湘岸盐务拨款，以思贤书局名义刻书。其时，已将黎家坡传忠书局的《曾国藩全集》版片全部移存于此。曾集第一次刷印不到一百五十部（每部线装 128 册），印数不多，不能飨各方需求，于是思贤书局在光绪季叶，又利用这些版片重印过一次，改题“长沙思贤书局刊行”。故世传的“思贤书局木刻本”。实际只是“初刻本”原版不动地重印，既未别自镌版，也非增订改版，无论内容、分卷、分册，概仍“初刻本”之旧。①

综上可见，几个不同名目的三十卷《奏议》木刻本，实际就是一个“传忠书局”初刻本。其所以名目歧出，或因误传，或缘重印。

4. 台湾文海出版社有限公司在 1974 年二月印行的《曾国藩全集》（收入沈云龙教授主编的《近代中国史料丛刊第一辑》），也就是上述传忠书局初刻本的影印本。增入光绪五年（1879）所刻家书十卷，家训上下二卷及曾昭六所撰《述略》一篇，将原线装改为合订精装本 40 册。其中所收奏议，无论卷数、件数全同传忠“初刻”。

5. 坊间通行的铅印排字本和石印本。其最常见的有四个本子：

① 上海世界书局《曾文正公奏稿》本，收入《曾文正公全集》内。此本奏稿将传忠本的 30 卷合并为 4 卷，收曾氏奏章 898 件。其起讫时间，同于“传忠初刻本”，即起于道光三十年（1850）正月二十八日，止于同

---

① 曾国藩全集版片完好庋藏于长沙曾文正公祠内。到 1938 年长沙大火，始渐散毁，乃至扫地无存。

治十一年（1872）正月二十八日，共二十二年。

② 上海大达图书供应社排印的奏章单行本，题名《曾文正公奏稿》，内容与世界本同，只分卷仍沿传忠初刻为三十卷。

③ 东方书局印行的《曾文正公全集》所收奏稿本。此本仅二十八卷，止于同治八年（1869）十二月二十四日，比“初刻本”“世界本”均短少两年多，共收705件。

④ 另一种长沙杨仲蕃刻字本收奏稿559件，较“初刻本”少收339件，但其中有8件为上述各本所未收。起讫时间亦是道光三十年（1850）正月二十八日至同治十一年（1872）正月二十八日。

（二）

在已出版的任何一种曾国藩奏议或奏稿，可以毫无疑义地肯定一点，即无一个是曾氏生平奏章的完帙。质言之，都是选本，只不过选辑件数有多少之别。

然则，曾氏生平的奏章折、片到底有多少？由于种种原因，一时恐难作出一个具体确切的统计，但基本线索还是可寻的。

按照清代文书体制，官僚大臣们上奏朝廷的折、片，在缮正拜印封发正本之后，一般都留有底草也即原稿。除个别不欲示人的底稿立即“焚草”或本人殁前“焚草”外，一般都被保存下来贻于家人。而送去朝廷的奏章正本，除“留中”（即留下参考，不作处理）之件外，大多在原折之上都有“朱批”（朱笔批示）。“朱批”，或是皇帝用简单数语批复，或是只批“知道了”“另有旨”“该部知道”“该部核议”“该部议叙”等。后四种是交中央有关部门办理，而前此诸批，则立即交兵部车驾司通过“提塘”驿站发还奏事臣僚本人收阅。于是臣僚们的手上既有奏章底草，又有批回的正本（朱批奏折）。朱批奏折例须在年终、殁后或发刻之前封缴中枢。

清代大臣奏章，只有极个别人在生前发刻，大多是死后由亲属或门人故吏为之。不论在生前还是在死后发刻奏章，也不论经理其事者为何许人，成例在公刊奏章之前，必须将朱批折件清点造册，送请当地总督或巡抚代缴军机处。其他折件则封送国史馆以备采择。否则，即以严重违制论处[①]。

曾国藩的奏章发刻也不例外。曾氏在同治十一年（1872）旧历二月初四日病死江宁，五月由其长子曾纪泽扶榇回到长沙宅邸。时各方敦促发刻遗作甚亟，曾纪泽立即对遗稿进行清理，并将应缴部分备函呈送湘抚代缴。《曾惠敏公（纪泽）手写日记》云："同治十一年壬申六月二十九日，清理文正公奏稿，日记、信稿粗毕。""八月十九日，至抚署与王中丞文韶久谈；二十日，拟稿备函致王中丞；皆商酌恭缴批折事。"到八月二十七日，乃将送缴折件封送湖南巡抚。现将曾纪泽《缴折原呈》照录如次：

> 为呈送事。窃照原任两江总督曾，前于咸丰二年办理本省团防事务。迨后督办江西、湖北、安徽等省军务。咸丰十年补授两江总督。同治七年调任直隶总督。九年仍调两江总督。本年二月出缺。历任以来奏奉批回折件，除奉旨留中暨军机处留存备查各折外，计自咸丰二年十二月二十二日起，至十一年六月初八日止，奉到朱批折、片四百三件。
>
> 又自咸丰十一年六月十八日起，至同治十一年正月二十八日止，奉到朱批折件一千四百五十三件。
>
> 共计一千八百五十六件。
>
> 相应开折呈送，仰祈誊核，俯赐代为恭缴施行。八月二十七日。

上引呈函中所列缴折总数（1856件），显然也非曾氏生平奏章的全部。第一，缴折自咸丰二年（1852）十二月底开始，前此还有一段时间的折件不见缴送。据曾国荃的曾孙曾昭六说，自道光三十年（1850）《遵议大礼疏》至此，至少有十四件仍存湘乡故里未缴。[②] 第二，曾纪泽呈缴的一千八百多件，指明是"朱批折件"，而不属此类的其他批折例不呈缴。此外，留中及留军机处存查者亦不包括其中，二者其数多少？不得而知。

---

① 道光十六年（1836）十月湖南安化陶澍在两江总督任内，以私刻奏疏，受到镌四级留任处分。降级原因，即因未先呈缴朱批奏折，违制刊行。

② 据曾昭六《曾文正公全集编刊考略》。

第三，薛福成说“自公初办团练以逮将克岳州之时，皆由湖南巡抚代奏，疏稿已无可稽”[①]。其克九江、吉安、安庆、庐州，亦由楚省大府主稿具奏，故独无报捷之疏；而克安庆，只有一片。”（薛书《凡例》）第四，薛氏又云：“公自壬戌（同治元年）以前，转战无定居，其疏稿间有缺佚。又其密荐大臣、筹议边计，当时或未留草，亦已不可尽睹。”

只有把以上四条情况所列的折件，加上曾纪泽缴呈的件数，才是曾国藩一生奏章的全部。

曾国藩兄弟父子的遗存文献，自清末以迄新中国成立前夕，都集中汇藏于湖南湘乡荷塘乡富托（今湖南省娄底市双峰县荷叶镇富托村）曾氏故里曾八本堂，由其直系后人典守。其庋藏大致内容和它的两次播迁，别见拙撰《曾国藩家藏稿本及其整理》一文。[②] 1949 年程潜在湖南和平起义之日，曾纪泽的孙女曾宝荪、孙子曾约农曾将一部分文献携去港九。其后（1951 年），这一部分文献又随同曾氏姐弟一同迁往台北。而将大批曾国藩的奏章原稿、抄稿及有关抄本、过录本等，概弃置于曾氏富托故居正屋左侧“求阙斋”。

在曾约农携去台湾的那部分文献中，以曾国藩、曾纪泽手写日记、书札诸墨迹为主，但也有若干其他性质的手稿和抄件，如为数不多的奏疏即其中的一宗。这批携台文献由台湾学生书局列入吴相湘教授主编的“中国史学丛书”，以《湘乡曾氏文献》为名，汇编为十册影印出版。其中第四类“奏疏”一门，共收七十九件。唯细一检阅，此中可以确定为曾国藩本人的奏章折片与密考上报清单者，不及六十件；其余均系曾国藩收到与发出的公牍（包括咨、函、照会）及存查文件。

在以上七十九件奏疏公牍和其他文件中，咸丰年间者四件，余皆同治元年（1862）到同治十一年（1872）。就其性质而言，有曾国藩的密折九件，遗折、遗片二件，汇报军情者七件，其他折片十一件，文职、武职人员密考折、单二十一件，候补知府州县单七件，有关天津教案的七件，容

① “已无可稽”说法不准确。此次整理，已从曾氏家藏抄本中辑出最大部分，但可能仍不完整。

② 有无缺佚，缺佚若干？殊难凭空说定。唯密荐、密考折单，曾氏家藏稿本中尚存录不少，唯若干件均有残缺。

闳报捐同知和容闳、陈兰彬（荔秋）请派幼童出洋游学案六件，廷寄一件及往来公函、照会若干件。而其中可以确认为曾国藩亲笔遗稿的，有以下数件：

① 咸丰元年辛亥（1851）四月二十六日《敬陈圣德三端以防流弊疏》。此系曾氏在北京随家书亲笔抄附之件，而非原始底草。也即曾纪泽未请王文韶代缴的十四件之一。初刻本及此次重编本均已收入。

② 咸丰四年癸丑（1854）四月初二曾国藩靖港之役溃败后，栖身长沙妙高峰行馆，受到湖南通省大吏鄙夷，朝野唾骂。湖南布政使徐有壬带头请弹劾曾氏并请解散新起之湘军，曾国藩迫于内外压力，愤欲自杀，因亲笔草此遗折、遗片各一件。后以李元度（次青）辈劝阻，自杀未成，此二件终未发出，黎庶昌所编曾氏年谱中尝提及此事，唯内容夙不为世所知。原始亲笔草稿以白皮纸笺草书，纸幅高 25 厘米、宽 50 厘米。其时间应为咸丰四年（1854）四月初二之后、十二日之前。

③ 同治二年癸亥（1863）十一月十一日《酌保贤员折》，系保举范泰亨、李鸿裔、黎庶昌九人才堪器使。原件九行朱栏稿纸行书，幅高 25.8 厘米、宽 42.8 厘米。

④ 同治九年庚午（1870）六月去天津处理教案之前手书付二子（曾纪泽、曾纪鸿）《遗令》并付忮求诗稿。

⑤ 赴津途次所拟《谕天津士民说帖》手稿。

曾氏姐弟携台的这七十九件奏疏和公牍稿，除少数完整外，大都残缺不全或有虫蚀。多数无主文仅存附片，或有主文而无附片。但此类残稿中，不少件留有曾国藩手批“核过”“照缮”及改动字迹；密考单及候补府州县单中，尤多曾氏手注考语。

无论是否曾国藩的亲笔原稿，这些携台的少数文献，或可补国内留存折件稿本之不足，或可借以参校。

至于弃置湘乡故居的曾国藩奏稿和有关文件，则数量最多，也最称完富。这有两大类：一类是曾国藩本人的单衔奏章、与他人会衔的奏章，以及由他人领衔主稿而以曾氏“附后衔”的奏章。另一类是朝廷批答曾氏奏章的谕旨和由曾氏发出的录有谕旨的咨文与札文。这些奏章、谕旨、咨、札，除去内容重复的抄件、过录件不计，总数达三千余件，相当于流台曾氏奏疏稿的五十倍左右。而且每件首尾完整无缺，仅极个别件有一二字或五六字因年久漫漶不清；或盖用印信处使个别字迹难以辨认。

奏章多为原始底草，即曾国藩在军事行营和两江、直隶督署内据以缮成正本（上报朝廷）的底稿。原始底稿共有一万二千余页，八开纸，无边框、行格界栏，字体则行、草、楷书不一，每页三百余字至六百余字不等，大都出自各个不同时期的幕僚之手，只有个别件全文由曾国藩本人亲笔起草，各件之末及骑缝处盖有曾氏不同时期的关防印信，时间起自咸丰四年（1854）七月二十一日，止于同治十一年（1872）正月二十八日。其次则是曾氏家藏三种《奏章补钞》手抄本，和大批内容互有重复的汇抄本和过录本。1952 年国务院批准的《国家古籍整理规划项目》已将《曾国藩全集》列入。目前正在整理、点校、重编的曾国藩奏稿就是以曾氏家藏的这些原稿和抄本作为基础展开工作的。

曾国藩是中国近代史上一位引人注目的人物。誉之者褒为“一代完人”，毁之者贬为“千古罪人”。尽管世之毁誉不一，但他在中国近代史上的地位和影响，却是谁也不能无视的。曾国藩殁后留下大量文字，是研究中国近代社会的重要参考资料，而奏稿数百万言，乃其中的重要部分。

1986 年 4 月 3 日写于湘大北山

（载《求索》1994 年第 4 期）

曾国藩家藏奏稿整理的特点及其意义

曾国藩家藏文献，除极小部分由曾约农姐弟（曾国藩的曾孙）携去台湾之外，其他遗置富托曾八本堂的大宗，经由中共湖南省委及湖南省人民政府悉数运来长沙，交由湖南图书馆典藏。这批文献以曾国藩生前奏章、咨、札和录存的谕旨及其有关抄件比重最大，相对而言最称完富。[①] 将其整理出版，公诸于世，无疑是一件艰巨繁杂但具有意义的工作。

曾氏家藏奏稿的整理，从1984年着手准备，自1986年由湖南岳麓书社以《曾国藩全集·奏稿》（下称《奏稿》）为名陆续出版。截至1992年年底已得《奏稿》十册，此次整理出版的《奏稿》具有如下特点。

（一）由于是曾国藩家藏文献，出自当年曾国藩本人及其文吏书手，每件都由曾国藩本人签“奏”画“行”，并常有曾国藩亲笔批注或改动，件末及骑缝处盖有当日曾国藩本人印信或会衔官员印信[②]，经与北京第一历史档案馆所藏清廷“宫中朱批奏折”及“农民运动类太平天国项档案”核对，确认为当年曾国藩上报朝廷的奏章底稿。所以，岳麓书社版《奏稿》赖以整理的底本是当今独一无二、信值极高的历史文献，非前此流传的诸多版本所可比拟。

（二）曾氏家藏奏章部分，主要有下列三项文件：

---

① 详见拙撰《曾国藩家藏稿本及其整理》一文，载《求索》杂志1986年第2期。

② 参见《曾国藩全集·奏稿》1—10册插页。

① 奏章原稿三十七大本，六十四分册，计一万二千余页，每页三百字至六百余字不等，起于咸丰四年（1854）七月十一日，止于同治十一年（1872）正月二十八日。

② 奏章抄本四册。其中咸丰二年（1852）、三年（1853）、四年（1854）《会奏折稿》一册，《奏稿补钞》一册，《后衔会奏稿》二册［起于咸丰三年（1853）三月，止于咸丰四年（1854）闰七月］。

③ 奏章谕旨汇抄本一百三册（内容与原稿和抄件有重复）。

此次整理是以第一项奏章原稿作为工作底本。短缺部分以第二、第三项抄件配补，并参照薛福成选刻本、台湾《湘乡曾氏文献》第四部分“奏疏”及传忠书局初刻本进行参校配补。收录数量远多于过去任何一种版本。兹将历年各版奏章与岳麓书社版《奏稿》作一简单比较：

历年刊行版本：

江苏无锡薛福成本《曾文正公奏议》10 卷 142 篇，《曾文正公奏议续编》4 卷 58 篇；

长沙传忠书局本（初刻本）《曾文正公全集 · 奏议》30 卷 898 篇；

思贤书局本（初刻本原版重印）30 卷 898 篇；

世界书局本《曾文正公全集 · 奏稿》4 卷 898 篇；

上海大达图书供应社本《曾文正公奏议》30 卷 898 篇；

东方书局本《曾文正公全集 · 奏稿》28 卷 705 篇；

长沙杨振蕃刻字本《曾文正公奏稿》36 卷 559 篇；

台湾文海出版社有限公司（传忠初刻本影印）。

截至 1992 年年底交印的岳麓书社版《奏稿》十，已出版的十册所刊如下：

《曾国藩全集 · 奏稿》第一册 0000—0314 件	内折、片 206 件
《曾国藩全集 · 奏稿》第二册 0315—0714 件	内折、片 243 件
《曾国藩全集 · 奏稿》第三册 0715—0891 件	内折、片 89 件
《曾国藩全集 · 奏稿》第四册 0892—1093 件	内折、片 76 件
《曾国藩全集 · 奏稿》第五册 1094—1298 件	内折、片 108 件
《曾国藩全集 · 奏稿》第六册 1299—1614 件	内折、片 148 件

《曾国藩全集·奏稿》第七册 1615—1865 件　　内折、片 123 件
《曾国藩全集·奏稿》第八册 1866—2198 件　　内折、片 161 件
《曾国藩全集·奏稿》第九册 2199—2586 件　　内折、片 202 件
《曾国藩全集·奏稿》第十册 2587—2853 件　　内折、片 197 件

《曾国藩全集·奏稿》岳麓书社版第一至十册内计奏折、片共 1553 件，谕旨、咨、札 1300 件。第十册止同治八年（1869）六月十一日，距奏章原稿底本止同治十一年（1872）正月二十八日［曾国藩殁于同治十一年（1872）三月十二日（农历二月初四）］尚有两年多时间，估计还有奏章四百件，连同附录需出 2—3 册。即全部《奏稿》完成，将收录曾氏奏折、片约两千件，谕旨、咨、札一千五百件以上。奏折、片多于曾纪泽同治十一年（1872）八月二十七日（向朝廷）《缴折》原呈缴数（1856 件）。多出之件自应是：

1. 道光三十年（1850）至咸丰二年（1852）十二月底未上缴的 14 件。①

2. 除朱批折件外例不呈缴的折件。

3. 由湖南巡抚代奏疏稿。

4. 转战遗失缺佚之件（尚留有底稿者）。

两千件是否即为曾国藩一生的全部奏议？不能确切肯定。但就已出版行世的奏议而言，无疑岳麓书社版是收录最全的本子。

（三）岳麓书社版《奏稿》除收录曾国藩生平奏章（包括单衔、会衔、后衔会奏折片）外，同时收录朝廷发交曾国藩的有关谕旨（包括密谕）和录有谕旨的咨、札。谕旨、咨、札从未公刊，这次整理不但辑出公刊，而且清理、归附于有关折、片之后或相关段落之中，使奏章的下落、朝廷的意见和有无不同的指示，完整汇录于一处，让读者展卷即可一目了然，事件的本末一清二楚。这些不为世人所知的朝廷谕旨，向人们提供了极为可贵、明白无误的史料。这种异乎传统的编纂方法是一种新尝试，也是曾国藩家藏奏章整理的一大特点。

---

① 据曾昭六《曾文正公全集编刊考略》。

（四）过去流传的各种版本，均未逾越传忠书局的初刻本。初刻本是由曾国藩的儿子曾纪泽主持刊刻的，参与其事的都是曾国藩生前的门生故吏，选录时自必多有回护，出于为亲者、贤者、尊者讳原则，许多不当删的奏章必被删去，此次整理则概予编入。尚有当时例不外泄的曾氏密参、密陈、密奏，此次也一律整理刊行。会奏、后衔会奏亦按曾氏抄本补入。真实而比较全面地披露了某些历史事实的真相，是岳麓书社版《奏稿》的又一特点。

（五）岳麓书社版《奏稿》于所录各件概加标点、分段，按时间编次，空缺的人名均一一查补，除来自原底本者，不同来源之件一律注明出处，编后有人名和主题索引。

综上各点，《奏稿》较之于历年刊行的近十种“奏议”来说，它显然较全面、完整、真实、系统地反映了曾氏奏议及其所经历的历史事件。

缘于上述条件与特点，《奏稿》整理出版是一件有相当意义的举措。

其一，《奏稿》（岳麓书社版）有较高的学术价值和参考价值。

曾国藩的一生同中国近代史同始终（死后仅三十多年清朝灭亡），他是个书生出身的政治家、军事家、外交人物，而非文学家。完整反映他一生及其同时代社会情况的文书，主要集中在奏稿及清廷延发给曾氏的谕旨之中。曾氏家藏手稿，恰是这部分保存比较完整。我们对原始草稿逐件辨明真伪，理出头绪，作为工作底本，又用曾氏家藏抄本对校补充，并与故宫档案抽件对勘，与过去所出的七个版本核对，再全面进行研究、增补、点校、编次，得出现在的岳麓书社版《奏稿》本。就内容而言，凡以前七个版本所收的，《奏稿》本都有；就数量篇幅而言，《奏稿》本比历年（一百二十年）海内外所出各本（含台湾本）要多出一倍或两倍（单指奏折、片数量）。其中大多是第一次与世见面的完整文件和当时不许公之于世的保密文书。补入之件概注明出处，必要之处，亦间加诠释注解，根据可靠可信，可供从事研究的学者、专家放手使用。

其二，具有学术使用价值。

岳麓书社版《奏稿》为国内外研究近代史的学者提供了重大方便，节省了大量查找文件、材料的人力、物力和宝贵时间。过去查找一件有关谕旨，必须出差上北京故宫档案馆，而故宫有数百万件档案，整理出来并已出版的只有万分之几，一般很难查找。此前对近代史上的许多问题，特别是太平军、捻军、回民、洋务、外交、厘金、关税、财政以及清廷内部纠纷上的问题，有些只能靠推理判断，甚而猜测式的各发议论，有了《奏稿》本提供的史料，不仅可以增补许多史实，在细节上、在结论上尤可改正许多错误和论点。

其三，具有文物价值。

曾氏奏章的原始底稿仅此一件，抄存的有关圣旨和文书，也仅此一件，文物价值甚高，如不及时整理抢救公刊，一旦不幸遭受水、火、兵、虫之灾，国家蒙受损失就无可弥补。此次整理工作正是遵循了中共中央"抢救国家文化遗产，抢救人才"（指老人会死、人才断层），"保存和弘扬中华优秀传统文化，为当代经济、政治服务，为子孙后代造福"的指示，为保存文物办了实事。

其四，具有一定的政治意义。

曾氏家藏稿本，早在 1951 年台湾报刊及《香港时报》《星岛日报》就宣传已被"全部烧毁"，这种纯系毫无根据的谣言，已被《曾国藩全集》整理出版的事实所击破。曾氏家藏文献不但全部完整保存，而且投入了人力、物力，精心整理出版公刊。

1992 年 9 月写于湖医附二院

曾国藩家藏文献中的密折和清廷密谕

（一）

曾国藩父子生前的大批文献手稿及抄件，在曾氏父子殁后，全部汇藏于湖南湘乡荷塘富圫（今湖南娄底市双峰县荷叶镇富托村）曾八本堂。曾八本堂①系曾国藩生前自建的新宅，距湘乡县城35公里，距其祖居富厚堂（大夫第）约7公里，距其弟曾国荃在大坪村所建故居约7.5公里。曾八本堂正屋为五门两进大厅，连接西轿厅有两层砖木阁楼建筑，此即“求阙斋”②，为曾国藩生前读书、藏书之所。正厅东侧有一小庭院，院后土阜之上的建筑物为“思云馆”，系曾氏家塾，乃其子孙求学读书之处。1986年4月23日，湘潭大学“曾国藩家藏手稿整理校点组”同人访问富圫，得见曾氏故居保存基本完好。据世代为曾氏典守楹书的王子林（已故）、王席珍父女示告，曾国藩家藏文献，历年皆庋藏于“求阙斋”阁楼，只有极少数可供子孙观览的抄件复本置于“思云馆”。1949年湖南和平解放，曾国藩的曾孙曾约农、曾孙女曾宝荪自九龙派人回乡清检曾国藩、曾纪泽“墨

---

① 咸丰十年（1860）闰三月末，曾氏五十岁，寄书家中，始名湘乡所居为“八本堂”，以别于老宅“富厚堂”。所谓八本，即“读书以训诂为本，诗文以声调为本，事亲以得欢心为本，养生以少恼怒为本，立身以不妄语为本，居家以不晏起为本，居官以不要钱为本，行军以不扰民为本”。

② 曾氏冠书舍为“求阙斋”，早在道光二十五年（1845）在京任日讲起居注官之日，时年三十五岁，意谓“求阙于他事，而求全于堂上，盖以盈满为戒”，时自求阙求全。

迹手泽”，即是从“求阙斋”取走的。其后中共湖南省委与湖南省人民政府听说这批文献已弃置无人看管，为免散失损毁，责令湖南文物管理委员会先则就地封存，继则清点搬运长沙中山图书馆妥为保藏。这批运到长沙的文献也是从“求阙斋”装箱起运的。

曾氏家藏文献，绝大部分是曾国藩本人一生的奏章、咨、札底稿和收到的清廷谕旨与谕旨抄件，以及军机处封发这些谕旨并钤有“军机印记”的封套原件。有关文献的名目、数量、内容、性质，已详拙撰《曾国藩家藏稿本及其整理》[①]，兹不复赘。本文拟介梗概的，是曾氏家藏文献在整理过程中所见的百多件曾国藩本人送给朝廷的密折、密片和密考单以及朝廷发给曾氏本人的密谕。这些都是当时的绝密文件，除个别折件已收入光绪二年（1876）传忠书局《曾国藩奏稿》的初刻本外，绝大部分折、片密件和全部清廷密谕均未公刊。按照清制，只有通过内阁下达的明发谕旨方可见录于“宫门抄”或刊载“邸报”公开传布于四方；自余由军机处下达录有谕旨的“廷寄”（或称寄信、字寄、传谕不一），都属中央机密文件，除谕旨指定的对象或军机处随同“廷寄”附片咨明应知照的对象以外，其内容概不许外泄、转抄或私下传播。如果一件廷寄谕旨涉及多项内容，被授权可以抄录转咨的受文对象（如曾国藩），也只能在转咨公文中节录廷寄谕旨中的有关部分，不得将其余部分全文照录转发，即便是转咨到中央六部也不允许，违者议处。曾国藩在戎马倥偬中就犯过后一种错误，结果受到朝廷的申斥和处分。这个申斥处分是同治元年（1862）五月二十一日用“明谕”的形式发出的，清廷明谕全文如下：

> 各路军营及督抚接奉军机处谕旨，如有应行转咨各该衙门遵办者，自应行文钞录一体知照。若所接奉谕旨之事件较多，理宜仅将谕旨干涉各该衙门者节录知照，其余紧要军情等事，皆应秘而不宣，以昭慎密。
>
> 此次（发）曾国藩“寄谕”有办理厘金事件，即全行钞录（谕

① 原载《求索》1986年第2期，1986年7月号《新华文摘》全文转载，其后被收入湘潭大学学报增刊《曾国藩研究论文集》。

旨）全文知照户部，殊属疏忽。曾国藩着交部议处。

嗣后凡有寄信谕旨，除将实有办项者节钞知照外，余俱不准全行钞录咨会，以重军务。将此通谕各路统兵大臣及各督、抚知之。[①]

关于廷寄[②]谕旨必须保密，在曾氏家藏文献中还见有多次谕旨专门指示，如同治元年（1862）九月初九日军机廷寄，已明文规定：一、不许辗转传抄；二、即须转知他处，也必须督抚大臣亲自手录，直接转行知照接奉之人；三、严防幕僚及书吏窃要密通消息于外人。

一般“廷寄”如此，密谕的保密范围和保密程度就更严更高。密谕也发自军机处，实际仍是“廷寄”；后者则明确书明“军机大臣”或“议政王军机大臣密寄”，而在军机录发“上谕”的原文末尾又有“密谕知之”字样。密寄在“军机大臣”之上冠以“议政王”，是在同治年间两宫（慈安、慈禧）垂帘听政、奕䜣掌握中枢实际大权时期特有的公文体例[③]，这个“议政王”指的是恭亲王奕䜣（咸丰皇帝的兄弟）。

如前所述，密谕是事关军国、财经、政治、夷务、人事大事的绝密文件，也是除密谕指定的受文对象或军机在“密寄”之后附片指明的对象而外，无论何人，不管官品多高、军功多大，与朝廷的关系多密，都不得窥见其内容，倘有泄露，则须受到严厉的惩处。唯恐密谕外泄，从曾氏家藏文献中见到，清廷上谕或发文机关——军机处还不时叮咛。如同治二年（1863）十月十五日有一道密谕[④]是发交两江总督曾国藩、督办江北军务江宁将军都兴阿、头品顶戴办理通商事务大臣薛焕、江苏巡抚李鸿章、浙江巡抚左宗棠五人的，内容是“饬妥为驾驭助剿洋人、洋船，并防涉外《密

---

① 见曾氏家藏《谕旨奏章》第十一本。括号内的文字系作者添入，下同。

② 清代在雍正初年设立军机处。至乾隆年间凡传达谕旨的廷寄，开首皆领班之军机大臣出名；如领班不在值，应由何人出名，则临时请旨；亦有三四人同时出名的廷寄。嘉庆四年（1799）后，此制遂改，廷寄皆不出名，仅书“军机大臣字寄某官某”。迄同治间，又以恭亲王领衔出名，至光绪始废此制。

③ 在曾氏家藏文献中，常见廷寄抄发的内外臣之后，军机处的有关函牍、信牍之首，多书“某官某敬禀于王爷大人座前”。这里的王爷、大人皆抬头平列，指的是两个对象：王爷指议政王奕䜣，大人指其他军机大臣，不能读作“王爷大人”一个对象。此也可见出奕䜣当日权势之重。

④ 见曾氏家藏密谕（第三十八本）第47—50页。

谕》泄密”。其中即云：

至外国人喜于探听消息，一切交涉外国事件，《密谕》稍有泄漏，即据为口实，生出事端。该大臣等均能密之又密，甚为欣慰，不可稍涉大意。将此由六百里密谕知之。

另一件同治元年（1862）五月十三日密谕，专发曾国藩，内容是据人密奏谋剿苗沛霖及其练众，因而抄发密奏原件，着曾国藩与皖抚会筹剿苗办法具奏。末附军机处《片》，《片》文云：

本日奉有寄信密谕一道，并抄折一件，希贵大臣接奉后，即行恭录知照安徽巡抚李续宜一体钦遵办理。此系至密之件，万勿泄漏，为此知会。五月十三日。[1]

至于曾国藩本人上报朝廷的密折、密片、密考清单，也属绝密文件，只有主稿的幕僚和誊写书吏得获知其内容。密折送到朝廷后，除值班军机大臣、议政王和录副军机章京（俗称“小军机”）外，其他人一般也不许检索查阅[2]，更不循一般公文途径发抄转知他人他处，唯“上谕”指定应予转知者不在此限。

密谕、密折的保密其所以如此严格和慎重，是它在当时涉及许多国家机密性质的重大事项和不可为外人道的部署与安排。否则，必然要产生严重后果，直接影响到政治、军事、夷务处理的成败，乃至于清廷统治全局的安危。因为在绝密文件中无所掩饰地记述了许多真实情况，反映了各个事项有关的复杂内容，以及清廷和曾国藩本人对当代诸此事务的真实态度和真实主张与办法。明白、具体、准确无误的材料，是一切科学研究并从而得出正确结论的基础。因此，曾氏家藏文献中的这批密件，对于用实事求是原则深入研究中国近代史，评判有关史事事件和评价有关历史人物，无疑有着较高的学术参考价值。前此某些模糊不清的现象和说法，也可借

① 曾氏家藏密谕第 19 页。

② 一般抄折，皆以方略馆供事为之，密奏或有朱批应慎密者，皆章京自抄，达到拉密（领班章京）复校，说见梁章钜、朱智《枢垣记略》。

得澄清，某些具体历史的真相大白于天下。

（二）

在曾氏家藏文献中，密折、密谕比较集中的是三起：

一起是同治元年（1862）三月到同治三年（1864）三月的密件合订本，八开纸103页（正文），各件行款字数不一，无版框界栏，在扉页之上冠有“今将密件汇录密存”字样。其中除同治二年（1863）十一月十二日发报和同治二年（1863）十二月十二日发报的二件系曾国藩送给朝廷的“密片”外，其余二十四件皆清廷给曾国藩等人的“密谕”；而在密谕中又附抄有恭亲王、总理各国事务大臣①奕䜣、科尔沁博多勒噶台亲王僧格林沁、漕运总督吴棠以及其他大臣的密奏、密参十件。此本总共有绝密文书三十六件。

另一起密件是手抄本九件。全是同治三年（1864）到同治八年（1869）曾国藩上送清廷的“密片”。清制，有权向皇帝专折奏事的衙门和督、抚、司、道诸主管，其上报文书有奏折、奏片、题本之分。除题本有部颁固定格式，必按规定题报外，晚清章奏，主要是折、片二种。“折”是主送之件，“片”是同日别有报告和请示事项而另书章疏随同奏折并送朝廷之件，二者的重要性和效力相等，初无轩轾。折、片仅在公文款式上有所区分，奏折必在开首书明官衔、姓名跪奏字样（如“两江总督臣曾国藩跪奏”），而后接写“事由”；奏片则不然，开首只书明“再”，往下即接写“事由”（如“再，近日金陵贼势军情”）。其中八旗满大臣和蒙古承袭王公可自称“奴才”②，汉大臣一般只称臣而不得自称“奴才”。所谓“奴才”，意为爱新觉罗皇族的家奴。

除上述二起外，另数十件密折、密谕，都散缀于历年的“奏章谕旨”一万多页底本之中，比较零乱。

其次，在曾氏家藏的几个补抄本中，也间有所见，如《奏章补钞》抄

① 咸丰十年（1860）设“总理各国事务衙门”，主管夷务，光绪二十七年（1901）改称“外务部”，位列各部之上。

② 与汉员汇奏之折及题本表章，仍书“臣”而不书“奴才”。

本中有同治九年（1870）正月十六日发出的《（同治八年）年终密考折》一件，（此件残缺附件，所附密考单已携去台湾，见下文）；《上谕廷寄补钞》抄本中有同治三年（1864）八月初十日《密谕》一件（查明陈国瑞是否谋叛）。

此外，尚有为数不多的密件被曾氏后人携往台湾，其中以藩、臬、道、府密考清单和武职提、年终密考清单最多，共达十五件。[①] 这些密考单都是同治元年（1862）以来曾氏两任两江总督、一任直隶总督期间，对所属省份的司、道、知府及武职提督、总兵的年终密考折的附件，多无主文（密折）。此种主文，在台湾仅存三件，在大陆初步清查也仅存二件。按清制规定，司道各府各武职提镇大员之贤否，例应由各督抚于年终出具切实考语，缮折密陈中央，“以副朝廷澄叙官方之至意”[②]。实际就是一份对所属大员经过察覈，签出考语，以备中枢参考、拔擢、降黜的年终鉴定。密考单上各人的考语都由曾国藩亲笔注写，不再假手幕僚。曾国藩对此种人事密考工作是相当严肃认真的，他认为“凡兴举大事，必才与事相副，人与地相宜”[③]。深惧自己无知人之明，以致考核中“泾渭混淆，贤哲屈抑”[④]。尝谓“知人则哲，伊古为难”“或外似精明而中怀叵测；或貌似朴纳而实裕经纶；或圆通而易售；或戆直而难亲。虽有卓越之识，亦不能见微而知著”，况如自己之梼昧，“安敢谓评骘之悉当”[⑤]。因此考语力求切近窍要，大多言简意赅，从中正可见出曾国藩的人品及其培养、奖拔与管理人才的基本观点与态度，而此种文书的“密”，也正密在附送的“密考单”上。已佚的主文密折，反而不过是呈送考单时的简短例行公文套语。

现存密考单十五件，以江西、安徽、江苏三省大员居多，直隶省者最少，也别有一件《直隶学政年终密考稿》，系对同治六年（1867）简放直

① 内容相同的“清缮稿”重复件未计入在内。
② 同治八年（1869）密考折。
③ 岳麓书社版新编奏稿0618件。
④ 同治八年（1869）密考折。
⑤ 同治八年（1869）密考折。

隶学政贺寿慈的考语，评价甚高[1]。历年被密考的人员中，诸如吴坤修、平步青、李文田、黄翼升、李朝斌、欧阳利见、唐义训、李宗羲、李鸿裔、刘传祺、万启琛、丁日昌、马新贻、江忠睿、之俦，或在当时，或在后世，都是一些在文治、武功业绩上卓有声名的人物，从其早期密注考语中，也可见出曾国藩的识见及其“知之而不用，与不知同；用之而不尽，与不用同”[2] 和“因材器使”理论的实践。

由曾氏后人携去台湾的密件，比较完整的还有：

① 省藩司林福祥及刘齐昂、恒起来自贼中访得实情密折（PP4609—4618）[3]。

② 密保刘松山、刘铭传、潘鼎新乃继起英才请加拔擢折（PP4619—4620）；

③ 密查彭毓鞠、刘连捷、吴坤修、黄润昌、易良虎、陈湜六人何人可胜方面之任折（PP4621—4625）

④ 天津教案密奏折、片（PP4459—4464）

⑤ 密奏津郡教案非府县之罪请从轻定谳折（PP4502—4515）

流去台湾的密件全部如上，并无任何一件清廷密谕或抄件，后者都集中保存在求阙斋不及携走，构成此次整理的一个重要部分。已被携去台湾的几个密件，也由台湾学生书局全部影印收入《湘乡曾氏文献》，我们将据以移录，无一遗漏地编入岳麓书社正在陆续出版的《曾国藩全集·奏稿》各册的相关段落之中；保存在大陆的密件亦复如此处理。

（三）

曾氏家藏密折、密谕，在时间上大多集中于咸丰末叶到同治十年（1871）前后这十多年间，这是不足为怪的。

第一，曾氏自通籍入翰林，一生从政三十四年，前十四年为京官，其末固也跻身卿贰，然非独当一面并参与中枢机务之员，虽可专折疏议礼

① 见台湾影印本《湘乡曾氏文献》第 2791—2794 页。

② 《应诏陈言疏》论人才，见岳麓书社版《奏稿》第一册 0002 件。

③ 括号内的数码均指台湾影印件《湘乡曾氏文献》的页码，后同。

制、朝仪、政务、刑章，唯无密陈章疏可言，遑论直接承受内廷密谕。

第二，咸丰二年（1852）曾氏奉旨在乡办理团练，只不过一丁忧在籍侍郎，连办团“廷寄”都须经由湘抚张亮基“传旨”，并不直接下达于曾氏；而一切帮办团练、搜查土匪、添船置炮、招募水陆勇营重大事务，亦概归地方督抚领衔出奏，曾国藩在诸如此类奏章中仅居后衔、会衔地位。[①] 咸丰四年（1854）八月率师东出洞庭，为办事方便，也仅由湖南巡抚骆秉章咨送木印一颗，文曰“钦命办理军务前任礼部侍郎关防”，这个“钦命”非唯无实授头衔，且因此前［咸丰四年（1854）四月］靖港之役溃败遭谴，在地方督抚会衔奏章中，实际还得给曾国藩冠上“已革前任礼部侍郎”或“已革侍郎”帽子。不仅此也，无论“（奉命）援鄂援皖，筹备船炮，肃清江面，外间概未明奉谕旨，时有讥议”，木质关防“疑为伪造”，印札文书不见信于地方[②]。咸丰五年（1855）九月底虽有明诏给予曾国藩“兵部右侍郎”，咸丰七年（1857）六月却又“准其先开兵部侍郎之缺，暂行在籍（丁父忧）守制”，头衔仍复一无所有。曾国藩于牢骚之中，尝申称“此后不轻具折奏事”，“前在江西经手未完事件，函致赣抚耆龄代奏”。[③] 到咸丰八年（1858）石达开率太平军横扫江西及浙闽边界，清廷顿感军情形势吃重，尤以浙事孔棘，而和春已不可恃，可资调遣援浙者，唯驻江西之肖启江、张运兰、王开化陆军及杨载福、彭玉麟水师。而肖、张、王、杨、彭皆属楚军，乃曾氏旧部，所带勇丁，唯曾氏可得力调遣，始于咸丰八年（1858）五月二十一日以“服阕”名义敦促出山，由湘抚骆秉章“传旨”畀以“办理浙江军务”空衔，在长沙自刻“前任兵部侍郎”水质关防权宜使用。逮至咸丰九年（1859）、十年（1860），清将德兴阿罢职，周天培死于浦口，胜保丁忧，江北大营有名无实，而太平军陈玉成在皖与捻军联合，威慑皖、豫、赣、鄂诸省；随之江南大营崩溃，清将张国梁阵亡，和春败死，苏常不守，嘉杭危殆，钦差两江总督何桂清

① 后衔也称附衔，在奏章主文之末提到“谨会同前礼部侍郎曾国藩合词具奏”。会衔则在章奏主文开首即写明以上文句。

② 咸丰七年（1857）六月初六日《沥陈办事艰难仍吁恳在籍守制折》，见岳麓书社版 0445 件。

③ 见岳麓书社版 0447 件。

溃逃革职逮讯，“贼势披倡，东南蹂躏，全局糜烂不可收拾”，当时借以支撑清廷危局者，厥唯以曾国藩为中心的一批尚待重新调度的湘军，清政府迫于形势，始一反此前对待曾氏的既使用又冷落的态度，从咸丰十年（1860）旧历四月十九日起，才第一次给这位前侍郎“先行赏加兵部尚书衔，署两江总督”，但仍以张玉良、瑞昌督办江南军务，以钳制曾氏权力。迄两个月以后的六月二十四日，由于军情益形严重，始给曾“实授两江总督，并授为钦差大臣，督办江南军务”，“赏给头品顶戴”。明年（十月十八日）又命“统辖江苏、安徽、江西、浙江四省军务”，“所有四省巡抚提镇以下各官，均归节制”。并给加上一顶“太子少保”官衔桂冠。又谕“都兴阿在江北剿办粤匪，袁甲三在皖北剿办捻匪，凡有紧要军务，着该将军等会商曾国藩办理”。当时直达曾氏手中的上谕有云：“曾国藩既授为钦差大臣，事权归一，责无旁贷，大江南北，均应妥为布置。”综上可见，曾国藩从咸丰二年（1852）奉命“墨绖从戎”起，开始七八年间，始终是个不伦不类、没有实际钦命官衔、连正式印信都不曾颁给的带兵头领，至此［咸丰十年（1860）、十一年（1861）］始事权倾重，煊赫一时，第一次有了朝廷颁发的“两江总督”①“钦差大臣”银质印信关防②，名副其实地“寄以专阃”，从此以至其身殁江宁，也才有专折密陈军国大事和接受清廷指授绝密机宜的资格和权利。由是可知，曾氏家藏密折、密谕的时间，适佐证曾国藩最后二十年仕宦生涯的升沉，也从中得以窥见清廷满汉成见之深，对曾国藩先则心存戒惧，不肯轻假事权，继则迫于大局垂危，岌岌不可终日，而不得不于曾氏“恩命频颁”，顿加倚重与“宠锡”。这种变化既与当日不断变化的军情形势密切相关，也是近代史上移军政大权、封圻阃膺于汉大臣的一个带根本性重大转变的嚆矢。曾国荃叙《湘军记》有云：“夫运之隆替，时也；兵之利钝，势也。时苟未至，则英雄无

---

① 从曾氏家藏奏折底稿每件之末所钤印信，印文不是“两江总督”而是“江南江西总督关防”八字，与通称微有不同。

② 清代御宝、关防、条记皆铸有定式。雍正间始铸钦差大臣关防，如督、抚式，三品以上用；钦差官员关防，如道员式，四品以下用。皆清、汉二种篆文合镌。朝廷有大事，始须钦差大臣关防；一般钦差官员，晚清不复颁关防。见清人吴振棫《养吉斋丛录》卷二十一。

所用其武；势无可乘，则智士卷舌而不能画一谋。”确是有感而发的事实。斯时斯世，风云际会，以书生、行伍而得卓卓“勋名”者，不一而足。布衣得致通显，确亦时势使然，非仅湘乡曾氏一门而已。[①]

（四）

密折、密谕，有以下几个方面的内容：

1. 有关军国机密大事

其中包括对太平军作战，对捻军作战、对苗沛霖练众抚剿，对捻军降将李世忠所部暗中钳制，以及对军情形势的估计和黎民饥啼困苦万状之反映。以上各件折、谕，除密陈、密谕军事机宜外，还如实道出了当时的清军实力和实况。如同治初夏，曾国藩奏报军逼金陵，正图大举。清廷闻讯，除发廷寄饬曾氏在援军未到之前，务必谨慎从事外，五天后（六月初四）又向曾国藩发去（六百里）密谕，指示不可轻易进攻，致遭挫失。因金陵外围之晋陕有北窜捻军，湘军总数不过两万，其中鲍超一军仅止一万，却须敌宁国“二十万之贼”，军力悬虚远甚，陕西有回民起义，汉南有窜入“川匪”，在在牵制清方兵力，左宗棠在浙自顾不暇，如此形势，根本不可遽攻金陵。

再后三个月，即同治元年（1862）八九月间，湘军疾疫大作，死亡枕藉，部伍空虚，已完全失去战斗能力，太平军如得此情报奋起一击，清军（包括湘军）势将一触即溃，全面崩解。当年密件中披露了这十分严重的情况，如八月二十九日曾氏密陈有云：“鲍超营中疾疫大作，勇夫病者万余人，死者日数十人。张运兰、朱品隆、唐义训各军，亦十人而病其六七。曾国荃金陵营中病者已逾万数。左宗棠军中病者尤复过半。每出队不满五成。若有大股恶战，深惧羸卒不足御强寇，中夜萦思，焦灼万状。”同年闰八月又上密折云：“大江南岸各军疾疫盛行，宁国境内最盛，而金陵次之；水师及上海、芜湖各军，亦皆厉疫繁兴，死亡相继。鲍超一军据

---

① 曾国藩、曾国荃、李鸿章、左宗棠、罗泽南、彭玉麟辈皆书生投笔，鲍超、杨载福、李朝斌、欧阳利见、之俦尽起行伍。湘、淮军系中如此类例不一而足。

开单禀报，除幸痊者外，现病者六千六百七十人；其已死者数千人，尚未查得确数。宁国府城内外，（湘军）尸骸狼藉，无人收埋；病者无人侍药；甚至一棚全病，无人炊。军中著名猛将如黄庆、伍华翰皆以病物故，鲍超重病舟送芜湖医治。张运兰一军驻扎太平、旌德诸处，病者尤多，即求一缮禀之书识，送信之役夫，亦难其人。统帅诸员，如张运兰、姚体备、甘泉及水师提督杨岳斌皆染重病。天降大戾，近世罕闻，噩耗频来，心胆俱碎，若贼匪扑犯宁国、旌德、太平，鲍、张二军不特不能出队迎战，并不能坚守城垒；不特不能坚守以待外援，并不能预逃以图再振。若扑犯金陵、徽州，曾国荃等军亦以病者太多，战守全无把握。皖南藩篱一坏，江西内地空虚，毫不足恃；而皖北苗、捻两患交乘，时时可虑。”是年冬间又一密片云：“各军疾疫死亡，卒伍空虚”，乃不得不命鲍超、曾国荃、彭玉麟、周宽世派人回湘急募二万余人为补充。同治元年（1862）入冬以来，因军无战力，“皖北失和、含、曹县，皖南失祁门、石埭、太平，金陵吃紧，江、皖各军皆缺火药”。

面对以上岌岌可危之势，清廷尝一再六百里紧急密谕，饬各军就地坚持，万不可轻进偾事，造成大局决裂。同治元年（1862）九月初一日一件密谕有云：“此时战守均无把握，自属实在情形。进攻金陵，不必急求速效，惟求有以自立，以俟可乘之机。”“疫病不息，甚至炊爨寥寥，深堪忧虑。”“朝廷信任楚军（即湘军），该大臣忠勇至诚，推心置腹，实倚以挽救东南全局。”

又如同治二年（1863）四月二十七日曾氏密陈大江南北军情危迫，各军饷匮兵逃，有云：“苗沛霖叛练围攻寿州已逾一月，城中困守者仅五百人，绝粮已八日。蒋凝学四月十六日自六安援寿，甫抵谢埠，即为群捻所阻。毛有铭自东关援寿，以无饷军行迟滞。成大吉自麻城援寿，亦以饷缺不能成行。今年兵事之迟钝，半由饷需之奇绌。臣部八万余人，益以（皖抚）李续宜部下（湘军）二万人，欠饷多者十五个月，少亦八九个月。昨鲍超自枞阳登岸，苦无途费，部卒逃散一千余人；毛有铭自东关起程，部卒逃散数十百人，……臣带兵九载，全始有饷匮兵逃之事。从前徽（州）宁（国）两防，每月额饷二十万（两），今遂无一毫可恃之饷矣。臣处每月需额饷五十余万（两），入款不过十余万两，不敷甚巨。且唐训方（皖抚、湘军）近驻临淮，李世忠（捻军叛将）近驻滁州，索饷之文，月几数至。”曾国藩十分恐惧、忧虑，在密片中云：“臣夙夜祗惧，恐颠踣立见，而大局之决裂尤可虞也。”“臣在军多年，不敢轻上请饷之奏，盖不欲以危词上烦圣听，又不欲以苦语涣散军心，兹因勇丁逃散，不得不据实密陈。”

咸丰以来，群众对太平军之态度，在密陈中也时有流露，如有件密折即云：“官兵有隆扰之名，贼匪有要结之术，百姓不甚怨贼，不甚惧贼，且有忠心从逆者。”诸如此类，所在多有。

下至同治二年（1863），清军虽处劣势，但形势却有相当变化。大江南北久经兵燹，民无宁处，耕种荒芜，太平军也失去丁、粮援应基础，内部又复分裂，在在掣肘，渐呈衰势，老谋深算的曾国藩通过实地考察和分析，已见出太平天国有覆败之兆。他在同治二年（1863）二月二十七日以“六百里”公文给清廷的一件《密陈巡阅沿江诸军情况及贼情形势》[1] 绝密报告中已有反映。据云：

自池州以下，（长江）两岸难民均避居江心州渚之上，编苇葺茅，棚高三尺，壮者被虏，老幼相携，草根掘尽，则食其所亲之肉，风雨悲啼，死亡枕藉。臣舟过东西梁山等处，难民数万，环跪求食，臣无以应之。二月十五日大胜关江滨失火，茅棚数千，顷刻灰烬，哭声震野，苦无赈恤。他处芦棚丛杂，亦往往一炬万命。徽（州）池（州）宁国等属，黄茅白骨，或竟日不逢一人。

又闻苏、浙之田，多未耕种，群贼无所得食，故一意图窜江西，并窥皖浙。已复之区，平民无所得食，弱者转徙沟壑，黠者则从贼以偷生旦夕，党羽无定数，酋长无定谋，便恐变为流贼，更难收拾。而诸伪王中，如李世贤失金华，杨辅清失宁国，黄文金失芜湖，古隆贤失青阳，刘官方失池州，巢穴虽破，丑类尚多，其意怏怏，不甚服伪天王、忠王之调度，行径亦与流贼相近。

① 见曾氏家藏《谕旨奏章》第十三本第106—108页。

又云：

> 粤匪初兴，粗有条理，颇能禁止奸淫，以安裹胁之众，听民耕种，以安割据之县。民间耕获，与贼各分其半，故取江南数郡之粮运出金柱关，取江北数郡之粮运出裕溪口，并输金陵。（前此）和春等虽合围（金陵）城外，而贼匪仍擅长江之利，挹不绝之源。傍江人民，亦且安之若素。今则民闻贼至，痛憾椎心，男妇逃避，烟火断绝，耕者无颗粒之收，相率废业。贼行无民之境，犹鱼行无水之地；贼居不耕之乡，犹鸟居无木之山，实处必穷之道，安有能久之理。而东南要隘，如安庆、芜湖、庐州、宁国、东西梁山、金柱关、裕溪口及浙之金华、绍兴，此皆山川筋脉必争之地，但求此数处不再失守，终足以制该逆之死命。
>
> 昔年粤贼所至，筑垒如城，掘濠如川，坚深无匹，近亦日就草率。而官军修垒浚濠，今实远甚于昔。贼中群酋受封至九十余王之多，各争雄长，苦乐不均，败不相救。
>
> 臣从军数年，从未敢以贼势稍衰入奏。惟念西北军兴，皇太后皇上焦劳弥甚，故将南中可喜之机，密陈一二，仰慰宸廑。

又如对捻军驰骋皖、鄂、豫、陕、鲁、直，又先后与太平军、苗练、地方义军明结暗合，纵横扫荡，多件密折、密谕吐露清军苦无对策，时时恐惧。曾氏在同治五年（1866）三月二十一日的一件密折有云："捻匪奔突六省，攻剿十年，久成流寇之症，虽人众不及发逆，而马队则数倍过之。""戎马逾万，数倍我军，旷野平原，步不敌骑。""况湘淮各勇骑射非其所长，每战挫衄，难操胜算。""愿我皇上弗轻此敌，明以（明季）流寇为虚。"并指出当年僧格林沁所部元气已尽，强使与捻再战，致有曹南之祸，僧王丧生，宜为教训。

在曾氏家藏《密件录存》中，针对如何处置李世忠和苗沛霖的密件，相对而言较多。李世忠本名李兆寿，是投降过来的捻军叛徒，也是杀害何桂珍的元凶，降、叛无常，先带一万五千名叛军投诚于清将胜保麾下，后归曾国藩节制指挥，虽由清廷授以"钦命帮办军务"，"江南提督"头衔，只不过欲利用其兵力攻打太平军并填补清军江北、淮南防务空虚而权假名义而已，实则对之常怀猜忌，时刻暗中提防，从来不予信任。正为背景如此，从许多密件中证实，清廷与曾国藩对李世忠一直上下其手地采取明一套、暗一套的两面手法。往往处理同一件事情，既发一通包括李世忠本人在内人人可阅的文件，又同时另发一通只有清廷和曾国藩本人相互知悉的密谕和密片，而后者才是清政府及曾国藩的真实意图和处置办法。兹撷最突出的两例：

（1）胜保因贻误军机诸罪名降旨拿办，李世忠出于私恩也由于私利，出面呈请曾国藩代奏朝廷，愿褫职为胜保立功赎罪，引起清廷震怒。同治二年（1863）二月十七日，曾氏同时接到军机处发来的廷寄、密寄各一份，两文虽都为胜保事申斥，但主旨不同，措词缓、厉各异。给曾氏的《密谕》谓因“和含未复，太平军护逆（护王李世贤）又率众渡江，皖北军情严重，剿办亟缺兵力，李世忠阴鸷犷悍，不便激怒”，饬曾国藩相机利用。有云：“李世忠阴鸷性成，越分渎请，若遽绳之以法，重加严谴，是坚其犷悍之性，转与江北军情无益。且昨据都兴阿（督办江北军务、江宁将军）等致军机处函，有（李世忠）现与苗练因盐务构衅械斗之语，是李世忠之不顾大局，已可概见。现在据其所请，自愿立功以赎胜保之罪，即当因机责以立功，惟该大臣相机而驱策之。”“本日已另有寄谕一道，该大臣于奉到后，即酌量宣示李世忠。其未便宣示之意，特再密谕该大臣，以便参观互证。”①

而旨令公开宣示的另一寄谕，则腔调全变，措词缓和，先打曾国藩的官腔，而后对李世忠又勉又责，冀速报效立功。谕旨有云：“曾国藩据李世忠之禀，为胜保乞恩，率行具奏，殊乖体制。现在逆匪（指太平军、下同）纷纷渡江（北进），李世忠受恩优渥，官居专，自当迅速立功，以图报称。”“赏罚出自朝廷，如此（为胜保）渎请，姑念李世忠本系武夫，不深责备，所有李世忠自请革职之处，着加恩改为革职留任，曾国藩可即

---

① 见曾氏家藏《谕旨奏章》第十三本第95页密谕。

转饬该提督，迅将九伏州等处逆匪奋力击剿，不使该逆纷纷旁窜。”[①]

十天之后的三月二十七日，曾国藩给清廷送去一个密片，则谓：“李世忠之心迹，中外皆不敢深信。顷因捆盐沟衅，亲赴五河，虽（江北）浦口、江浦（要隘）失守，尚未闻其回营主持；（又）与都兴阿、杨岳斌（即杨载福）、肖庆衍均有违言，亲匪类而远正人，逞小忿而忘大局，兹值（其）败军失地之际，又奉革职留任之旨（见上引“寄谕”），窃恐其转羞成怒，倒行逆施，则（里下河）盐场疏失，全局愈难支持，此皆可惧之端也。”随之又云：“李世忠虽枭桀猜忌，而其部率颇怀携贰，又不善战，纵或激之生变，亦尚不足深虑。臣始奉将李世忠革职留任之谕，本拟暂不宣示。继思该提督骄恣已久，尾大不掉，急亦有变，缓亦有变，终不能相安无事，即日当宣示（上次）谕旨（耕按：非指密谕）。待李续宜、江忠义（湘）军到，届时或将李世忠失守（浦口、江浦）各城，严参惩究。”

（2）李世忠驻守之傍江九伏、二浦失守，江北防守屏藩尽溃，清军处于不利地位，李世忠热衷于争夺盐利而械斗于洪泽湖，弃二浦江防要隘如敝屣，情节本极严重，按军律早该拿解法办。可是李世忠当时已拥有基本上是自筹饷源的数万部众，在江北举足轻重，清廷对之无可如何。太平军北渡后，清廷多次密谕曾国藩密切注视李世忠部众动向，担心与太平军暗中勾结。而李世忠也自知历次渎请、械斗，特别是丢失城池责任重大，也有意禀请曾国藩代奏自求革职永远离营，并信誓旦旦决不滋事，以觇清廷态度。曾国藩一眼识透此非诚意，一面向朝廷照转原禀，一面随折附去密片，提出见解、主张。曾国藩《密陈李世忠失守数城别作处置片》（同治二年三月十二日）云：“应请毋庸革职，仍准留营，但撤去帮办军务名目，以示薄惩；并明降谕旨，奖其前功，怜其力竭，责令坚守滁（州）六（安）等处，俾怨归于微臣而恩出于主上，彼必感激图报，不致遽怀疑二。”[②] 清廷也确如法炮制，一面发明谕安抚李世忠，一面再次密谕曾国藩从速调集湘军，准备一举解除李世忠的兵柄与实力。诸此阴谋内情，只有

① 曾氏家藏《谕旨奏章》第十三本第96—97页，廷寄。
② 曾氏家藏《谕旨奏章》第十三本第150—151页，密片。

从曾氏家藏文献的密件中，始获见其全部真相。

下至同治三年（1864）正月到三月，李世忠被迫交出驻守五城并奉旨遣散、截留部众，清廷与曾国藩之间还有过四个密件往返，密谕是指受接收机宜，并多次诫谕防变；而曾氏上达的密折密片，则多属汇报与李世忠往返函商接收步骤与接收实况及如何派人接防、管带留营等情况。

咸同之交在皖北踞地自雄的苗沛霖所部练众，叛服无常，也是清政府一大心腹巨患。胜保辈主抚，而多数人主剿。曾国藩湘军体系的大员是主剿最力的一方。不仅清方主抚主剿之间互有龃龉，苗沛霖对湘军也一直采取对立立场，乃至公开捆杀湘勇，拦截粮饷。清政府则表面抚剿兼施，而实则着重于剿。在曾氏家藏文献的密件中，关于抚、剿苗练的上行下达文书十多件，从中得见将“制苗翦苗”的重任是交付曾国藩承担的。同治元年（1862）正月十二日，清廷发交曾氏一道密谕，指出当时苗练虽无据城以叛之迹，唯“将来僧格林沁一移他处，则寿（州）正（阳关）一方苗练无所钤束，势必又生枝节。该大臣等总宜预为之所，设法散其党羽，使日后不能再有反侧”。随之曾国藩也向清廷送上密折，力陈苗练万不可恃，列举其种种劣迹，并申称他“所部兵勇制发逆则不足，制苗练则有余”。到同治二年（1863）春，苗练叛迹复著，势益鸱张，皖境兵力空虚，皖抚唐训方所辖兵力不足镇压，清廷特又密谕曾国藩“先事筹维，妥为布置”，通饬诸军合力会剿。往下多起密件，概属此类绝密军事机宜。

从密件中，还可见出同治初，曾国藩已深得清廷倚重。同治元年（1862）三月二十九日一件绝密寄谕云：“淮南百数里间，统兵大员较多，事权不一，胜保刚愎骄恣，袁甲三畏怯推诿，苗沛霖、李世忠未能妥善驾驭。”指授曾国藩密商皖抚（湘军将领）李续宜，妥筹暗中利用诸统兵大员。“如胜保有意掣肘，贻误军务，着曾国藩据实密陈，毋避嫌怨。”并在此密谕末尾申明：

> 惟此事关系重大，设军中或有传播，则统兵人员彼此各存意见，转于军务有碍。着该大臣严密存记，勿令营中知之，是为至要。

此外，从迭次密件中得见虚报军情，在当时清方军营中已成上下风气。早期陈启迈督江军固已如此。湘勇中李元度率勇出征亦复如此，历遭曾氏参劾及清廷斥革。曾氏乃至疾呼："自军兴以来，各路奏报，饰胜讳败，多有不实不尽之处。此风不改，则朝廷不得知外间之虚实安危，深可虑也。"下至咸同间，此风愈炽，清军若干营官乃至"通贼"、营官残害百姓、抢掠民财而虚报"与贼接仗获胜"。曾氏在同治五年（1866）三月二十一日的一件密陈中向清廷报告，"欲求众心之儆惧，先戒奏报之虚浮。奏报之于军情，关系最重"。朝廷不察，常至黑白颠倒，"巧伪偾事者得志，劳苦多功者寒心"。且举当时剿捻实例，谓"近日各路奏报颇多粉饰，河南、湖北两省尤甚。河南今春屡报胜仗，查询实无战事；湖北报正月二十八日鄂军会同铭军（淮勇）攻克黄陂。查询是日午刻刘铭传率师克城追贼，并未见别有鄂军一兵来会。今铭军、鄂军朝廷均准开单请奖，有功者与虚报者毫无区别"。

2. 有关内部重大人事问题

主要是对"通贼""谋叛""降贼"或虐民之文武官吏查考。这有两个方面，一是清廷密谕曾国藩查实复奏，二是曾氏主动用密折奏参。

前者如陈国瑞是否谋叛案，湘军都司王元昌"通贼"案，萧盛远巧猾把持、谋军偾事案，以及据奏江南军务吏治废弛、饬查办所参各员案等。关于湘军王元昌案，密谕曾氏"查拿提讯，如确有其事，即着立正军法，并严究党羽，以绝根株"。对于陈国瑞是否谋叛，清廷持疑，饬曾氏查复密奏。结果谋叛虽无实据，而劣迹多端。萧盛远乃一湖北书办，随和春自广西而江南大营办理文案，亟得亲信，"军中奏咨公牍，出其一手"。在庐州"有和春与巡抚汇保之员，萧盛远私自删去，逮至金陵，此风尤盛"。各营应保者，开单多有泯没，未保者又多混入。江南将领如王浚、张玉良、李定太皆与交结。"均无卓著战功，迭膺保选。"此人经曾氏查证后革职发往新疆，由此已可见出清廷军营幕僚作弊之黑暗。

在密奏中，有件人事参奏片引人注意，那就是同治元年（1862）五月十七日曾国藩向清廷"密陈参劾陈由立、郑魁士、李元度三将缘由"片[①]。

① 新编本第四册第2245—2247页。

陈、郑、李三人都是湘军曾国藩或鲍超麾下部将，三人都是在去从上弃此投彼，不经许可，即弃湘营远扬飏，别寻出路，大干军令、军纪，先后由清廷循曾氏之请，予以革职。可是在事隔六年多以后，曾国藩却亲笔在此件“密参片”之后批注如下一段话：

此片不应说及李元度，尤不应以李与郑并论。李为余患难之交，虽治军无效，而不失为贤者。此吾之大错。后人见者不可抄，尤不可刻，无重吾过。（同治）七年八月国藩批。

还有引人注目的浙江藩司林福祥等军政大员“降贼”案。在曾氏家藏文献中，此案有同治元年（1862）三月十三日曾国藩查实密折一件，同年五月二十六日及六月初十日清廷“饬查拿林福祥五人严讯奏闻”和“查访案犯迅解军营严办”密谕二件，同治元年（1862）六月二十二日曾国藩“请将林福祥等交由左宗棠讯明正法”密片一件。在四个密件中，除一件密折底稿已由曾约农携去台湾、现已据以影印移录外，其余三件都在曾氏湘乡旧居中见到。咸丰十一年（1861）十一月二十八日太平军忠王李秀成率部攻克浙江省会杭州，清军大溃，驻杭军政大员除死者逃者以外，全部投降并受优待放还。林福祥等谎称城破力战逃归，被曾国藩、吴煦等访实后密折奏报。这个密折能具体看出：① 清方守浙文武官员兵勇全无斗志，一触即溃，或死或逃或降；② 太平军及忠王李秀成当时执行了一项优待和争取俘虏、降官的正确政策，对比清方对太平军被俘人员枭首、绞杀、剐目、肢解诸残酷手段截然不同。兹节录曾氏密折数节，以飨同好与读者。密折云：

本（同治元）年正月以后，杭城被难士民陆续逃出到沪，皆云逆匪入城，兵、勇溃散。除将军瑞昌、巡抚王有龄殉难外，尚有学政张锡庚、副都统杰纯、总兵文瑞、署藩司麟趾、运司焕文、候补道胡元博均已尽节捐躯。伪忠王李逆占据抚署，将藩署作为招贤馆，（清方）大小官员均准投入，或绶以伪职，相待甚优；或给以护照，听其自便。

藩司（浙江布政使）林福祥已降贼为伪官；织造恒起、署杭嘉湖道刘齐昂、已革总兵米兴朝均在招贤馆中；臬司（浙江按察使）、粮道以下各官，尚未知其下落。闻李逆（忠王）寻觅殉难各官尸身，备棺盛殓送出。

林福祥从贼后，（忠王）李逆发令箭提其家眷送还，其妻已被他贼所杀，一女自刎。

又闻贼至海宁州，防军纷纷从贼；督防副将张威邦亦在贼中等情。

密折又云：

又密为访查，“当经饬据兼署苏藩司苏松大道吴煦，查得该司（林福祥）等乘坐船只到沪，即皆开去，仅有（织造）恒起所坐一船。传讯船户陈阿二，据供：（该船）系在西塘被贼封捉，装载恒起父子及随从五人，与林福祥等共计七船，一同来沪，亲见林福祥两次至伪将军徐姓贼营赴席。杭州同来之船大小共有五十六只，载来四五十人，内妇女大小四口，并尸棺五具。又有（由杭州）护送至西塘之长毛枪兵二百多人，仍坐原船回去。林福祥等在西塘剃发而行，闻徐逆送给银二百两等语。

密折又云：

旋有参将郭太平等解送临阵投出之被虏杭州驻防骑兵三名，臣（曾国藩）亲加讯诘，据顺能、文刚二名供：系上年十一月二十八日被虏带至常熟；关玉一名供：系十二月初一日被虏带至苏州。又据同供：二十八日杭城九门失守，官军或降或逃，并无带兵大员与贼巷战，亦无一人投入旗营。十二月初一日被贼攻破营城，未见外城有官员带兵助剿，将军瑞昌与副都统杰纯、江苏粮道赫特纳特等皆战殁。

密折又云：

又有浙江候补主簿裘云章自贼中逃来，即经吴煦传问。据禀在浙时，本系藩司林福祥随营委员，贼匪破城之前数日，（浙抚）王有龄给与林福祥印札，令其临急出城收集溃兵。其时林福祥部下弁勇，先有缒城出入者，及城破后，林福祥本欲携眷出城，至（杭州）武林门被贼拦阻，家眷失散。林福祥取出有字黄绸一幅与贼验视，口称投降。贼目陈永馥带去见伪忠王李秀成，看待颇好，令与伪主将邓光明同居藩署。又将织造恒起父子、署杭嘉湖道刘齐昂取至一处。给总兵米兴潮银数十两，即行放出。林福祥求李逆（忠王）查取眷属放还，李逆即发伪令，查在伪主将谭逆处，其妻已被杀，长女自刎，仅取到子女数人。既而李逆觅得（浙抚）王有龄尸身，招林福祥认明，即令备棺收殓。邓逆（光明）行文恒起，欲令整理关税。恒起复以须得关书郭姓方能办事，邓逆即于各贼馆中寻得郭书办交至恒起处。

李逆于十二月中旬回苏（州），正月中旬由苏寄信至杭，并有护照，令林福祥送王有龄（张锡庚、文瑞及伊妻、女）等灵柩（五具）出城。林福祥求邓逆准将恒起、刘齐昂带出，于十五日至杭起程，带同大小武官五六人，文官只带知州汪廷枢一人。邓逆（光明）设席演戏饯行，并致送盘费洋银一千元，银五百两，钱二百五十串；又开账单托买洋枪、洋炮、洋火药等物，并未交有银钱。邓逆并令其子带贼兵二百人护送至嘉善县西塘，另行雇船到上海。以上情节因（裘云章）亦陷贼中，均系目睹等语。臣（曾国藩）即传该员面询，复据禀述如前。查与旗兵顺能等及船户陈阿二所供略同。

二是有关重大人事问题交付密查奏复或曾氏对一些人密保密参和评骘。如江西藩司张集馨奉命督同九江道会办英、法、美在九江开埠通商事宜，咸丰十年（1860）三月中旬湖北广济、黄梅告警，张闻讯先遁，经庐山自鹿洞回抵南昌，英法以督办先撤情况照会奕䜣，清廷命曾国藩密查申复。时曾国藩湘系楚军因迫解江西丁漕、厘金、捐饷济军，江西计无所出，巡抚毓科、布政使张集馨与曾氏几近决裂，张集馨乃至痛詈曾氏“直是玩视民瘼。平昔尚以理学自负，试问读圣贤书，有如是之横征暴敛，掊克民生、剥削元气者乎”[1]？朝廷饬查九江案密旨一到，曾氏立即专折密

① 见杜春和等据北大所藏手抄本整理之《道咸宦海见闻录》第309页。

参，斥张集馨“畏葸无能，难资表率”，因而革职。[①]

又如有件清廷密谕，根据别人多次奏参严树森“胆怯见偏、量狭、性愎，在鄂闻警潜逃，抚豫一筹莫展，不谙军务，不协舆情，不宜出任湖北巡抚”，着曾氏“据实复陈，毋稍循隐”。又如同治元年（1864）三月，特密谕据实密陈胜保情况。又如同治元年（1862）闰八月二十五日一道密谕，饬曾氏查复帮办军务，水师总兵黄彬纵部虐民，诬良为贼情事，指出咸丰十一年（1861）六月间，黄之部将“游击郭定猷带兵在刘河地面虏劫商船，杀害良民数百人，瓜分资财十余万，捏禀剿贼大胜，由黄彬入奏请奖”及运米济贼（太平军）诸情。[②]

对于评骘人物，除例行的年终密考单外，最要者如同治四年（1865）三月十五日湘军将领鲍超在江西奉命率部出征新疆，曾国藩在《密陈鲍超不宜遽征关外片》，一面肯定其历年征战功绩，而主旨却在评判鲍超非适当人选，遣词严厉，谓其“性颇嗜利，部下将弁相习成风，往往搜取降人财物、刻扣勇丁口粮而莫之禁。臣时加规戒，乃以统军太多，良莠杂出，骤难整顿营规”“赴甘各营暂扎江省城河以西，因索饷鼓噪，几至激成事变”“新疆大漠苦寒，……虽有名将深得军心，平日信之如金石，爱之如父兄者，至塞外亦恐携贰思归，况鲍超威严有余，恩信不足，本不甚孚于部曲，倘出关后离怨溃散，必见轻于回众”。又谓其“谋短识浅，众心不固，实非独当一面之才”，深惧“出塞偾事”。又同治三年（1864）八月十三日密陈历年屈抑人才私衷抱疚上闻片，突出李元度、江忠源、何桂珍、刘腾鸿、毕金科五人功过，奏请保荐、加恩。

3. 关于夷务处理

在曾国藩家藏文献的密件中，涉及夷务处理的有数十件。其中少数件是关于已定约各国即届期满换约，清廷督责滨海沿江通商口岸地方大臣“备抒所见，以期共理而济时艰”的密谕，以及曾国藩遵旨密陈意见的密折、片外，相对而言，数量较多的是“借夷助剿”“购买外洋船炮”两

① 见岳麓书社出版新整理本奏稿第三册 0785、0786 件。

② 见原稿第十五本下部第 238 页。

项。这种内容的密件又以自咸丰十年（1860）以迄同治三年（1864）这段时期为集中。另有关天津教案的数件。

清廷对夷务处理极为慎密。其对洋人既想依赖又呈恐惧的软弱无能状态，从密件中时有流露。

同治七年（1868）八月三十日密谕云：

西洋各国自入内地以来，办理诸多棘手。凡遇中外交涉事件，有关大局者，自宜慎密将事，不得稍有泄露。奕䜣密奏抄件中谓："（总理各国事务）衙门自办理洋务以来，凡有应行事件均由臣等亲自缮写与具奏……若不京外一律慎密，我未谋定，彼亦预防，恐转肆其诡谋，为先发制人之计，种种衅隙，从此而生。所谓机宜不密则害成，其患有不堪设想者。"

咸丰十年（1860）九月三十日密谕：

夷人送到刊刻条约通行各省，请钤用钦差关防，若不钤印，恐为借口，业已照办。……其条约中所载多有滞碍之处，朕恐荼毒生灵，不得不保全大局，俯从所请。既经通行各省，势难再有变更，全在各省封疆大吏设法羁縻。……如该酋等在各省请议详细章程，仍可于权宜之中寓限制之意，总期不至贻患无穷，庶可相安于永久。

又同治六年（1867）九月十五日密谕：

咸丰十年换约后，原因中国财力不足，不得不勉事羁縻，因各国诡谋谲计，百出尝试，尤属防不胜防。奕䜣密折中云："溯自道光二十年以后，办理夷务一次不如一次。迨至咸丰十年，战守两穷，于无可如何之中，为万不得已之举，参稽众论，维持大局，定议与各国互换条约。其时事在仓卒，更无别策可为国家立纾祸患，仅恃有此聊作羁縻，岂能毖后惩前，从容驳正，……比来各国骎骎乎于条约外多方要索。……

自古中国与外国联和，从无善策。况今日外国逼近处于中国都城，而又滨海沿江要害之节节盘踞，实为创局。此时兵力财力两有不逮，早经外国人暗中觑破，……此等情形，又与咸丰十年迥异，……预料各国必来争执之请觐、遣使、电线、铁路，以及内地设行栈，内河驶轮船，并运盐、挖煤、开拓传教等节。……

曾国藩同治元年（1862）十一月十五日密陈等件反映其态度，谓：

臣（曾国藩）愚以为与外国交际，最重信义，尤贵果决。我所不可行者，片言立定，断不宜若吐若茹，稍涉犹豫之象，启彼狡辩之端。……军兴以来，中国之民久已痛深水火，加以三口、五口通商，长江通商，生计日蹙，小民困苦无告，迫于倒悬，今若听洋人行盐，则场商运贩之生路穷矣；听洋人设栈，则行店囤积之生路穷矣；听小轮船入内河，则大小舟航水手柁工之生路穷矣；听其创办电线、铁路，则车、驴、任辇、旅店、脚夫之生路穷矣。就彼所要求各事言之，惟挖煤一事，借外国开挖之器，兴中国永远之利，似尚可试办。

又密折云：

中国之王大臣为中国百姓请命，不患无词置辩，甚至因此而致决裂。而我以救民生而动兵，并非争虚仪而开衅。上可以对天地列圣，下可以对薄海苍生，中无所惧，后无可悔也。

在今日中国多事，洋人方张，我不能因曲徇和议而不顾内地生民之困，即异日中国全盛，洋人衰弱，我亦但求保我黎民而别无耀兵海外之心。

曾国藩对“借夷助剿”的态度则认为“有害无利”，主张或“婉言谢之”或“缓其师期”。

咸丰十年（1860）十一月初八日密折云：

亦可奖而允之，许其来助，示以和好而无猜、缓其师期、明非有急而来救。自古外夷之助中国，成功之后，每多意外要求。彼时操纵失宜，或致别开嫌隙。

同治元年（1862）正月二十二日密折云：

臣（曾国藩）之愚见，借洋兵以助守上海，共保华洋之人财则可（上海系通商码头），借洋兵以助剿苏州，代复中国之疆土，则不可。……我中国当以情理阻之，婉言谢之。

申言“中国用兵，自有次第”。

又：

兹复钦奉谕旨（同治元年五月十七日），谓英（驻沪）领吉必勋及自嘉定、青浦退沪之华尔声称，有另调印度兵来，秋间大举之说，饬臣会商（左、李）妥议。

顷据左函复云：

青浦、嘉定二处发逆麇至，夷兵遽遁。夷人之畏长毛，亦与我同。委而去之，真情毕露，断无起印度之兵，助剿此贼之事。岛人借助剿为图利之计，借起（印度）兵为解嘲之词耳。

李函复云：洋人何伯来营会晤，并无调印度兵之语。

臣（曾氏）以为似宜由总理衙门与驻公使查询确实，然后申大义以谢之，陈利害以劝之。

中国之寇盗，其初本中国之赤子。中国之精兵，自足以平中国之小丑。姑无论本年春夏连克二十余城，长江上下肃清三千余里，发逆无能久之理，吴越有可复之机。即使事机未顺，贼焰未衰，而中华之难，中华当之。在皇上有自强之道，不因艰虞而求助于海邦；在臣等有当尽之职，岂轻借外兵而贻讥于后世，此所谓申大义以谢之也。

至于（奉旨）设法防范，殊乏良策，……（对洋人）若推诚相与又恐其包藏祸心，观于汉口焚船等案，片言不合，戎事立兴。嫌衅一开，全局瓦裂。臣始终不愿与之会剿者，盖亦筹之至熟，与其合而复离，不若量而后入。

经曾国藩议奏，清廷有密谕云：

> 王大臣虑及，外国兵入内地攻剿，不特得一处代守一处，足为中国腹心之患；即得一处焚毁一处，如嘉定、青浦二城，亦实为地方疮痍之灾。东南蹂躏不堪，何可再受外兵之扰？故“借兵助剿议，迭经曾国藩等先后复奏，佥称有害无利”。（同治元年五月二十九日廷寄）

曾氏还认为：“驭夷之道，贵识夷情。”

当俄国照会已派总管东洋提督颇颇福带兵船来中国助剿时，清廷密谕云：

> 借兵助剿一事难免流弊。惟英国现在上海助守；法国复派员赴宁波设防。俄国前于王家寺等处，亦曾帮同出力，兹该国复派武员前来助剿，过为拒绝，则该国必以英、法借口，转疑中国有轻视彼族之心。且外国人性情坚执，万一因我不允，彼竟自行带兵前去，转多未便。应即俯如所请，准其带兵前来助剿。

清廷畏惧洋人，懦弱无能之丑态，已跃然纸上。

又密谕云：

> 夷性贪婪，一经允许借兵助剿，必至索请多端，经费任其开销，地方被其蹂躏。并于英酋威妥玛来见，与之谈论终日。该酋已吐实语，谓剿贼本中国应办之事。若借助他人，不占地方，于彼何益？非独俄、法克复城池不肯让出，即英国得之亦不敢谓必不据为己有。因举该夷攻夺印度之事为证。借夷剿贼，流弊滋多。……

清廷当日虽已知“借夷助剿，流弊滋多”，然迫于形势，却不得不“俯如所请”。

关于“购买外洋船炮”，曾国藩在多件密折中陈述如后：

> 购成之后，访募覃思之士，智巧之匠，始而演习，继而试造，不过一二年，火轮船必为中外官民通行之物，可以剿发逆，可以助远略。
>
> 惟期内地军民，知者尽心，勇者尽力，无不能制之器，无不能演

之技，庶几渐摩奋兴。

所购外洋船上的安排，曾氏密陈：

每船酌留外洋三四人，令其司柁、司火，其余即酌用楚勇。所有学习驾驶，司放炮位等事，应请即由蔡国祥于所部弁勇中预为派定，……始以洋人教华人，继以华人教华人。既不患教导之不敷，又不患心志之不齐。

倘蔡国祥经营之后，由楚勇而参用浙勇，参用闽、粤之人，由上海而渐至宁波，渐至山东、天津，亦未必终不可出洋巡哨，观政海邦。（咸丰十一年七月十八日密折）

如前所述，从密件中，可以了解诸多事件的真实情况以及清廷和曾国藩本人对当代诸此事务的真实态度和真实主张与办法。

1986年写于长沙寓所千佛林

《曾国藩全集·奏稿》编校说明

一、《曾国藩全集·奏稿》（以下简称《奏稿》）除收录曾国藩生平奏章（包括单衔、会衔、后衔会奏折片）外，同时收录朝廷发交曾氏的有关谕旨和录有这些谕旨的咨、札及其附件。

二、此次整理，以湖南图书馆提供的湘乡曾氏八本堂（富厚堂）旧藏曾氏奏章原始底稿（每件均盖有曾氏各个不同时期的关防印信和会衔人的关防印信，及曾氏本人和会衔人亲笔签“奏”、签“行”）一万二千余页（每页三百余字至六百余字不等）作为工作底本。底本缺佚之件，则从曾氏家藏手抄本《会奏折稿》《奏章补钞》《后衔会奏稿》中补入；个别件取自同治十二年（1873）无锡薛福成编《曾文正公奏议》及其续编和台湾学生书局1965年影印本《湘乡曾氏文献》奏疏部分。工作底本以外的补入各件，均在页下用脚注注明出处。

三、《奏稿》附录的有关谕旨、咨、札及附件，概据曾氏家藏诸抄本整理。

四、《奏稿》曾参校湘乡曾氏旧藏手抄本《谕旨奏章汇钞》及光绪二年（1876）湖南传忠书局刻本《曾文正公奏议》，并向中国第一历史档案馆查对有关档案。

五、奏折、奏片一律按时间顺序编次；谕旨及录有谕旨之咨文、札文则按其内容分别归附于各有关折、片之后；如遇没有原折片可供归附的谕旨、咨、札，则编于相关段落之中，一概从事不从时。奏章、咨、札以发出日期为准，录存谕旨以兵部火票递到日期为准。原件无准确收到或发出日期可查者从缺，在页下脚注中说明。书眉所标日期，系从曾氏奏稿、片，不从附件。谕旨按其内容、性质分别标明“廷寄”“明谕”“密谕”“传谕”，因系曾氏录存备查，故称“附录”；咨、札系曾氏本人发于平行同僚和下属，故称“附咨文”“附札文”。

六、原件末尾如有“朱批”或军机处、内阁简短附咨，仍按原件形式录于该件之末。遇有曾国藩本人批注，也照录于后。

七、奏章咨札和军机、内阁下达的谕旨，无论原稿及抄件，对平行以上对象均只书姓而将名空缺。此次整理，凡遇名字空缺处，均逐件查明添补，不加说明。

八、为保存文献本来面目，原件、抄件凡有倒讹衍脱之处一仍其旧，而于其后加方括号标出正字或作简单说明，有的说明则以脚注形式置于页末。原稿缺字用△表示，漶漫难以辨识之字用□表示。

九、异体字改用通行字（专名不改），通假字一般不改。所有表示尊称的抬头、空格取消，表示谦称卑称的小号字改用和正文相同的字体。

十、奏稿、谕旨、咨、札均按件编号。各册后附有人名索引和内容主题索引，索引中的数码字系件号。

十一、《奏稿》整理组以湘潭大学韩长耕、廖海廷、罗镇岳、唐增烈、荀昌荣、成晓军、唐兆梅、程亚男组成。韩长耕任组长并负责审订定稿，唐增烈、唐兆梅、成晓军任学术事务工作。

湘潭大学顾问左维、中央民族学院教授王钟翰担任顾问，并帮助解决原稿中满文及满文汉译问题。

1986年初稿于湘潭大学北山

关于李自成归宿的若干问题

一、讨论的回顾和意义

在中国农民运动史上，明末李自成及其大顺军的起义反明和抗清，是一次时间最长、规模最大、意义深远、影响广阔并具有自身鲜明特点的重大事件。在时间上，它跨越明末清初两个王朝，从明崇祯三年（1630）李自成投身起义，到清康熙三年（1664）大顺军李来亨在川鄂边区茅麓山兵败壮烈自焚，共达三十五年。在三十五年中，这支农民起义军的烽火，席卷了当时中国的绝大部分地区（秦、陇、宁、晋、豫、冀、鲁、川、鄂、湘、赣、粤、桂、黔诸地区）。在中国封建社会的无数次农民起义战争中，它是唯一不利用宗教迷信相号召，而自始至终有明确的政治斗争纲领的一次大起义。即从反封建剥削压迫的反明朝封建统治者的斗争（前十五年），适时地转变为以“联明抗清”为宗旨的民族斗争（后二十年）。前一个阶段的斗争是成功的；后一个阶段的民族斗争却错综复杂。大顺军的抗清斗争，反复地争取了明朝遗胤、遗臣和除入侵的满族封建统治阶级以外的各族各阶层人民，展开了长达二十年的激烈斗争。顺治十八年（1661）南明政权灭亡之后三年，以大顺军为主力和中心的在夔东（西山）十三家兵（郝摇旗、刘体纯、刘汝魁、袁宗第、王进才、李来亨等）仍在川鄂湘边区坚持孤军抗清。最后虽不免在数十万清兵三路围攻下终遭镇压，李自成的直系部队李来亨、刘体纯等，却无一兵一将于清人的利诱与暴力之前屈节投降。其精神、其行动、其志节、其死事之惨烈，可谓惊天地而动鬼神，确乎是可歌可泣的。

亲手创建并直接领导和影响这支农民起义军的领袖是李自成。可是对于这样一位历史人物结局或归宿，也即他的死地、终年问题，由于众多的记载歧互错见，人各异词，自清初以迄现在，三百多年来，始终是一个没有解决的悬案。

1955 年，有位学者在解答一封通山群众根据民间传说的来信时提出李自成在顺治二年乙酉（1645）五月全军溃败，单身率二十骑“野掠觅食”，死于湖北通山九宫山乡团程九伯之手。此说刚一见报，立即有人撰文提出异议，但未被采用和重视[①]，更未展开广泛深入的讨论。从此，“通山说”似成“定论”，三十年来，一些报刊、教科书、工具书，大多随之“人云亦云”。这就在广大群众之中，有意无意地造成许多错觉。

1980 年前后，随着石门出土许多文物和石门、慈利、大庸、临澧、澧县民间广泛流传的口碑，结合大量文献、文物和史实研究，许多同志又纷纷撰文发表，一方面否定“李自成死于通山”，一方面又认定清人何璘所述康熙十三年（1674）病死于湖南石门夹山灵泉寺的奉天玉和尚就是李自成之说，不仅可能，而且可信。八年来，在全国范围内引起了文学、史学、电影、戏剧、文物、新闻、出版界的许多专家、学者，就李自成的死事问题，在几十家报纸杂志上展开了广泛深入的热烈讨论和报道。二十世纪八十年代新出的工具书和专著，如《社会科学辞典》、杨殿询《历史年谱总录、续录》、王兴亚《李自成史事研究》等，也已将李自成之死改为夹山、通山两说并存。

目前，夹山说和通山说的讨论还在继续进行。这次讨论是卓具成效和深有意义的。

第一，对这个重大历史事件及其有关史事的探讨，无论广度和深度，都比以往大大地向前推进和深刻得多，卷入讨论的方面和参与的人数也是

---

① 申悦庐《大顺军领袖李自成被害问题存疑》，作者已故。此文在三十年后始在《湖南师大学报》1985 年第 5 期发表。

前所未有的。通过各方面的亟力搜罗和整理，发掘出来大量有价值的文献（包括方志）材料和文物，澄清了许多历史事实，为进一步展开探讨并从中得出符合客观历史实际的结论，打下了坚实的基础。

第二，澄清了长期以来造成的历史混乱。过去一些并不专门研究明末这段历史的文史学者以及大、中、小学教科书和工具书的编者，特别是广大群众，由于受 1955 年“通山说”的影响，一谈到李自成，就多以顺治二年（1645）败死通山为结束。通过这次讨论，许多求实和求是的同志明白了，败死通山说既无任何文物材料根据，也无任何经得起核实和推敲的文献根据。通山说据以立论的资料是有问题的，不仅有理解上的错误，甚至还有被人伪造杜撰出来的假材料。

第三，人们也从讨论中清楚：李自成及其大顺军，在顺治二年（1645）以后，还有数十万人马驰骋于湘、鄂、川、黔、桂诸地区，一方面联合、团结南明唐王、桂王两代政权并平衡其内部矛盾以抗清，一方面以重兵经营川、鄂、湘毗连的三角地带，拥有北起房、竹，南到巫、巴，西至万县天生城，东达施州卫和湖南石、慈、永山区以及湖北兴山（包括现今神农架在内）[①] 广大地区的根据地，成为当时最强大的一支抗清力量，这不仅有利于澄清历史的本来面目，不再被清初官方“诳报图功、查无实据”的谎言牵着鼻子走，也便于人们全面、完整、公正地评价李自成及其大顺军，从这些充满爱国主义、民族主义、自我牺牲精神的高大形象上吸取力量，教育人民。这就是讨论这个重大历史事件的现实意义所在。

二、从文献和文物分析，李自成败死通山九宫山说不可信

1956 年到现在，持顺治二年（1645）李自成溃走通山说的同志，可凭借立论的文献，仅仅就是阿济格、何腾蛟的两个官方报告，张玉书所撰《纪灭闯献二贼事》、《康熙通山县志》、《程氏宗谱》和 1958 年突然出现的《甲申弋闯志》抄件。除此之外，别无所有。通山说者所持的这些文

① 见张允炘《湖北通志》卷八十九、《康熙巫山县志》、《石门县志》、《慈利县志》、《永定乡土志》、《荒书》、《蜀碧》。

献，局外人乍看极易为之迷惑，似乎立论坚实有力，确有所据。然而逐一查出原件覆按，则立即发现所述都是经不起核实和认真分析的。他们在引用这些文献过程中，或者只述其一而隐瞒其二；或者张冠李戴，曲为之词；或者全出今人伪造，这都是严重违背马克思主义历史科学实事求是原则的，现在分别简要揭破如次。

阿济格是清朝的和硕英亲王、靖远大将军、摄政王多尔衮的兄弟；何腾蛟则是南明的湖广总督。他们在顺治二年（1645）闰六月甲申（初四）和顺治三年（1646）分别向清顺治帝和南明唐王所上的奏疏，说李自成死在九宫山，都是来自无可验信的传闻。那是两个乘局势混乱又无从查实之机，向朝廷谎报图功的奏报。人所周知，阿济格的报告不实，当即被清廷追查，阿济格不得不老实补报："贼兵尽力穷窜入九宫山，随于山中遍索自成不得。又四出搜缉，有降卒及被擒贼兵言自成窜走时，携随身步卒二十人，为村民所困，不能脱，遂自缢死。因遣素识自成者往验其尸，尸朽莫辨。或存或亡，俟就彼再行察访。"[①] 清廷又云："闻自成逃遁，现在江西。"[②] 虽然阿济格在这里对"李自成身死是真"已立即自作否定，但他此前谎报"流贼已灭，李自成已死，贼兵尽皆剿除"[③]，曾由清廷迫不及待地降旨宣示中外并祭告天地、太庙。后谎报被揭露，搞得狼狈不堪，因而引起清廷和摄政王极大的震怒，多次对阿济格进行斥责，并明谕给予相当严厉的惩处。《清世祖（顺治帝）实录》卷十九，《钦定宗室王公功绩表传》卷三等内档中还录有阿济格因此受到处分的上谕全文，云："英亲王阿济格秉心不纯，往追流贼，诳报已死，又擅自沿边索马，且向巡抚嘱托公事，过迹昭著。虽前此亦有微功，究实不足以抵其罪，黜爵实由自取。至其子孙，前俱降为庶人，削其宗籍。"阿济格的亲王头衔被摘掉，连同子孙也从皇室宗籍中开除，一律降为平民百姓。如此严重的处分，在顺治初年是并不多见的。而获罪的头一条最大的罪状即是"诳报（李自成）已死（九宫山）"。至沿边索马，嘱托公事，乃当时满、汉官僚的通病，那

① 《清世祖实录》卷十八。
② 《清世祖实录》卷十九。
③ 《清世祖实录》卷十九。

是无足轻重的。

在国外（朝鲜）官方档案文献中，也有与上述史实互为佐证的记载。清兵入关以前，朝鲜即臣属这个满族政权，且往来关系密切。在《朝鲜李朝实录》中，曾记有顺治二年（1645）闰六月，清朝中央派去朝鲜的使节郑命寿同朝鲜国王的一段对话。朝鲜国王问郑："侧闻南京已克?"（耕按：指清兵同年五月辛卯攻入南京，南明福王政权垮台）郑答："荷天之佑，已克南京，流贼又为八王（耕按：即阿济格）所逐，李自成变服而逃矣。"[①] 郑命寿这个满人不是一般人，而是摄政王多尔衮的左右亲信。顺治帝福临当时还是个未成年的娃娃，清政府中央大权集中于摄政王一身。由此可见，郑命寿的答话，是清廷最权威最可靠的官方发言，反映的是清朝主脑部门的确凿信息：李自成未死而在逃。人们还注意到，郑命寿是闰六月下旬从北京动身到达朝鲜的，这一席对话是谎报和谣传李自成五月初死在九宫山的三个多月以后，也正是阿济格受到追查的稍后。

至于何腾蛟的奏疏，当时就在南明唐王（思文皇帝）小朝廷引起一场轩然大波。宰辅、御史纷起揭破何腾蛟所报仅是不可靠的传闻，了无验信。并反复予何氏以揶揄讥刺，"何必以此影响不自信之功名，以贻天下后世之讥诽乎"[②]。都御史郭维经还针对何疏有一篇长疏驳斥，王夫之《永历实录》卷七录有全文，文繁不录。当时唐王亦"疑自成死未实"，"辍给（何腾蛟）世卷"[③]，并手敕辅臣苏观生饬会同另行查报。手敕中还特地指出"人传李贼在江北杀鲁（掳）"[④]。这个手敕发在隆武二年二月，即顺治三年（1646）二月，此见谣传李自成死于九宫山的十一个月以后，南明朝廷不信谣言，还在说"人传李贼在江北杀鲁（掳）"。

综上可见，认定李自成在逃未死（或遁江西，或在江北），在清初视李自成为死敌的清政权和南明政权都是一致的。

其次谈张玉书《纪灭闯献二贼事》（下称《纪事》）。这个文献是通

---

① 吴晗辑本第3751页。
② 《永历实录》卷七。
③ 《明史》卷二百八十、《烈皇小识》卷八、《永历实录》卷七。
④ 《思文大纪》卷四。

山说者多次提到的，是他们立论的一大根据。在讨论中，有的专家责我忽视这个“非常重要的史料”，说张玉书是康熙时纂修《明史》的总裁，《纪事》所记“皆得诸耳闻目见”，最可信赖。既如此，就有必要就这个文献作点剖析和申述。

第一，近年讨论，我在公刊的第一、二篇文章中曾两次提到《张文贞公文集》。文贞是张玉书殁后的谥号，《纪灭闯献二贼事》收在此集卷七，世无单行本。我两次提到《张文贞公文集》的《纪事》。其所以不加特别重视而予引用，因为它仅仅是转贩前人文字的第二、三手材料。我既引用了比它早六十年的最原始的文字内容完全相同的第一手史料，那就完全没有必要重引这晚出书说。①

第二，张玉书《纪事》所记李自成死事，谓其来自转抄或耳食是可以的，如若谓其曾经“目见”，那就耸人听闻。张玉书字素存，江苏丹徒人，生于明崇祯十五年（1642），死在康熙五十年（1711）。流言李自成走死九宫山是顺治二年（1645），张玉书当时只有三岁，一个三岁的孩子从江苏走到千多里之外的湖北九宫山“目见”李自成之死并记述其事而叫人信赖，那是未免过分离题的。

第三，张玉书的《纪事》也实在帮助不了通山说者把李之死定在通山。恰恰相反，只能证明李自成未死在通山。唯恐我个人怀有偏见，现在一字不易地照录张玉书《纪灭闯献二贼事》原文，以飨读者、学者。原文云：“贼溃，奔九宫山，大师薄山下，直摧中坚，入贼垒，贼兵俯首就歼，生擒自成妻妾及贼侯某，独索自成不得。有降卒言，自成败走时，领步兵才二十人，路为乡民所困，自缢而死。遣人往视其尸，朽不可辨。自成生死终未有实据云。”

此下，又有张玉书的一行原夹注：“后传闻自成遁走江西，有谕让英亲王。”让，即训斥。

在《纪事》中，张玉书说得明明白白，李自成是生是死，终无实据；

① 《纪灭闯献二贼事》纂成于康熙四十四年（1705）。此文记李自成之死。完全照抄顺治二年（1645）阿济格补报奏疏。时间相距六十年。

后闻自成已他遁，阿济格因此受到清廷的斥责。岂仅斥责，而且受到严厉惩罚。从这里，无论怎样理解，也得不出“李自成死于九宫山”的结论。

张玉书的治学态度是谨慎的，《纪事》所记顺治二年（1645）关于李自成下落的两个传闻，都来源于清官方的档案文书，即内档朱批“红本”和今见的《清世祖实录》［成书于康熙十一年（1672）］。书虽晚出，却是有本的。

再次谈通山《世忠堂程氏宗谱》（下称《程谱》）和《通山县志》（下称《县志》）。这一谱一志，是1955年到现在通山说者所持以立论的又一文献根据，并予一再宣扬。一则说：“自成殉难于通山九宫山，这份宗谱实为不可反驳的有力证据。”再则说李自成死于通山九宫山，两种比较原始的资料——《县志》和《程谱》最为有力。果真如此也好，可惜一经检出原件查核，事却大谬不然。请看《程谱》内容。

> 恭达三子字九百，号南枝，于万历四十三年乙卯三月初九午时生，于顺治元年甲申剿闯贼李延于牛迹岭下，献贼首、珠盔龙袍于本省督宪军门佟，札委德安府经历。

《县志》第二十四页的记述如次：

> 程九伯，六都人，顺治二年五月，闯贼万余人至县蹂躏，烧杀为虐，民无宁处。九伯聚众杀贼首于小源口，本省总督军门佟嘉其勇略，札委德安府经历。

牛迹岭、小源口属通山，却并不在九宫山，与从来的九宫山说不合，此犹其次。《程谱》记被杀的是“闯贼李延”，《县志》记被杀的是一位不知名的“贼首”，我早在1981年就明确指出：“李延就是李延，贼首就是贼首，李延或贼首绝不等于李自成，与李自成是北斗南箕，两无关系。”通山说者则强为之说：“李延可能是李岩之误。李岩在大顺军中有名，虽早死，通山县人仍误以为自成就是李岩。”这全出主观臆想。“延”与“岩”在今日普通话中虽然音相近，易致互混，可是“李延”这一资料是出现在鄂南地区。鄂南、湘北方言有其特殊性、“延”读“yán”，而

“岩”却读“nái”。后者无论声、韵、调都非“延”音，根本不可能同音互混。[①] 其次，如李延果真是李自成之讹，何至向总督报功、受奖、升官之日不加更正？难道追剿李自成有年的清政府总督军门佟养和也误以为“李自成就是李岩”，岂非笑话?！如谓报功、升官之日还没有弄清死者是李自成，《县志》《程谱》之修都在事后二十二年到四十年，何以仍沿前误而不直书被杀者就是李自成？说明《程谱》《县志》撰人还是诚实的，无意于张冠李戴、浑水摸鱼。把“贼首”“李延”说成就是李自成，仅仅是二十世纪的某些今人在那里牵强附会而已。

更有甚者，湖北通城县的几位同志在本县找到一部康熙《彭城堂金氏宗谱》，谱前冠有金琅伟所撰康熙丙申《序》一篇。《序》云：

> 自崇祯国运倾颓，继遭张献忠之惨戮，又有李延、李自成流寇猖狂，其烧毁民居也，不殊秦火之虐焰，凡必谅公之绣衣，诰敕藏于金轮寺之天花棚者，尽为煨烬。

与通山县毗邻的通城县《彭城堂金氏族谱》，将李延、李自成二名赫然并列，说明确有李延其人，与李自成是两码事。李延不是李自成，曾步贤、胡正明等同志撰有专文，分别刊载《书窗》1985 年第 1 期及《北京大学学报》1985 年第 3 期，不赘引。

由此可见，顺治二年（1645）通山县的程九伯曾杀一大顺军下属部将李延于牛迹岭下，容或有之，说殉难者李延就是李自成，却是毫无根据的“指鹿为马”。

又次谈所谓《甲申弋闯志》抄本。这是一件赝品，托名“顺治二年乙酉腊（朱）万年拙录，民国元年仲秋八世孙（朱）麟安移录”。系 1957 年 7 月起由通山县高湖公社高湖大队山里牛生产队民办教师朱型邈不断加工改写，一手伪造出来的。这个伪造件，不幸被有些同志不加分辨地加以引用，并予大肆张扬，又是制版公刊，誉为“天壤遗文”；又是向《光明日报》《人民日报》发稿，说什么李自成死于通山发现了新材料。在文史学

① 参见曾步贤《李延不是李自成》，载《书窗》1985 年第 1 期。

界的讨论中造成了混乱，影响是极其恶劣的，也是不能容许的。

这个伪造的《甲申弋闯志》，其实在它被人大肆鼓吹之前，许多同志就有所察觉和怀疑，并揭露其伪造痕迹。石珍、陈俊武等同志的文章已对此质疑。张国光同志的一篇文章也点出通山公开陈列此件是“以伪为真，以伪乱真”。1981 年 5 月我到石门夹山考察，石门的龚少通同志以这个伪抄本的打印件交我，嘱加鉴定。作为一个历史学和历史文献学专业工作者，对于这种缺少历史知识而胡编乱凑出来的东西，是不难识破的。1981 年 8 月 18 日我在长沙寓所撰写了《甲申弋闯志辨伪》（刊于《湘潭大学学报》1982 年第 1 期），结论是“《甲申弋闯志》可断言是一件伪造之作，并无价值，自不宜据为李自成死难于通山九宫山的根据”。到 1985 年 5 月在石门县召开“李自成归宿问题学术讨论会”，湖北大学中文系张国光先生在会上散发了题为《不许编造史料，不要轻信伪证》的长文，全盘彻底地揭露了朱型邈作伪的全部经过。张文指出“在我国既有人肆无忌惮地伪造史料，也有一些研究者喜欢听信这些无稽之谈，甚至为之推波助澜，这就在客观上帮助了这样一些赝品冒充真古董来愚弄群众，造成学术研究上的混乱”，“伪造史料和迷信伪证，在史学界也不乏其例。至今还被有的同志珍视的《甲申弋闯志》就有代表性”。张氏是 1977 年应《长江文艺》编辑部主任刘岱同志之邀一同去通山并最早接触伪造者朱型邈交出伪造件（初件）的，对伪造过程知之甚详也甚稔，也可谓当事人“现身说法”。

综上可见，通山说提出的所谓文献根据都是靠不住的，似是而非的，一句话，没有任何确切可信的文献根据。

相反，却有几种写作时间或刊版时间最早又为世所重的文献，适为李自成未死九宫山提供了有力的印证。

一种是《明史纪事本末》，此书卷七十八记顺治二年（1645）李自成的行踪：“自成弃陕，南略地至襄郏。我大清兵既定三秦，下河南，入楚取荆襄，李自成奔辰州……遂留屯黔阳。”

此书作者谷应泰，系清开国之初［顺治四年（1647）］的新进士，在北京做过清政府户部主事、员外郎。顺治十三年（1656）出任浙江学政，谷氏有志于史，于朝野史事知之最稔，书成于顺治十五年（1658），当年付刻，至今国内仍保藏有顺治十五年（1658）筑益堂初刻本，作者是当年从中央到地方的当事官僚，书成于流言李自成战败走死十三年之后，书中所记李自成的去向是湘西，适足证实李自成死于九宫山为无稽，此其一。

书前冠有“顺治戊戌嘉平太子太保武英殿大学士兵部尚书傅以渐”所撰的《序》一篇。戊戌即顺治十五年（1658），嘉平乃十二月，傅是有官衔的大学士兼全国军事首脑。李自成是“逭诛（明清）两朝”的“元凶”，是兵部最注意的对象，如李自成确死通山，兵部主管人岂能不知？此又证实傅以渐及中央军事部门确认李自成未死九宫山。此其二。

谷书刊行二年后［顺治十七年（1660）］，谷应泰以私刊明史被当朝御史董文骥专章弹劾。经顺治皇帝派人查验原书，认为无问题，人未获谴，书未遭禁。不仅此也，下至乾隆年间，朝廷修《四库全书》，还将此书收入。李自成之死是一件大事，如果顺治二年（1645）确死九宫山，十三年后的谷书却记其南奔湘西，如此乖违，谷应泰岂不成了淆乱视听、蛊惑人心，安有不获大罪之理？这里又说明：从顺治到乾隆，朝廷以及书版检查官和四库馆臣，也都认李自成未死九宫山。此其三。

第二种是彭孙贻《平寇志》。作者是不肯仕清的明遗民，书成于康熙十年（1671），至今北京图书馆善本室仍保藏有清初木活字本。此书卷十二记李自成顺治二年（1645）于鄂南九宫山庙为“唐太尾追，力斗脱身走，行收散亡，稍稍集，间道渡汉阳，走荆州，与李过合营”。

第三种是计六奇《明季北略》。作者生于明天启二年（1622），书始撰于顺治初，康熙十三年（1674）定稿。至今杭州图书馆仍保藏有未被删削的清初抄本（较通行本多出数万字）。此书卷二十三也记李自成自湖广奔辰州。

以上三种书的各篇卷，是顺治到康熙初年的作品，距顺治不过数年、十数年，至多不过二十五年，时间相距很近。成书之日已天下一统，大局基本安定，记述如此，恰是李自成未死九宫山的有力反证，说明早在当日，根本无人轻信走死通山的流言。

至于文物，1955 年通山说提出之始，曾说有副刻有“自成”字样的马镫，有一支“贼所佩剑”及一方有“大顺皇帝李鸿基”字样的墓碑。

一经落实，全属子虚乌有。马镫有一副，不知为何时物。石门讨论会上我问通山代表毛颜斗同志，承告马镫上根本无字，而“贼所佩剑”，只是道光年间的民间传说，并无实物。墓碑更属不伦不类，岂有既书大顺皇帝却又不敢直书李自成而仅书其小字（鸿基）？通山说者既谓通山人只知有李岩（所以误为李延）而不知有李自成，此处又怎么连李自成的小字“鸿基”都明明白白而且镌上墓碑？试问何以自圆其说。现在对这方古怪墓碑已不再提了。总而言之，同夹山出土有众多的而且人人可予验证的文物相反①，通山却拿不出任何一件文物。

通山说既无文献根据，又无文物佐证，这就是结论。

三、从历史事实和情理分析李自成败死九宫山说不可信

顺治元年（1644）四月，吴三桂引清兵入关。李自成自北京西撤陕西，原拟经营关中这个“百二山河”之地，再图北伐，驱逐入侵清军。然而入主北京的清廷却随即派遣多铎、阿济格两个亲王分率清军全部主力扑向陕西。同年底，大顺军与多铎战于豫西失利，潼关不守，敞开了大顺军关中集结中心的东大门，而取道塞外的阿济格一军，也直迫陕北，关中形势危急，大顺军有被南北两路清军包围于陕西吃掉的危险。于是李自成立即作出决策，将大顺军分东西两路主动撤往经营有年的湖广。顺治二年（1645）正月十三日，李自成亲率马步兵十三万撤离西安（《清世录》），循内乡、邓州直趋湖北荆襄，是为东路。与此同时，陕北的李过、高一功三十万大顺军也悉数南撤，为避免同正向西安进军的多铎前锋相遇，乃绕过西安之西，假道陕南汉中穿插川东以入湖广荆州，是为西路。

李自成所率东路大顺军，在正月底路过河南内乡、邓州（《内乡县志》《邓州志》），除留少数兵力驻守这个湖广包围据点外，二月初进入襄樊，随分三路直入湖广腹里，“一道渡江走随州、枣阳，一道走荆州，一道水路走汉口”②。荆襄地区是大顺军崇祯十六年（1643）以来久已经营的老

① 石门夹山及其附近出土的李自成及大顺军文物，在石门博物馆陈列室展出。三年以来，省内外、国内外参观者达十多万人次。

② 《弘光实录钞》卷三。

根据地，当年北上西安、直捣北京摧毁明朝，就是从这里整顿人马出发的，不仅有雄厚的群众基础，有大顺建立的地方政权，还有一批将领如白旺、任光荣、孟长庚带领的七万留守部队。李自成东路军进入湖广，即与这些旧部会合，气势为之一振，史称“拥众数十万，分四十八部，掩有襄阳、德安、承天（今钟祥）、荆州（今江陵）四府守之”[①]。在现今湖北境内，除鄂西北角的郧阳一府为明将徐启元、王光恩孤军困守及从武昌周近地区到九江的鄂东一隅有南明左良玉、袁继咸两支部队为南京福王政权的“上游屏蔽”外，全楚皆归李自成的大顺军所有。

李自成自西安南撤之始，即已与清军脱离接触。西安是大顺军主动放弃而非攻破的。此前许多人包括一部分明史专家，认为李自成在西安南下作战略转移是战败溃退，即大顺军在前溃逃，阿济格在后尾追一直到九江的说法，是忽视历史时间、空间概念所造成的错误。

大顺军撤出西安后，即在荆州到岳阳一段的长江北岸进行清扫；并在沔阳沙湖渡过长江横出簰州，打通长江南岸武昌到岳阳的通道，使全楚大顺军南北连结。史籍有如下确切记载：

驻守武昌的左良玉、何腾蛟“闻闯贼日夜东下，左帅恐”，[②]“左帅屡与闯师白旺战潜、沔间，不胜。[③] 乙酉三月，“闯东窜沔、汉，宁南（左良玉）告急”。因有袁、左大军“闯扼不敢东”，“乃从潜（江）、“沔（阳）之沙湖出上簰州。左旅不成，贼遂南渡（长江），败马进忠、王允成等于荆河口，武（昌）岳（阳）间大震”[④]。

从三月中旬开始的大顺军上述军事行动，乍看令人古怪，它摒弃横亘其东边的左、袁南明大军不理，却在沿着靠近湖南的长江北岸和武岳通道进行占领和清扫。结合往后出现的史实，这就清楚表明：它早已作出停止东进，全军向湖南作战略南移的又一重大决策，上述行动是在为这个顺利转移铺平道路。最早觉察李自成此一“声东击西”、将全军作战略南移动

① 《罪惟录》卷三十八。
② 《江变纪略》卷一。
③ 《江夏县志》卷五。
④ 浔阳纪事。

向的是袁继咸。他在《浔阳纪事》中说，“余度闯避重兵，必不趋武（昌），必由岳（阳）犯长（沙）”，“则袁、吉复危”。于是袁继咸当机立断，将他阻止李自成东进而派出分防鄂东龙坪、田家镇、蕲春诸营一齐撤回九江，仅“留郝效忠防守江州（九江）”，自统所属主力拟从江西内河抢先驰往邻近湖南浏阳、醴陵的袁州（今萍乡一带）和吉州（今吉安一带），防堵已经“上犯荆、岳”（三月十七日袁继咸奏疏）涌入湖南的大顺军从袁、吉溢出江西。

袁继咸是防守鄂东阻止大顺军东进的南明江、楚、应、皖总督，是身居第一线直接对付大顺军的高级指挥官，他本人在顺治二年（1645）记述的《浔阳纪事》和《奏疏》是当时最准确无误的纪实。这又无可辩驳地证明，早在清军阿济格进入湖广地区以前，大顺军已开始从湖北渡过长江，向南明实力空虚（无兵防守）有粮秣补给基础的湖南北部作有计划的撤退。全楚大顺军靠近汉口、汉阳一侧南涌，左良玉军本无战斗力，以为即将包围武昌，吓得手足无措，“时革职黄澍留楚，心衔（南明宰辅马）士英，而（左）良玉诸将又畏闯逼，遂力赞良玉借太子（有密诏）为名，焚武昌东下”[①]。三月二十三日，南明左良玉全军浮江撤向九江，丢下一座焚劫一空的武昌城，使大顺军轻而易举地进驻。一部分大顺军进驻武昌，根本不是什么要沿江东下九江，而是接应鄂北鄂中数十万南移部队。

待清军进入湖广，大顺主力已经早撤，故阿济格到处扑空，只知“豫楚之间，所至皆贼，而独不得自成所在”[②]。可见，清军从未与大顺军主力相遇，也从来不知李自成本人的行踪。

综括以上史实，可以见出：

第一，李自成自西安南撤湖广，并非战败溃逃。撤退过程中无任何清兵尾追，部队未受损失。进入湖广即与旧部会合，实力更有壮大，并有五十天左右在湖广地区休整和重作部署的时间。

第二，大顺军进入湖广，先此已有南明左良玉、袁继咸数十万大军

---

① 李清《三垣笔记》中华本第132页。

② 《张文贞公文集》。

横阻武昌到九江的鄂东地区，以阻大顺军东进。而大顺军也早已放弃自钻死胡同的东进企图（因多铎军已自江北直指南京）。五十天休整期间从未向左、袁军发动东进攻击，明、顺双方从无激烈战斗，双方军力都无损失。

第三，两个月后阿济格清军才追到湖广，大顺军主力早已巧妙地沿长江向湖南方向作战略转移。至今无任何一个材料能说明大顺军主力曾越过武昌东进九江。清军进入湖广，也从未遇上大顺主力或发生过激烈战斗，只有极少数大顺疑兵引导清军乱扑。大顺军仍无重大损失，它的数十家将领都在五月初一齐出现于湘北岳阳地区。

第四，阿济格从武昌到九江这段所打击的是大顺军中两支小部队，即被隔断在鄂东北的长江北岸白旺部和长江南岸的吴汝义部。这两支部队虽遭有损失，但也未在这一地段完全溃散。后来吴汝义部东南插入江西宁州回到湘北平江（五月），白旺部也在到达江西后才遭覆没。

总之，大顺军自西安撤到湖北以后，它的主力已全部沿长江顺利撤向湖南，毫无损失。大顺主力部队从未东进九江，李自成本人更未从武昌沿江东下九江，也不存在清军尾追和大顺军全军溃散事实。“流贼已灭，李自成溃走九宫山”，仍然是阿济格当年不知李自成所在所搞出的一图功诳报的谎言。五十万大顺军于顺治二年（1645）五月间在湖南岳阳到澧州数百里地段出现，即此一结论无可辩驳的证据。今天说李自成走死九宫山（通山距主力部队南移路线达数百里），完全违背历史事实和情理。

四、李自成退隐不是消极遁世，而是特殊历史环境下一种积极进取的政治斗争手段

顺治二年乙酉（1645），是清兵入关后国内形势急剧变化的一年，也是李自成及其大顺军针对形势作战略转变的一年。

国内形势急剧变化，指的是打进来的清兵，其矛头所向，已不仅是农民起义军，也要扫荡南明势力，以满族兵力鲸吞全中国。山河破碎，民族危亡，无论南明、大顺，已面临极为严重的形势，覆巢之下，将无完卵。

最早认清形势，以国家、民族利益为重，并从大局出发而作出重大战

略转变的，是李自成及其大顺军。即将十五年来反对国内封建压迫的阶级斗争，及时地转变为反对关外满族入侵的民族斗争。

大顺军的战略转变有两个方面，两个方面相辅相成。一是军事战略转变。在军事上暂时采取避实就虚、保存实力的方针，将数十万大军撤到湖广，继而悉数渡过长江，南移到湖南洞庭湖北岸，以图联合各方力量重整旗鼓，北伐中原，驱除异族。正是在这个方针指导下，它既在这一时间尽量与清军脱离接触，更避免同南明左、袁大军发生正面交锋，免伤兵力元气。二是政治战略转变，即联合各族各阶层人民，首先是争取和联合南明军政势力，共同对付剃发屠城、涂炭人民的入侵满族统治者。

军事战略转变是成功的，已详述如上节。而在政治战略转变方面，却遇上不可逾越的障碍。李自成造反十五年，非仅在全国翻江捣海，覆没明朝，而且杀过大批明室官僚、藩裔，并使崇祯帝后死于非命，逼得封建统治者们“国破家亡”。在这些历史过程中，无论在思想感情、传统观念、习惯势力各个方面，明室遗胤臣以及一批“忠臣”的遗老遗少们，都与李自成结下了不共戴天的深仇大恨。甲申（1644）五月二十二，明室各臣会于汉口，哭临（崇祯）先帝，大将军左良玉流涕而誓：“杀贼复仇，本镇主之。”[①] 这反映了军方对李自成的仇恨。甲申五月十五日南明政权初立，福王发布登极诏，有云：“乃潢池盗弄，钟虡震惊，燕畿扫地以蒙尘，龙驭宾天而上陟。三灵共愤，万姓同仇。”“今大仇未报，是不能事君，父遭大难，是不能事亲。”因而公开号召：“有能擒斩李自成者，世爵国公，禄万石，视同（明初开国功臣）徐达。”[②] 最有影响的史可法也向福王上疏：“先帝（崇祯）以圣明罹惨祸，此千古未有之变也。先帝崩于贼，恭皇帝（福王之父）崩于贼（被杀在河南），此千古未有之仇也。庶民之家，父兄被杀，尚思穴胸断脰，得而甘心，况在朝廷，顾可漠置?”“臣愿庙堂之上，深思先帝之仇。”弘光批云：“朕于皇考、先帝深仇，朝夕未尝去念。”[③] 在野士大夫也起而发布《讨贼檄》，谓“故老有未经之变，禾黍伤

① 《弘光实录钞》第108页。
② 《永历实录》卷七。
③ 《明季南略》卷二。

心；普天同不共之仇，戈矛指发”。指斥李自成“罪极海山，惨深天地，誓岂共生”。[①] 下至乙酉［顺治二年（1645）］四月戊午（初一），福王政权危在旦夕，而南明还在把矛头集中指向歼除李自成，史可法、郭维经一批文武官僚发布的《南都公檄》就足可说明。

更为严重的是，清兵入关以后，看清了南明无足轻重，李自成及其大顺军才是它达到统一全国的重大障碍，认为“今日事势，莫急于西贼”[②]，“破此，则大业成矣”[③]。所谓西贼，指的就是大顺军，所谓大业，就是统治全国。为了达到此一战略目的，清军一开始就不仅对李自成采取军事攻势，也采取了一系列政治策略攻势，打着“为明帝复仇”旗号，孤立李自成，迷惑并笼络明室朝野。清军进入北京，立即昭告天下，申言“义师之来，为尔等复君父仇，所谋者唯闯贼”[④]。清摄政王多尔衮发出《谕南朝官绅军民》令旨：表示“我今居此为尔（明）朝雪君父仇，破釜沉舟，一贼不灭，誓不反辙”[⑤]。又直接致书镇守江北的史可法：“君父之仇，不共戴天，闯贼手毒君亲，中国臣民，不闻加遗一矢，本朝（清人）念夙好，弃小嫌，严整貔貅，驱除枭獍，报尔君父之仇，特申大义。”一派冠冕堂皇。继而又讹诈威吓：“今若（南明）拥号称尊，予将简西行之锐（师），转旗东征（南明），且释彼（李自成）重诛，命为（东征）前导。”[⑥] 南明政权遣使北京劳师，清廷也一再斥责，谓“我为明朝破贼报仇，江南（明遗）不发兵”，“（明之）先帝（崇祯）活时，贼来（尔等）不发兵，先帝死后，（尔等）拥兵不讨贼”。[⑦] 总而言之，迫使明遗不敢不谈讨贼，不敢不为清人所用而“破此西贼”以成其大业。不顾大局又昏聩无能的南明果然上钩，一再向入侵清军提出“请命鸿裁，连兵西讨，共枭逆贼之头，以

① 《明季南略》卷二。
② 《清世祖实录》卷五。
③ 《东华录·顺治二》
④ 《清史列传》卷五。
⑤ 《明季南略》卷二。
⑥ 《鹿樵纪闻·福王下》、《明季南路》卷二。
⑦ 《北使纪略》三、《弘光实录钞》卷三。

泄神人之愤”[①]。

明朝宗裔、遗臣、遗老之顽梗不化如彼，入侵清人之政治策略、战略攻势如此，情况复杂，形势危急，时不我待。而明、清、顺三方矛盾的主要方面和矛盾的关键人物就是李自成。一向以拯救生民为己任而又具有卓识灼见的李自成，在国家民族命运危亡之秋，乃毅然作出自我牺牲，立即退隐，并放出“李自成兵败已死”流言，既扫清联明抗清不可逾越的思想障碍，也一举击破清人的政治策略攻势，使其在全国师出无名。

李自成作出联明抗清决策，除当日极其复杂的政治形势使然而外，也有他多年来的思想基础。一是救民，二是“御虏”。崇祯十六年（1643）进薄黄州之前发布的《檄文》[②]，就有此类表白。崇祯十七年（1644）正月自关中北指北京途中，关外的“大清国皇帝”曾主动出面致书李自成，要求“协谋同力并取中原，倘能混一区宇，富贵共之”[③]，遭到李自成的拒绝。同年三月十八，李自成亲临北京彰义门下，射书招降，答允明帝可“如杞如宋，享祀永延”。随命降监缒城入见崇祯，表示愿以民族为重，遣兵赴辽，制止清兵入关。[④] 在在都表示了这位英雄人物的人格与风格。

这个政治决策又是成功的，不仅使南渡洞庭湖的李自成数十万大顺军迅速与南明何腾蛟、堵胤锡及唐王政府达成联合，为此后的二十多年抗清团结了力量，争取了人心，奠定了牢固的思想、政治、军事和物质基础，也促使阿济格、多铎二部迅速回师北京，赢得了时间，改变了敌我之间的力量对比。

由此可见，李自成退隐幕后指挥，并自己制放已死流言，不是消极遁世，而是在特殊历史环境下产生的一种特殊的政治斗争手段，是为了达到联明抗清目的的一种积极进取。决不能误认为是“逃兵”。

① 《鹿樵纪闻》、《明季南略》卷二。

② 《平寇志》卷六。

③ 《明清史料》丙集第 89 页。

④ 《平寇志》卷八、《国榷》卷一百《怀陵流冠始终录》卷十七。

五、顺治二年后大顺军的抗清活动和李自成为僧的时间与原因

李自成率领的东路大顺军南撤湖南之日，高一功等所率西路大顺军也在三月末四月初先后自川东横出荆门、当阳、夔府、施州，两路大顺军已沿长江自东而西联成一气，大顺军全线南移集结，前无阻力，后无追兵（无任何一支清兵蹑后追向湖南）。撤退井然有序，实力保持完整，史称南移后的大顺军“屯荆（南）岳（州）数百里间”，唯见其“戈矛蔽天，烟尘塞野”，“健将如云，骁骑如雨，莫之与抗”①。军容气势，蔚为壮观。这种军事威慑力量，是迫使南明唐王政权下的何腾蛟、堵胤锡迅速与大顺军达成联合共同抗清的重要条件与因素。那种说李自成全军溃败，残部逃向何、堵乞抚求降，是完全无视客观历史事实的臆说。因为何、堵当时皆赤手空拳，一无兵力，闻大顺军南来，在湘的南明官僚，吓得六神无主，何则作“楚囚泣”，堵则叫喊“覆亡无日矣”。② 世间岂能出现五十万大军去向已经穷途末路的两个南明官僚求降？

明顺双方达成一致联合抗清，是抗清史上一个最重大的转变。明、清、顺相互矛盾和斗争的三方，从此转变为侵略和反民族侵略的清、我（明、顺）两方。这个形势和局面，一直持续了二十年。造成这个形势并指导局面的，自始至终就是退居幕后指挥的李自成。高夫人及其他许多大顺部队将领，只不过是活动在前台的传命者。种种文献和史事迹象表明，顺治二年（1645）顺、明联合之先，李自成就活跃在岳州、荆澧军中，一是《平寇志》卷十二、《明史纪事本末》等顺治、康熙初的史籍已明确其走向，《思文大纪》更谓“人传李贼在江北杀鲁（掳）”。二是数十万大顺军的各部，本来各自成制，互不相上下，即相互无隶属关系，从来只听命于一个最高指挥中心李自成。何况东、西两路大顺军集结的地区不一，到达东西两个集结点的时间也先后不一，居然在不同时间、不同地区，同思想感情深处本有鸿沟而当时又了无任何实力的南明不约而同地顺利迅速

① 《南疆逸史》卷二十一等。

② 《南疆逸史》卷二十一等。

达成联合，如此一致的步调，如果不出自一个享有普遍威望的领袖部署、安排和指挥，那是不可想象也无法解释的。

毫无疑问，这个有威望的领袖和指挥者就是“流言已死”的李自成。

大顺军与南明全面联合之后，李自成仍在荆、澧、巴、归一带活动。因为大顺军始终在经营川东、鄂西、湘西北三角地带，作为北伐中原的根据地。以上判断，从如下史事动向中不难窥见其消息。

第一，李过忠贞营十八部在松滋、澧州间与南明堵胤锡联合之后，原已进驻湘东北岳州地区的田见秀九部立即向松、澧靠拢。随后东路大顺军除郝摇旗、王进才二部仍随何腾蛟以平衡南明内部冲突、稳定南明抗清无所动摇外，其余刘体纯、袁宗第、蔺养成、牛有勇、张鼐、张光翠诸部，甚至从江西义宁西插湘北平江的吴汝义部，都一无例外地西向荆澧移师，“引众来合”①。

这种大规模的频繁调动和集结，指令者仍非李自成莫属。先驻荆澧的高一功、李过是根本无此权力的，因为高、李二人不过和被调动诸部一样，只是李自成麾下的两名部将。

第二，东西两路大顺军各部会师集结荆澧后，马上出现大顺各部从西线不同地点出发，发动一场全面北伐的大战斗。

① 顺治三年（1646）正月，原留守汉中的大顺军贺珍部，以李自成此前所用的“奉天倡义大将军”名义相号召，约结劲卒七万，自汉中出连云栈，围攻西安。清将何洛会凭城拒守，城虽未下，行动却已震撼北京清廷。②

② 顺治三年（1646）正月，李过、高一功忠贞营三十万人自松、澧渡过长江，北围荆州。频城江上泊战舰达千艘，期在必克。

③ 先年冬，大顺军刘体纯、袁宗第二部（原东路军，自岳州西来者），已先从荆南纵深北插鄂西北襄樊。顺治三年（1646）正月，离襄樊北进南阳，二月十七日进围邓州，三月自邓州回走内乡，又渡汉水进入陕境商州，旋入汉中，走兴安（今陕西安康）。③

---

① 《明史》卷一百七十九等。

② 《滟滪满面囊》卷三，《清史稿·孟乔芳传》。

③ 《清世祖实录》卷二十五、《明清史料》丙集第6册。

这场空前规模的北伐战役，从最北的西安到最南的荆州，绵延一千余里。它是从汉中、襄樊、荆南三个军事战略重地同时向北主动发起猛烈进攻的，企图一举打通全线。这条战线，基本上仍是当年李自成北上的老路。在这一千多里的军事线路上，发起战役的时间相同［顺治三年（1646）正月］，主攻方向和目标一致（北伐），打击对象专一（占领者清兵），配合如此紧密，呼应如此灵通，这显然是一次有计划、有组织、有部署、有统一指挥的军事行动。参与战役的数十万人又是留守大顺军（陕西贺珍）、东路大顺军（刘、袁）、西路大顺军（忠贞营）三个不相统属的部分。有谁能组织、指挥这场空前战役并调遣这三个部分的大顺军按计划投入战斗行动？唯一具备这个威望和权力条件的，就只有李自成。何况贺珍自陕南北围西安，用的就是“奉天倡义大将军”李自成的名号。

以上史实，由于分散记载在清实录、明清档案中的揭帖、塘报、奏稿和地方志中，又由于人们一向受顺治二年（1645）“李自成兵败走死”说所桎梏，极少从时间、空间、史事内容上结合起来考察，以致这段不容歪曲的历史长期被人抹杀或忽视。

第三，上述北伐战役，三路攻击都不成功，都不幸以失败告终。但有一点值得特别注意，即分散在西安、汉中、荆州互不联结地区的大顺军，其撤退和重新集结的方向和地区却又完全一致。

围攻西安的贺珍部，因清方派固山额真李国翰驰救解围，贺珍败退汉中，先屯紫阳[①]，旋入川进驻夔东。

自襄樊辗转进入汉中以图北接西安之师的袁宗第、刘体纯部，因闻贺珍败退入川，无法北进，也自西乡、盐厂走太平，过达州，奔向川东巫山、巴东诸邑，“与贺珍合”。

包围荆州的忠贞营，因清方贝勒德克浑率满兵自武昌来援，突袭大顺军，大顺部将田见秀、张鼐、吴汝义伪降被杀，高、李率大军败退彝陵口，西奔施州卫、巴、归“与体纯、宗第合屯蜀东徼”。[②] 当时湖广的施州

① 《东华录·顺治六》。

② 《永历实录》卷七、卷十三。

卫即毗连澧、石、慈、永山区的今湖北恩施、鹤峰一带，巴即今四川巴中，归即今湖北秭归。

三个不同战区、相距数百里的败北之师，竟一致奔向现今的川、鄂、湘三省边界地段，这无疑又是有统一指挥的行动，而且大顺全军的指挥中心及其统帅李自成应就在这里。

第四，顺治五年（1648）已随何腾蛟及南明桂王政权南北移徙三年之久的大顺军郝摇旗部，自桂林北上，折经楚境，也是循湖北彝陵口以入夔东，与贺珍、刘体纯、袁宗第诸家会合。[①] 途经四省，远道来归，径直奔此，也反映出这是有指令的行动。

不仅如此，顺治五年（1648）堵胤锡率大顺军牛万才部自永定卫（今湖南大庸县）山中出，以兵力单薄，乃间道走巴东、邀忠贞营诸家出楚。高、李、党、袁、刘诸家又自巴东取道荆南，过澧、常，而入湘中、湘西、湘东。高、李入粤，在湘的刘体纯、袁宗第、袁宗道、拓天豹诸部大顺军，未几又自宝庆西北走，过常、澧仍归荆西（即巴东）。[②]

顺治八年（1651）由高一功等从广西率部走黔边，渡泸江，途中一功病逝，续由李来亨、党守素率全军走施州卫，“遂至巴东之西山屯焉。郝永忠（摇旗）、刘体纯皆先在此连寨相结”，说见《康熙巫山县志》及《永历实录》十三。

以上事实说明，从顺治二年（1645）流言李自成败死，到顺治八年（1651）的七年间，无论大顺军的何部，也无论其部众散出外地多远，时间有多久，最终都不辞艰辛险阻与道途坎坷，无一例外地要回到川、鄂、湘三省毗连的“巴东”或叫“夔东”。这又证实，此地是大顺军的中心，指挥各部、调度全局的李自成就在其中。

顺治八年（1651）李来亨等回归巫、巴后，经营有年的巴东大顺军根据地乃进入一个新阶段。一是根据地东西南北扩大和联结，北起湖北房县、竹山，南经巫、巴而至施州卫及石门、慈利、永定山区，西到万县，

① 《蜀碧》卷四。

② 《永历实录》卷十三。

东邻荆州、荆门。拥众数十万，广泛展开屯种自给，蓄积反清力量。二是“众推来亨为统帅”，驻兴山茅麓山，既指挥全军，也近控襄、樊，扼北伐中原的咽喉。同时，年迈体衰又早已假死退隐的李自成，于顺治九年（1652）伪装高僧“自西蜀飞锡来兹”（夹山康熙碑，今存）进入石门夹山，坐镇根据地的南大门，既便于同西南反清力量联系，也近控大顺军东征、南讨所必经的荆、澧、常通道。这个南大门的重要性，顺治十年（1653）洪承畴向清廷告急奏疏已明白指出：“郝摇旗、一只虎（李过）或由澧州西犯常德，或截岳州以犯湘潭，则我（清人）腹背受敌。”此见《贰臣传》洪传。

由以上揭述史事可见，李自成不是什么顺治二年（1645）“全军溃败”而到夹山消极遁世为僧，他伪装高僧退入石门夹山的时间是在此后八个年头的顺治九年（1652），是经过一系列抗清活动之后，大顺军各部重新集结转入新阶段后的新部署。李自成夹山为僧身负重任，是当年西山根据地大顺军积极进取的一个组成部分。

夹山北枕长江，东控洞庭，近扼荆、澧、常、辰通道，西北连结当年的九溪卫（澧水之北）、永定卫（澧水之西）、施州卫（含湖北宜恩、鹤峰数县）三个卫所地区，群山连绵起伏，形势关键险要，林密箐深，从来是明、清势力所不及达的地方，可自顺治三年（1646）以来，却是大顺军经常出没之所。顺治九年（1652）奉天玉进入夹山之后，这种活动又有加强，《湖北通志》及桑植、慈利、石门、永定志与《凤凰厅志》皆有记述。

六、再论奉天玉与李自成及野拂就是李过

康熙十三年（1674）病殁于湖南石门县夹山灵泉寺的奉天玉和尚就是李自成，清初以来，当地群众众口一词。乾隆初年（1746）宛平人何璘自辰州府同知调知澧州，因修州志，周访旧闻，以备采择，得州属九溪卫孙教授告知“李自成实窜澧州”。何氏矜慎，又旁询故老，谓“自成自公安奔澧”，取道安福县（今临澧）境清华驿、牯牛坝，“独窜石门夹山寺为僧”。此犹不足，何璘复亲至离州治七十里之夹山灵泉寺，遍问寺僧。既听寺僧谈故实，又取视寺藏奉天玉遗像，比验《明史》所记状貌相同，经

过实地考察，多方比证，乃断“其为自成无疑”。因撰《书李自成传后》一篇，以纠《明史》李传所载李自成的死地、终年之误，此文刻入乾隆年间的《澧州志林》卷二十六。何璘撰《书李自成传后》的同时，又撰《奉天玉和尚塔院》七律一首，收入《澧州志林》卷二十五，以抒其感触与见地。诗前冠有何璘小序，谓“奉天玉和尚相传即李自成，寺中所藏遗像，其状貌与史籍所称尤极相类”。原诗有云：“不识江湖浪荡军，灵泉石甃老僧坟。袈裟尝染中原血，髑髅空依碧嶂云。杀气千秋猿鸟避，遗形一轴虎狼分。九宫山下怀金印，疑冢奸雄更数君。”

李自成是陕西延安府米脂县双泉堡人。《米脂县志》卷十也记：

> 其后兵败，自成率数骑，乞食山中，不知所终。有传其夹山为僧者，有徒数千人，皆猛恶，不类沙门。居常趺坐，不诵经传。后其瘗之，树碣曰奉天玉和尚。盖自成初号奉天王，犹隐寓其意云。尝诵诗曰：时来作恶天还怕，运去看经佛不灵。二语恰肖其人。

以上一个州志，一个县志，前者是李自成卒地，后者是李自成的原籍，所记李自成的归宿问题，基本一致，而且可以互为佐证补充。结合近年发掘的夹山奉天玉墓及慈利发现的其徒野拂墓，包括地下地上的墓志碑碣铭文及周围所得的一批出土文物，并把它们放进当时的具体历史环境中全面研究和考察，可以见出两个文献所指奉天玉就是李自成，相与左右的其徒野拂乃李自成旧日的亲近之臣，是持之有故、言之成理的。

一、何璘的《书李自成传后》是一篇清初文献，是迄今为止，人们所能见到的记述李自成归宿问题最详尽的文字。其文、其序、其诗产生的背景，是主持州政的州官为纂修州志而循一定的程序多方采访，又履实地勘查并取验信物（寺藏遗像）之后执笔的。文字平实，态度审慎。清人视修地方志为一件极其严肃的事情，传信后代、无征不信乃修志的重要原则，采入人物、故实都甚严格，不能有闻必录，远非一般封建文人好奇猎异的野乘丛谈可以类比。

二、《明史》刊行于乾隆四年（1739），何璘《书李自成传后》仅晚此七八年，内容是针对朝廷颁行的钦定“正史”纠误，而纠者又是李自成下落这么一个政治性很强也很敏感的事件。如无众多口碑（寺僧）和寺藏信物（遗像）可资覆按不误，区区何璘岂不自招杀身之祸？须知当时（乾隆年间）非仅文禁未弛，而且文网益密，王锡阐的《字贯》案等株连九族，这是人所周知的事情。

三、何璘撰文之日，并未见到早已埋入地下的奉天墓志碑。近年此类碑碣出土，所述奉天玉来寺之年，终年约七十，奉天玉为律宗，野拂乃禅宗等，皆与何文一致。

四、出土墓志碑，记奉天玉死于康熙甲寅年三月。甲寅即康熙十三年（1674）。《甲申传信录》卷六记李自成“以万历丙午岁生”；《明季北略》卷五记李自成生于“万历三十四年丙午五月”。万历丙午为1606年，至康熙十三年（1674）病殁，享年六十九岁。奉天玉终年约七十，恰恰相合。

五、当年寺僧谓奉天玉顺治初年入寺，“不言来自何处，其声似西人”。夹山灵泉寺《康熙碑》（今存）记奉天玉“自西蜀飞锡来兹”。西人应即陕西人，西蜀即大顺军经营的巫、巴、施、渠根据地，完全符合李自成的身世和来路。

六、文献记“李自成实窜澧州”，“由公安奔澧”，与史相合。顺治二年（1645），公安、澧州是大顺军的集结地。高夫人出面与南明堵胤锡联合就在公安、澧州之间。顺治三年（1646），大顺军全面发动北伐战斗，公安、松滋、澧州是它南线战役的出发点，忠贞营的老营（指挥部）即在这个地方（草坪）。顺治四年（1647）到顺治十八年（1661），大顺军经营巴东（或称夔东，或称西山）根据地，荆南、澧州地区是它控制和经常出出进进的通道。

七、随同奉天玉和尚骨灰缸一起出土的有一方随葬符箓碑。此碑拓片曾送请中国佛教协会、中国道教协会的宗教学者鉴定，皆不明其义，且明确此种符箓与佛教及佛教仪注无关。石门及夹山周近也从无同类符形碑出土。后经米脂县文化局、文化馆、李自成纪念馆的李长直局长等四位同志确认，此碑与米脂出土的墓葬符箓碑一致，乃米脂县当时一种随葬习俗[①]，

① 见《李自成禅隐夹山考实》插页，米脂出土的符箓碑照片。

这就说明死者奉天玉籍出米脂，而李自成正是米脂人。符箓碑刻在奉天玉殁后，说明镌刻此碑的野拂之流也是米脂人，不然，无从刻出此种符箓。

八、奉天玉生前有位侍和尚甚谨的门徒野拂，在奉天玉骨灰落土后他去，不知所终。近年在距石门数十里的慈利县响堂榛莽中发现了野拂墓和墓碑，从碑文中得知野拂乃一曾经“拔剑登坛”“翻江捣海”“叱咤中原”并追随李闯于澧水的武夫。《永定乡土志》卷六“天门寺”条记“明季有野拂飞锡此山”“野拂为闯贼余党”。野拂的身份既明，其所奉事并为之守孝三年的奉天玉即李自成，于此又多一佐证。

九、梅花百韵残版（现存诗十四首）诸诗出自奉天玉和尚，已为人所公认。自章太炎以迄于今，多认诗中每以帝王自况，符合李自成的个人历史（称帝并入主北京），特别是《雁来梅》中有“边外梅花雁字开，陇羌性鲁亦能栽”，已明文道出作者为陇羌、为陕北人，且有思乡情绪。《竹梅》中的“世辈安知放鹤翁”，乃作者在自述世辈不知此隐老僧为何许人。

十、佛教无论小乘、大乘中的各个宗派，皆崇佛不奉天，出家僧侣，无论印度、中国、朝鲜、日本还是东南亚国家，从不以奉天为法号。奉天是中国封建社会喻意天子或起义领袖“奉天之命”的常用词，如以朝见帝王之地为“奉天殿”，驻跸之所为“奉天城”，发布诏令的起语常有“奉天承运”句，农民起义是“奉天行道”等。而李自成恰又自称过“奉天倡义大元帅”“奉天倡义大将军”，又称过“大顺皇帝”。

十一、奉天玉、野拂师徒，无论碑碣塔铭或文献，皆谓“不知何氏子”。二僧自入寺以迄身殁，始终无人知道他们俗家姓氏籍贯，这在佛教僧尼中是一种反常现象。抗清的明遗臣是不必如此的。南岳名僧“大错和尚”即激烈抗清的钱邦芑，当时就人所周知，而《南疆逸史》中此类事例尤不下数十起。明遗藩、遗胤也不必如此的，据《清世录》载康熙十七年戊申（1668）即有明诏公告天下，“故明子孙众多，有窜伏山林者，悉归田里，姓氏皆复旧。明官吏降附者各予升级，仍令视事，朱姓诸王一仍其爵”。唯独李自成及其大顺将领不在被赦之列。奉天玉、野拂何故隐姓埋名自晦如是之深，结合当年局势，益可证见其师徒为何许人。

十二、夹山寺及其周近出土大批文物，如有“西安王”字样的铜质马铃六件，有“永昌通宝”字样的大顺政权铜钱，有“永昌元年”文记的骨质折扇，有“永昌元年、小将造”铭文的铜质熏炉以及世代祖孙相传为李自成后裔的临澧大坪（在夹山山麓）蒋家（已故作家丁玲同志家）出现的大批宫廷玉器。永昌是李自成大顺政权的年号；蒋家原非豪室官僚；夹山地处偏僻山区，却有如此众多的李自成及大顺文物不断出土。

十三、1988 年，杨杰同志解决了一个长期不得解决的关键性问题，为奉天玉、野拂、补之三者究竟是什么人，提供了最直接的实物证据。奉天玉墓曾同时出土两块石碑：一方为《弘律奉天大和尚塔铭》，铭文最后一句是“补之为铭”；另一方是在石上镌有“野拂”二字篆文印章的残碑（通称野拂撰文残碑），碑铭结句也是“补之为铭”。从镌石印章看，补之就是野拂，那是无疑的。问题是“补之”又是何许人？杨氏注意及此，经与米脂县李长直同志联系，终于在《米脂冯氏宗谱》中证实，“补之”即李自成之侄李过的表字。《冯氏宗谱》还记载其先祖冯起龙在明末清初尝任闯军支应，在“闯营往来”，并遗下五封有关短札刻入族谱，其第四札有云：

> 得确息，李王明日起程返省，征榆兵马归补之将军统制出发，后营仍在此驻扎。再速请医生一人来营，有所诊视，毕、惠两君择其一可也。①

李过确是大顺军的大将军，又确曾经统兵攻打榆林，人、时、地、实物无不互可印证。补之、野拂即李过，“侍和尚甚谨”的和尚奉天玉乃李自成，那就无可争议了。

野乘尝记李过已在顺治七年（1650）病死广西或黔中，显属误传，一是有此出土的“补之为铭”两块石刻，一是下至前文已揭出的洪承畴顺治十年（1653）向清廷告急奏疏中还提到一只虎（李过绰号）在荆澧一带活动，深惧李过“由澧州西犯常德”而使清军腹背受敌。干戈攘扰之际，流言纷起，误传误记是不足为怪的，最受人尊敬的明清史专家孟森（心史）

① 见《李自成禅隐夹山考实》第 302 页和插页《冯氏族谱》照片。

老前辈，早已三致意于此。

1986 年 4 月初稿于长沙

1988 年 10 月修订

（载《李自成禅隐夹山考实》1988 年湖南大学出版社出版）

关于奉天玉和尚历史遗迹的考察报告

石门县城东南三十余里夹山灵泉寺（古称普慈寺），为唐代禅宗（南宗）临济宗善会大师所建古刹，传至明末清初，寺渐倾圮。清顺治九年（1652）有外来和尚自号“奉天玉”者，住持此寺，渐次规复庙宇，收揽徒众，迄康熙十三年（1674）圆寂，先后历二十二年。自清初以来，无论文献记载与传说口碑多谓“奉天玉”和尚即明末农民起义领袖李自成兵败以后隐居佛寺的化名。解放初，此处有关历史遗迹曾被列为湖南省重点文物保护单位，迨湖北省通山九宫山麓修建李自成墓以后，石门遗址保护始被取消。近年中共石门县委成立“李自成调查组”，搜集资料，试掘遗址，又有较新发现，并将有关材料报省，1981 年 5 月 4 日至 10 日，湘潭大学党委奉命派历史系韩长耕、向祥海、易漫白三人前往协助考察，现将考察情况与初步意见汇报如下，请审正。

一、工作日程

从 5 月 4 日至 10 日共历时七天。

5 月 4 日从长沙到常德市，晤见地委宣传部长杨杰同志及地区文物工作队长孙长喜同志和有关文物干部，听取情况介绍。

5 月 5 日在常德查阅有关资料。

5 月 6 日到石门县，晤见县委书记彭书记、副书记吴书记、常委兼文教办主任盛忠进、文化局副局长陈晚谟、宣传部副部长张部长及地方文物专业干部龚少通多人，听取情况介绍。

5月7日到夹山灵泉寺现场，考察寺庙和墓葬遗址及出土文物（包括骨灰罐、墓碑、塔铭、无名骨骸、陶缸……）及地面遗存碑碣，逐一查对、校勘、拓印或拍照，当夜返回县城，就所得情况进行分析并交换意见。

5月8日上午到石门西北约三十里之洛浦寺，考察寺庙遗址、桥梁并访问解放初当地的老支部书记、老村长、农会主席、老农（民兵）多人，听取情况介绍。中午返回县城。

在以上现场考察过程中，由石门县委常委盛忠进、文化局副局长陈晚谟、地方文物专业干部龚少通及常德地区文物队长孙长喜、专业干部杨启乾等陪同，并得到当地十九峰林场、洛卜林场书记、职工的积极支持与协助。

5月8日下午、夜晚到5月9日上午，在石门查阅文字资料与实物资料，进行初步分析和综合研究。

5月9日下午，循石门县委意见，在当地参加座谈会，由韩长耕等三人就考察结果提出汇报和下一步工作意见。参加座谈会的有石门县委、文教办、文化局、宣传部领导和干部，石门一中、二中历史教师和“李自成调查组”成员。

5月10日返回长沙。

二、所见资料基本情况

近年石门县对搜集整理有关奉天玉和尚的历史文献与文物做了大量的工作，其中申悦庐（已故）、熊越群、龚少通诸家最费辛勤。石门县委领导的“李自成调查组”成立以后，工作又有进展，取得了一定的成绩。我们经过现场考察和实际接触以后，了解到的资料基本情况包括如下三个部分：

甲、文献资料

包括散录的历史文献记载和后人有关评述。

乙、实物资料

包括：

① 地面碑碣遗物（康熙元年即1662年野拂断碑一方、康熙四十四年

即 1705 年庙碑一方、道光三十年即 1850 年庙碑一方，已有拓片，并由我们校对并过录为书面文字）。碑存夹山寺库房及大雄宝殿前壁东西两侧。又在此殿西墙房柁之上发现“梅花诗”木刻残版数块（版已虫蛀严重，诗句残缺，但字迹仍可辨认，已过录）。

② 地下出土文物。在夹山大路西坡已发现奉天玉和尚墓葬遗址，从中掘出白底青花有盖骨灰瓷罐一件，中有骨灰（部分头骨及肢骨尚未粉碎）。周王丙辰三年（周王系吴三桂年号，三年即 1676 年）墓志铭（题作“中兴夹山祖庭”，共有铭文二百一十八字，已拓印）一方，证实此墓主确系奉天玉无疑。又在左近掘出“生养护”符箓碑（两侧有偈颂四句，共十六字）一方。野拂禅师（奉天玉嗣法门人，后离石门他去，不知所终）石质塔铭一方（有铭文三行，计二十六字）。

在夹山寺大雄宝殿之后，高台废址正前方偏东侧地道（是否地道，待续掘）中，掘出俯身无名尸骨一具（骨架原较完整，取出时弄碎，头骨、牙齿尚可辨认），骨架附近有铁碗一只（原较完整，取出即碎，此碗疑为佛门传法衣钵之“钵”）。

此外，我们踏勘了夹山寺宇废址。东西两侧及庙后高山相错，废址在夹山之中，基址闳阔，前半已改为水田、旱土，种有庄稼。从庙门到最后方丈殿，当在二百米以上，东西宽约百米。数重正殿中轴线之两侧旷地，瓦砾残砖堆积犹多，唐砖及窄条宋砖随处可见，间亦有破碎唐、宋及清代“瓦当”和清凿“石础”。最后“方丈殿”比正殿又高出二三米，地面已种红薯，下挖二十厘米左右即见完整铺地方砖，正中砌成“八卦形”。此殿之后为树木扶疏之高山，右塝有枫树一株，树干大可二人合抱，树龄度已一二百年，根部一半已裸露土外。最令人注目者，树根之下竟压有层叠甚厚之砖瓦，经我们请农场职工持锄试掘，唐砖、宋砖、清砖均有所见，从而判断，庙宇还不到此为止，这一后山在明末清初还有房屋，大枫树系房屋坍圮以后所生长。

丙、传说口碑

关于奉天玉和尚就是李自成，民间传说最多最泛，形形色色，石门同志已记录成文字，汇集成编。

三、我们的初步分析研究和看法

根据这次在石门接触到的文献和实物材料，结合明末清初几个方面（清军方面、李自成大顺军方面）众多文献所记载的比较确切的史实，进行综合、对比、分析，从具体时间、地点、形势、史事推理上得到的初步认识是：李自成死于通山之说，确难置信；通山之役以后的七年，李自成化名隐居夹山寺有可能，而且可能性较大。

第一，通山之死说，立论根据十分薄弱，众口异词，人各一说，死地、死法、时间，相互矛盾错乱，不足凭信。此说所据《圣武记·龙兴记》《九宫山志》《续九宫山志》皆晚出之书，或袭明史之误，或取材《通山县志》；县志之说又源出《程氏宗谱》。县志仅谓程九伯“聚众围杀贼首于小源口”。“贼首”系何人？不具姓名。族谱“安思房”下则明白记述程九百“剿闯贼李延于牛迹岭下，献贼首”。说的“贼首”或是“李延”，并非李自成。

通山现存年代最早的文献并被持作根据的是“顺治二年乙酉（1645）腊万年撰录”的《甲申弋闯志》。此文虽谓程九伯所击毙者为“李闯”，但此一文书不仅出自个人记述，又并非真是“顺治二年（1645）”之原件，而系民国元年（1912）后人的抄本（相距顺治二年达二百六十七年），且所记史实、时间有重大错误，如谓程九伯杀李闯于九宫山，“时在顺治元年甲申五月癸未”。此时李自成在北京城作大顺皇帝刚始撤离（四月二十九日撤出北京）西走，此年此月此日大顺军尚在北方，并无一兵一卒南下通山，何来“李闯”可击？不仅李自成尚未南下，清兵势力此时亦仅及黄河以北。由此可见，《甲申弋闯志》系后人所假托，作伪痕迹昭然，毫不可信。

李自成死于九宫山之说，历来虽似人言凿凿，但追根究底，却起因于程九伯在牛迹岭下击毙一名闯军（或称李延，或称贼首），于是引起讹言，清军大将和硕英亲王阿济格亦含糊其词地张冠李戴，以击毙李自成而抢功上报中央朝廷；清廷闻讯，又迫不及待祭告天地太庙（等于昭示天下）；待追首级不得，求验尸又不得，且闻李已走江西，乃引起清廷对阿济格大加斥责，弄得阿济格无可奈何。其实当初［顺治二年（1645）闰六月］的奏疏，就已说过李自成“或存或亡”，俟再查验。其后摄政王多尔衮还曾因此遣人于北京皇宫午门外面斥阿济格图功，对李自成“未死先报”之罪，只因早已昭示天下，这场拿不出根据的“戏剧性公案”，只好不了了之，这即事情的全部。此段史事，当时文献都有记载（王先谦《东华录》有记述，度故宫档案及清实录有更详记载，待查出）。

李闯王死九宫山之说传到长沙，南明方面的大将何腾蛟又忙向唐王聿键奏贺，唐王闻讯即认“自成死，未实”（明史何传），且谓：“闯势实强，闯伙实众，何以死于九宫山团练之手?”“闯逆既死，宜留首级示信，何以首级竟不可得?”（徐鼒《小腆记年附考》）南明御史郭维经亦言：“自成之死或生，俱不可知。”（徐鼒《小腆记年附考》）

总之，明、清两个政府的朝廷君臣，当时对李自成死于九宫山就已都不相信，因为毫无确切证明（传说闪烁支吾，既无首级又无尸可验）。

第二，说李自成化名为僧隐居夹山很有可能，是从如下根据考虑的。

① 顺治二年（1645）乙酉秋九月，在湖北通城、通山一带的李军都已渡洞庭南下湖南，南明何腾蛟在新墙（今属汨罗县）、湘阴、长沙“受抚”（实际是李军与南明合作）的李军部将王进才、牛有勇、刘二虎（体纯）、袁宗第诸家兵，其后数年都在现今常德地区出现；也有史籍、地方志记载高夫人、李锦、高一功在这一地区活动。可见常德地区曾是当日李自成部队的主要聚集点之一。闯王既未死于通山，自然随军在常德地区。

② 现今的石门、慈利、大庸、临澧、澧县一带，在明代和清初雍正八年（1730）“改土归流”以前，概属当地少数民族土司管理，政府并不直接管辖。明末清初战争年代，清兵势力尚未达到此地；南明疲于同清军作战，对此犹鞭长莫及；土司则各自固寨自守，实际形成一种无人过问的真空状态。屯驻常德地区的李军主力，正可倚此作为进退的缓冲，但顺治五年（1648）起，清军忽进入这一“真空”攻打各寨，迫令“石慈九永俱剃发（剃头）降”（《石门县志》卷十兵难），使常德李军处于腹背受敌、进退无路之严重形势，因此顺治七年（1650）起，“（李军）湖南四家贼

渡常德沙罗至澧（指澧州所属各地），众十余万，扎营新安镇石马堰深沟”，且“于俪阳（澧阳）一带连营四十里为久住计”。从顺治七年（1650）九月到顺治八年（1651）四月共八个月时间，李自成的主力部队在石门、临澧、澧县地区同清军展开了一场十分激烈的争夺战。几经战役，十万之众溃散在这里（见《石门县志》卷十兵难），李自成如未死通山，自然也混迹其间。最可注意者，十万余众扎营的新安镇，与石门县的夹山寺、洛浦寺相距均仅数十里。

③ 据新挖出来的奉天玉和尚墓志碑，奉天玉是壬辰岁来到夹山寺的，与此同时的野拂断碑及晚出的康熙碑、道光碑所记来寺年代完全一致。壬辰是顺治九年（1652），即大顺军在澧州地带全军溃散后的几个月，时间上出现如此衔接，应非偶然的巧合。

④ 墓碑记奉天玉和尚病死于甲寅年三月，甲寅即康熙十三年（1674）。《明史》记顺治二年（1645）李自成三十九岁，以此上推，李应生于1606年，至1674年病殁，在世六十九年、七十虚岁。乾隆十一年（1746）何璘记奉天玉终年约七十，与此完全吻合，奉天玉与李自成生年如此一致，这又应非偶然的巧合。

又新挖出土的墓志碑上有如下文句：“八九益一，顿入圣神”，末署周王三年丙辰孟冬吉旦。这是指的安放“舍利”（耕按：舍利系梵文译音，汉义即“身骨”，也即骨灰）的年代。按吴三桂起兵反清，自号周王，并以康熙十三年（1674）为周王元年，同年吴三桂部将杨宝应占领常德，另一部将夏国相占领澧州，奉天玉和尚恰在此时病死。周王三年丙辰是康熙十五年（1676），此见上距奉天玉之死三年才将“舍利”入土。“八九”是七十二，“益一”即加一，合为七十三。奉天玉殁年七十，三年后入土，又与这个“八九益一”（七十三）恰合“符契”。

⑤ 据康熙碑，奉天玉入夹山寺不及半年，从鼎州（常德）来了个野拂投寺披剃，事奉天玉至谨，奉天玉亦倚之至重，师徒关系密切，其后成为嗣法门人。可这个倚为左右手的徒弟行踪古怪，住寺时间不长，经常在外，忽而常德，忽而龙阳（今汉寿）、永定（今大庸），忽而澧州，忽而慈利，忽而远去江南，忽而别居相距三十里之洛浦寺，化来大批钱财，大

兴土木修建夹山寺，以容接“四方归依者云集”。这个弟子何来如此之大的本领？疑是李自成的心腹旧部，钱物来自军败之日的窖藏。

⑥ 据野拂断碑及新出土墓志碑，证实奉天玉确有门弟子数千人。石、慈、九永偏处荒徼，人烟自古寥落，何来如是之多的徒众？据出土墓碑，题“弘律奉天大和尚”，在佛教中属律宗，而夹山寺本禅宗临济宗据点之一，一个律宗和尚，应不可能收数千禅宗徒弟，疑这数千人中，恐大多皆大顺军散亡旧部，以祝发为僧作隐身再起之计，同治八年（1869）续修《石门县志》尝记：顺治七年（1650）冬，大顺军“王进才一营入九永山中”。王进才系闯军骨干之一，人数号称数万。又《慈利县志》记载，迟至顺治十五年（1658）仍有闯军、张、马、王余部“结营澧、石、慈山中”。

⑦ 乾隆初，澧州知州何璘（宛平人）以“澧志不备，周谘遗事”，有九溪卫教授孙某为言自成未死九宫山，实遁石门夹山为僧事。石门属澧州，何璘亲到夹山验证，又闻老僧言，奉天玉和尚操西人口音，顺治初来寺，何璘见其徒野拂为师所立碑（即今见断碑，当时完整），碑文竟谓奉天玉“不知何氏子”。岂有倚为左右的嗣法门人又侍奉其侧二十余年之弟子，竟不知其师之籍贯与身世？康熙碑谓奉天玉来自西蜀，也无矛盾，盖李自成“崇祯三年（1630 年，时年 25 岁）入西川贼不沾泥营，号闯将”（《广阳杂记》），正暗合李自成起事的经历。近年在夹山寺庙墙上发现《梅花百咏》刻本残版片，《雁来梅》一首中又有“陇羌性鲁亦能栽”句。西人、西蜀、陇羌、性鲁，都符合李自成的来路与身世。

⑧ 经查《佛藏》僧传、诸录，从不见和尚以“奉天”为法号，自乾隆间的何璘到现在，许多人认“奉天玉”系寓意“奉天王”，不无道理。一是李自成起义过程中曾自称“奉天承运大元帅”，二是中国农民起义有号称“奉天行道”的习惯（如《宣和遗事》记宋江三十六人造反）。总之，这个法名与佛教传统习惯格格不入，稍涉佛教者皆知。又梅花诗残版中有《马上梅》七绝一首，头三句是：“金鞍玉镫马如龙，来去风花雪月中”（末一字残缺，系代拟）。野拂断碑记和尚之死，又有“况值戎马星落”之语，俨然是个久经征战生涯的皇帝，有西人口音的奉天玉和尚到底

是个什么人？已从字里行间透出消息，如若此非李自成，试问其将谁属？

⑨ 乾隆初，何璘经过实地考察和访询，又见老僧展示遗像（高颧深䪼，鸱目曷鼻，特征与《明史》记载相同），认定奉天玉就是李自成，因撰《书李自成传后》一篇，言之凿凿，自后县志转相传录，民间传说更多。何璘在乾隆十一年（1746）知澧州，所见所著上距奉天玉之死仅七十二年（1674—1746）时间较近。

《石门县志》曾记清政府有入寺扑碑扑牌坊之举，今见地面康熙碑概将“奉天玉”“奉天”“奉老人”诸字凿去，如非李自成，对一有徒众数千的出家和尚何必如此？何至如此？又何敢如此？（因佛教有一定社会势力和影响。）

四、下一步工作建议

从史事、时间、地点、情理各方面种种迹象看，李自成隐居石门为僧并终老夹山寺的可能性较大。但可能性还不等于现实性。无论文献材料或实物材料，迄今为止，还没有找到一条十分有力的直接证据以证明奉天玉和尚就是李自成。出现这种困难是完全可以理解的，因为是隐居，潜伏唯恐不深，避世唯恐不远，自然很难找到直接证据。为了严肃认真、实事求是地解决这个是或否的问题，我们建议在现有成绩基础上，再进一步从两个方面深入。

第一，从资料上深入突破。一方面把应查检的资料范围扩大，比如，不仅查证石门县志，还应查与此有关的或者有牵连的安福、永定、慈利、澧县、常德等府州县志；而且尽可能查检时间最早的方志。不仅查清方资料，也应查南明史籍，不仅查官方记载，也查私家文录著述，特别着重查顺、康、雍、乾诸朝《清实录》及北京故宫博物院有关清廷档案。另一方面则应就全部资料进行甄别、校勘和深入考订，并上索关键性记述的来源。

第二，从地下发掘方面突破。① 从夹山寺门顺大殿中轴线由北到南打一条“探方”；② 就可疑的几个地点（已发现之可疑“地道”、庙两侧水塘侧、方丈殿正中），从上到下打一“探沟”；③ 大路西坡墓地，继续试掘；④ 对洛浦寺“飞来坟”打一条小“探方”。

第一项工作以湘潭大学为主，石门县协助；第二项工作以石门县为主，湘潭大学及有关方面协助。科研工作由湘潭大学与石门县合作承担。

1981 年 5 月 14 日写于湘潭大学

李自成死地、终年问题考

明末农民起义领袖李自成究竟死于何时何地？又因何故致死？数百年来，官私史乘、文录、谱牒、方志所记歧互错见，人各异词，莫衷一是，迄无确切定论。近年石门县成立“李自成调查组”，对有关情况的调查作了大量工作，促使此一工作又有新的进展，其中龚少通、熊越群、杨启乾诸同志的工作尤卓有成绩。为了弄清和探讨这个问题，我们查检了一些有关历史文献，其中包括已经整理印出的清廷内阁大库档案材料，清顺治朝实录，南明“三朝”（弘光、隆武、永历）有关实录、谕旨、奏疏、史传，以及从清初以迄清代末叶的一部分有关史籍、私家著述、宗谱、方志与笔记，逐一移录原文，粗作排比订正，结合我们在湖南石门县的实地考察所得，经过初步分析研究，提出一点初浅认识和看法，以求正于大雅，希望就这个问题继续展开深入研究和讨论，实事求是地澄清这一重大历史事件的真相。

一、李自成死于通山九宫山说不可信

记述李自成死事的历史文献有数十百种，虽然说法形形色色，但归纳起来不过六说，即：① 死于黔阳罗公山；② 死于辰州九宫山；③ 死于通城九宫山；④ 死于通山九宫山；⑤ 死于九宫山或九公山；⑥ 死于石门夹山。而六说经过逐一考订，可以保留来作进一步考虑的只不过两条，一条是顺治二年（1645）死于湖北通山九宫山；另一条是康熙十三年（1674）

死于湖南石门县夹山。问题集中到一点，即这两个地方谁是谁非。

在历史文献中，记李自成在顺治二年（1645）死于九宫山的材料最富，而其影响也最大，但所有材料无一不出自传闻。而这些传闻，又往往自相矛盾，不合情理，不符客观史实，疑点殊多，极不可信。兹按时次先后撷录几个有代表性的材料，试予综合剖析。

徐鼒《小腆纪年》卷十记：

> 顺治二年五月“（李）自成谋据湖南，命四十八部先发，而自以二十骑殿，趋通山之九宫山，乡兵遇之，乱刃交加死”。

比徐书早出的官修史籍《明史》卷三百九李自成传则记：

> （李自成居武昌）贼众尚五十余万，改江夏曰瑞符县。寻为我（清）兵所迫，部众多降或逃散。自成走延宁、蒲圻，至通城窜于九宫山。秋九月，自成留李过守寨，自率二十骑略食山中，为村民所困，不能脱，遂缢死；或曰村民方筑堡，见贼少，争前击之，人马俱陷泥淖中，自成脑中锄死。剥其衣得龙衣金印，眇一目，村民乃大惊，谓为自成也。

和《明史》同时稍先的名著温睿临《南疆逸史》卷二十一列传第十七何腾蛟传记：

> 左（良玉）兵东下甫浃旬，闯贼十万众自陕溃入楚，掠汉阳、武昌而东，衔左兵之尾，（清）大兵追闯者又数万，水陆踵至，自荆河至安庆数千里间，日接阵格斗，纷拿散走，会大雨四十日，百川涨溢，贼败，所在积尸成丘，李自成仅引数骑入九公山，居民白棒击杀之。

同上书卷二纪略第二绍宗（唐王）：

> 李自成为九宫山民所诛，楚督何腾蛟收降其党李锦等，皆加总兵官，赐名忠贞营，为御营先锋。

王夫之《永历实录》卷十三高、李列传：

弘光元年春，自成再败于秦，由商洛走襄樊，追兵复至，自成仓皇渡江，（李）过、（高）一功与田化龙、贺锦、党守素、刘芳亮、刘希尧、李来亨、刘体纯、袁宗第、朱万财、张光翠、塌天豹等皆从，自白螺山至城陵矶百余里间，截江求渡。

左良玉已弃武昌，下芜湖，何腾蛟走江西，武汉为墟，长沙守备单弱，侦探者不敢逾洞庭，皆不知贼所在。

再贼自起兵以来，蹂躏尽西北，南阻淮汉，未尝一骑窥江。江南奸民为贼导者，率附革里燕、张献忠，亦与闯部漠不相知闻。自成东渡，南望大江沧茫，山川缪错，卒不知所向。唯见［虏］骑西来，则益东走，遂由巴陵北境奔入江楚界，南渐浏阳，北迄通山，东抵宁州，鸟惊兽逸，掠食千里。岳、武间居民惊贼猝至，亦不知所由来。

五月，自成至九宫山食绝，自率轻骑野惊，为土人所杀，过等追及良久乃知之。

又《永历实录》卷七何、堵、章列传：

“李自成为吴三桂所追，数十万骑临江求渡。……会左良玉死，南都继陷，（左）梦庚降，而李自成渡江（如）入无人之境，由蒲圻走死九宫山，其部贼数十万，大掠巴陵，南至湘阴、浏阳，（何）腾蛟不知其为自成部贼也。”又云：“诸贼失主，遑遽无所依，乃遣使（往长沙）就腾蛟降，高李部号三十万，……（总）不下五十万人。湖南地既迫隘，赋入亦薄，腾蛟虽受其降，亦未有以安插之，诸部大掠巴陵、蒲圻、平江、湘阴间如故。已，乃渐渡江屯荆（州）岳（州）间。

吴伟业《绥寇纪略》卷九云：

自成至武昌，左良玉时已率众南下，武昌虚无人，自成偕其妻高氏、李锦、高必正皆肺腑戚，诸将田见秀、袁宗第、刘体纯、刘芳亮、张鼐、吴从义、牛万才等犹从己，其众尚数十万，分为四十八部，居武昌五十日，改江夏为瑞符县，设伪令，运铜炭铸永昌钱，谋夺舟南下取宣、歙，曰西北虽不定，东南讵再失之，将发而阴霾四塞，暴雨烈风，旗枪尽折，乃以四月二十四日，改由金牛保安走延宁蒲圻，沿途恣杀掠。过通城，命其下四十八部先发，自成令严，兵行无敢反顾者。通城有九公山一名罗公山，山有元帝庙，山民赛会，以盟谋捍卫闾井。自成止以二十骑殿，又呵其二十骑止于山下，而自以单骑登山，入庙见帝象，伏谒若有物击之者，不能起。村人疑以为劫盗，取所荷锸碎其首，既毙而腰下见金印，且有非常衣服，大骇，从山后逃去。二十骑讶久不出，迹而求之，则已血肉离分矣。彼其弑君后，毒生灵，上天震怒之日久矣，数穷气索，犹思披猖自恣，山神社鬼，咸思翦其凶慝，卒假手野夫以毙之云。

比上引几个清初名著更早的，是顺治二年（1645）和三年（1646）两个官方报告。一个是清朝政府派出对李自成"追剿"的大将阿济格向北京朝廷的报告；另一个是南明大将何腾蛟对南明政府（唐王）的报告。追根溯源，这两个报告即后世许多传说的蓝本，也是顺治初年关于李自成走死九宫山传说的最早反映。从这两个报告开始，而后就派生出《通山县志》和《程氏宗谱》有程九伯杀死李闯王于牛迹岭的说法，就派生出清初《绥寇纪略》《永历实录》《南疆逸史》等对此类传说的摄录，其后到康熙、雍正间纂修《明史》［正式刊定在乾隆四年（1739）］，又出现杂糅诸说的综合。官修《明史》定调，晚出诸书更转相抄辑铺衍，如《小腆纪传》《小腆纪年》等。

有关书说虽多，"始作俑者"却是阿济格与何腾蛟，因此，这两个官方报告的具体内容如何，其真实性或可靠性又如何，值得认真注意。为查明真相，现将这两个奏疏查出原文，一并录出。

《清世祖实录》卷十八，顺治二年（1645）闰六月甲申（初四），靖远大将军和硕英亲王阿济格奏报：

流贼李自成率西安马步贼兵十三万，并湖广襄阳、承天、荆州、德安四府所属各州县原设守御贼兵七万，共计二十万，声言欲取南京，水陆并进，我（清）兵亦分水陆两路蹑其后，追及于邓州、承天、德安、武昌、富池口、桑家口、九江等七处，降者抚之，拒者诛之，穷追至贼老营，大败贼兵八次，贼兵尽力穷窜九宫山，随于山中遍索自成不得。又四出搜缉，有降将及被擒贼兵，俱言自成窜走时，携随身步卒仅二十人，为村民所困不能脱，遂自缢死。因遣素识自成者，往认其尸，尸朽莫辨，或存或亡，俟就彼再行察访。俘自成两叔伪赵侯、伪襄南侯，并自成妻妾二口，获金印一颗；又获伪汝侯刘宗闵并一妻二媳，自成养子伪义侯姜耐妻，伪齐侯顾英妻，伪总兵左光先一妻三子，及术士伪军师宋矮子。又获太原故明晋王二妃。其自成两叔及伪汝侯刘宗闵俱斩于军。

何腾蛟给南明政府的报告有两次，因清初处易代之忌，对南明史籍多所禁毁，第一次报告迄未查得原文，但从遗留于其他文籍中的片言只语，仍不难窥其梗概。王夫之《永历实录》卷七何腾蛟传云：“至是，腾蛟奏报，斩自成于九宫山，以周二南死，失首级。”《明史》卷二百八十何传又云：“自成乱天下二十年，陷帝都，覆庙社，其众数十万悉归腾蛟。而腾蛟上疏，但言元凶已除，稍泄神人愤，宜告谢郊庙，卒不言己功。”当时正值唐王初立不久，亟欲在政治声望上站定脚跟，何腾蛟这个含糊其词、混冒图功的奏疏一到，“思文皇帝（唐王）方亟勋名镇天下望，遽下部议赏。部议以祖制文臣不得封公侯，（乃）封腾蛟定兴世伯”。可是，却因此在南明朝廷引起了一场轩然大波，宰辅、御史纷起揭破何腾蛟所报仅是不可靠的传闻。都御史郭维经上言：“自成传闻死于九宫山，在江西宁州界内，传以五月死，而七月（李）所部降何腾蛟乃知；且经年而后报，遽行大赏，诚非所宜。且自成或死或生，或死于吴三桂之追兵，或死于乡团之棒击，俱不可知。万一杀自成者他日且以首（级）献，臣不知腾蛟之何以自解？且万一自成未死，而他日更出没于他所，臣又不知皇上之何以收反汗也。腾蛟独力镇楚，抚降御［敌］，忠猷自不可掩。何必借此影响不自信之功名，以贻天下后世之讥非乎！臣且不能不以爱腾蛟者全腾蛟，况陛下之以驭腾蛟者安腾蛟，又当何如郑重也。”疏入，乃辍给世券。（《永历实录》卷七）唐王亦“疑自成死未实”（《明史》卷二百八十），并手敕另一辅臣苏观生，要求不要因此与何腾蛟构隙，对此事再会同查报。手敕曰：“逆贼李自成之死，督臣（何）确报可信。（而）人传李贼在江北杀鲁（掳），虽不足信，尚待卿同督臣再有奏到，才好告庙宣捷。”（佚名《思文大纪》卷四隆武二年二月）

何腾蛟无可奈何，又再次上疏进行辩白，举了一些不是理由的理由以洗其欺君之罪。文秉《烈皇小识》卷八附录收有这个《逆闯伏诛疏》：

总督湖广川贵广东广西五省军务兵部尚书何腾蛟奏，闯死确有实据，闯级未敢扶同，谨据实回奏事：

痛自闯逆肆乱，逼我先帝，陷我神京，罪通于天，一旦被戮九宫山，差纾神人之愤，奉旨：“何腾蛟着吏部先行议妥速叙，仍着将歼贼情形，闯贼首级真否？该抚察奏解，若果的真，照格叙赏，以昭大信，钦此！”窃惟人臣之训，义在勿欺，如闯死非真，而臣谬以为死，且居之以为功，是欺也，欺则臣罪也，当死；闯死果真，而闯之首级，已化为异物。如首级物化，而假托以明闯死之为真，亦欺也，欺则臣罪当死。然闯势实强，闯伙实众，何以死于九宫山团练之手，诚有其故；闯逆既死，则宜留首级示信，何以首级竟不可得，亦有其故，请为皇上陈之：臣自遭左变，投身江涛，遇救得生，臣揣闯逆知左兵南逞，势必窥楚，即飞檄道臣傅上瑞章旷，推官赵廷壁姚继舜，咸宁知县陈鹤龄等，联络乡勇以待。闯果为清所逼，自秦豫奔楚，霪雨连旬，闯逆困于马上者逾月，此固天亡之也。闯逆居鄂两日，忽狂风骤起，对面不见，闯心惊疑，惧清之蹑其后也，即拔贼营而上，然其意，尚欲追臣盘踞湖南耳；天意亡闯，以二十八骑登九宫山，为窥伺计，不意伏兵四起，截杀于乱刃之下，相随伪参将张双喜系闯逆义勇，仅得驰马先逸，而闯逆李伴当飞骑追呼曰：“李万岁爷被乡兵杀死下马，二十八骑无一存者。”一时贼党闻之，满营聚哭。及臣抚刘体纯、郝摇旗于湘阴，抚袁宗第蔺养臣于长沙，抚王进才牛有勇于新墙，无不众口同辞。营内有臣晋豫旧治之子衿氓隶，亦无不众口同辞也。张参将久住湘阴，郝摇旗现在臣标，时时道臣逆闯之死状。嗣后大行剿抚，道阻音绝，无复得其首级报验，今日逆首已泥，误死于乡兵，而乡兵初不知也。使乡兵知其为闯，气反不壮，未必遂能剪灭，而致弩刃之交加，为千古大快也。今而后逼君破都之气焰，遂成乌啄兽啮之肉饼，亦可以谢先帝矣。自逆闯死，而闯二十余万之众，初为逆闯悲号，既而自悔自艾亦自失，遂就戎索于臣。逆闯若不死，此二十余万众，伪侯伪伯不相上下，臣亦安能以空拳徒手操纵自如乎？伏乞皇上祭告九庙，祭告先帝，使天下后世，知数十年之剧寇首逆，乃一旦夭亡于九宫山，以慰二祖列宗之灵，以快普天率土之愿，臣志足矣！至如明旨所云："察实照诏格议赏。"是徒滋举朝之议，而重微臣之罪，臣惟有洒血于先帝而已。回奏委无一毫欺饰，不胜惶悚待命之至。

何腾蛟的第一个报告说什么擒斩李自成于九宫山，因周二南死，失首级。不论时人或后人读史者，一看就知道是在利用传闻浑水摸鱼，谎报图功的弥天大谎。何腾蛟原与左良玉同镇武汉。左良玉反，举兵顺长江东下九江、芜湖，何腾蛟投水脱逃，假道江西自浏阳窜驻长沙。"长沙守备单弱，（南明）侦探者不敢逾洞庭，皆不知贼所在。"（《永历实录》卷十三）当李自成的部队十数万已分布于长沙以北以东的巴陵、湘阴、平江、浏阳各处活动，何腾蛟还以为仅是"土寇滋扰"，"亦不知为闯逆贼兵"（《永历实录》卷十三）。殆大顺军郝摇旗部向何通报联合（所谓"受抚"），"皆虞其诈不敢应，相持两月"（《烈皇小识》卷八）。其后何始派长沙府通判周二南去湘阴侦知情况，因周二南带着一千随从兵卒，双方未及通话，即在一场误会中被郝部射死。周二南被李部射死在湘阴，与李自成之死何干？与李自成之"首级"又复何干？

何腾蛟的第二个奏疏老实了一点，承认了李自成的死讯是在几个月以后，即李部同南明联合以后，从个别"降卒"（如刘伴当、张双喜）"降将"（郝摇旗）那里间接听来的，也无法交验首级。南明君臣的这场"闹剧”只好到此结束，不了了之。

清方阿济格的报告送到北京，也曾引出一场风波，清廷闻讯，先则遣使赴军劳问，传旨嘉奖阿济格，谓其“劳苦功高，寇氛既靖，宜即班师”。一俟阿济格率师还京，清廷已觉察李自成走死九宫山不实且毫无凭信，又闻李自成“已窜江西”（疑为江北之误），于是出现了摄政王多尔衮对阿济格于“自成未死时，先以死闻”一事大加斥责，特“遣人数其罪，又在午门外张盖坐，召而斥之”（王氏《东华录》顺治四、《清史稿》二百十七，列传四、诸王三、太祖子二）。其实阿济格遭斥是天大的冤枉，他与何腾蛟不同，从未在闰六月的奏疏中说李自成“定死”，而是根据九宫山中“遍索自成不得”，仅从个别降卒口中听到李自成率二十骑出走，为村民所困自缢死的传闻，遣人验尸又“朽莫辨”而无从证实，并且申明“或存或亡，俟就彼再行察访”。从这个奏疏中可以看出，阿济格本来就对李自成死于九宫山之说半信半疑或者并不相信。而当初清政府针对阿济格奏疏的答诏中，对这个传闻既不注意，也不重视，说明清廷自始即认这个传闻的可靠性很成问题，不屑一顾。《清世祖实录》卷十八所记答诏仅云：

> 逆贼李自成罪恶满盈，神人共怒，朕恭行天讨，定乱救民，览王奏报，知督兵追剿直至九江，破贼众二十余万。河南、湖广、江西等处尽皆归顺，朕甚嘉悦，郊庙社稷祭告礼仪，即择日举行。

这道圣旨，绝无片言只字涉及李自成之死，清政府所持的态度是严肃和谨慎的。

由于李自成走死九宫山之说已在当时广泛流传散布，“闯王”是明清两方视作“逭诛两朝”的元凶，不仅杀死自成的可获首功，即据实陈报的官吏也可因功议叙，许多地方官吏为此奔走忙碌了一通，因而又引出如下一段张冠李戴的插曲，即所谓九宫山民程九伯曾杀李闯王于牛迹岭下。最早作出类似记录的是康熙四年（1665）《通山县志》，据云：“顺治二年五月，闯贼万余人至县蹂躏烧杀为虐，民无宁处，（程）九伯聚众围杀贼首于小源口。本省总督军门佟喜其勇略，札委德安府经历。”（卷三）这里说的是程九伯曾杀一“贼首”，而贼首并不等于李自成。其后到通山《程氏宗谱》卷三追记此事，仍只说程九伯于“顺治元年甲申，剿闯贼李延于牛迹岭下，献贼首、珠盔、龙袍于本省督宪军门佟，札委德安府经历，后选陕西西安府守备，未赴任而逝”。而李延和李自成是两码事，李自成小字鸿基（见《甲申传信录》卷六），其后又一度更名李自晟（见《绥寇纪传》），从无别名叫李延。到康熙八年（1669）又有位费密编了一部《荒书》，说李自成从十八骑路过九宫山岭，山民将其从骑以石击散，程九伯并其甥金姓“以铲杀自成”，初“不知其为闯王也。武昌已系大清总督，自成之亲随十八骑有至武昌出首者，行查到县，九伯不敢出认。县官亲入山，谕以所杀者流贼李自成，奖其有功，九伯始往见总督，委九伯以德安府经历”。

从这有关的三个材料，只能合乎逻辑地得出如下认识：① 程九伯所杀者，从未自认是李自成；杀一李军部将或兵卒容或有之；② 县官非当事人，竟入山指所杀者为李自成，岂非咄咄怪事；③ 所击毙者只是不知名的“贼首”或“李延”，与李自成无关；④ 督宪军门佟即佟养和，他是英王阿济格委派的“总督八省军门”，是有权直接向朝廷上奏疏或发“揭帖”“塘报”的官员，既献首级又献珠盔、龙袍诸验信证物，这在当时是该特书大书不得了的大事，我们认真查阅了已整理印出的清廷内阁大库档案材料和清顺治朝实录以及与佟养和有关的诸文献，根本没有此事，可见这完全是一种张冠李戴、牵强附会的无稽传说。有的同志说，顺治二年（1645）李自成死在通山，康熙《通山县志》和“这份宗谱实为不可反驳的有力证据”，那是不切实际的主观臆断。我们的看法完全相反，康熙《通山县志》和《程氏宗谱》，适足证明程九伯所杀者并非李自成。

根据上引文献内容结合具体历史进行考察和分析，我们认为李自成死于通山之说殊不可信。

第一，所有记述追根索本，都来源于阿济格和何腾蛟的两个官方报告。阿济格当时是清朝政府的靖远大将军，驻武昌；何腾蛟当时是南明政府的总督湖广五省军务兼兵部尚书，驻长沙。武昌和长沙同通山都相距数百里。阿济格的报告写在顺治二年（1645）闰六月初四。距传说李自成在通山失踪已两个月，何腾蛟的报告写在隆武二年（1646）二月前后，更是事隔经年。而在谣传李自成失踪之日直到双方写报告以后的一段较长时间，邻近通山的湖北蒲圻、通城和湖南巴陵、平江、湘阴、浏阳这一大片地区，始终被大顺军的一部分军队（十多万人）所占据并在那里活动，清方势力没有进入这个地区，南明也无力量进入这个地区。阿济格和何腾蛟的报告，都是在数百里外根据从个别“降卒”或“降将”口里间接听来的传闻，而且是了无验信的传闻。对于这个报告和传闻，它的真实性和可靠性，在当时就引起了明清两方政府君臣们的争论、怀疑、否定甚至于斥责。一言以蔽之，根本不相信。其后虽责成“再行察访”“会同查报”，也都了无下落。并且就在这个报告所述传闻送到朝廷的同时，清朝政府和南明政府又都不约而同地听到了李自成已“出走江西（北）”“在江北杀鲁（掳）”的另一种传闻。

第二，顺治二年（1645）四月底大顺军放弃武昌，事前与清军并无重大战斗，李自成率部离开武汉分兵东下九江，南渡洞庭，完全是一次有计划的战略转移，东下九江是为主力部队安全渡过长江进入湖南洞庭湖东西两岸作掩护。这次战略转移是成功的。五月以后，李自成的五十万军队摆脱了清军的尾追，没有经过激烈战斗就已全部进入到湘北的岳州地区和湘西北的澧州地区，随后即在这两个地区同南明政府的何腾蛟、堵胤锡联合。东下九江的部队仅是一小支，目的在诱导清兵追上九江，经过桑家口、富池口几次有意“佯堵”的战役之后，东下部队也立即分散南折，取道大冶以南的金牛镇南奔咸宁、蒲圻与南征部队的东翼会合。在东下部队南折途中，有一小股分散游弋并取道于九宫山南并被清军尾追是可能的，在九宫山曾被打死一名下层部将也是可能的，但与大顺军的主力部队无关，更与以李自成为首的统帅部门无关。因为九宫山与大顺军的南征路线和随即出现的部队集结点（岳州、澧州）相距很远，风马牛不相及。而且，在通山九宫山及其周近地带，大顺军的主力部队从来也没有在这里进驻和活动。在军情紧急时期，李自成丢开自己数十万部队不顾，丢开作大规模战略转移的进军路线和进军集结目标不顾，单独轻骑跑到相距几百里以外的九宫山去，是任何有军事常识的人所不能想象的。

第三，说李自成全军溃败，“部众多降或逃散”（《明史》卷（三百九），力穷兵尽，食绝野掠，独率二十骑“窜入九宫山”是根本违背历史事实的谎言。李军未离武昌之前，阿济格的报告说有兵二十万（《清世祖实录》卷十八），吴伟业说“其众尚数十万（《绥寇纪略》卷九），《明史》说“贼众尚五十余万”（列传一九七）。而从武昌转移到湖南以后，“高（一功）李（过）部号三十万，刘、袁、张、牛、王、郝部又十余万，（总）不下五十万”（《永历实录》卷七）。“部众多降散”纯属臆说。大顺军入湖南，“如入无人之境”（《永历实录》卷七），几乎没有经过战斗，军队人数不减，完好无损，既未力穷，更未兵尽，五十万人马的给养从无匮乏，一个统帅竟会“食绝野掠”？

第四，说李自成在九宫山被山民打死，或自缢、自刎死，或神殛而死。神殛说固妄诞，其余亦荒谬无据。李自成与明军固不同，与张献忠的军风、政策犹有不同，“官吏坐赇即铡斩，民盗一鸡者死”，“军令不得藏白金，过城邑不得室处”，“（行军），马腾入田苗者斩之”。“又散所掠财物赈饥民”，民多“受饷者”（《明史》李自成传）。唐甄《潜书》亦记有“治献贼易，治闯贼难，盖以人心畏献而附闯也”。民苦于官兵之害，“行者居者皆不得保其躯命。贼知人心所苦，所至动以勒兵安民为词，愚民被惑，望风降附，所至又散财赈饥，以结人心”，故“从贼者众也”。“盖四海困穷之际，而君为仇敌，贼为父母矣。”群众爱憎分明，自成所至之处，备受人民欢迎，史书迭有记载。群众视闯军若父母，岂肯又安敢伤害闯王？

近人或释“山民”“村民”为团练、乡勇（地主武装），不足凭信。李自成大军南下，势若摧枯拉朽，方吏狼奔豕突，各散五方，何腾蛟、傅上瑞、章旷辈仓皇逃命且不暇，遑论布置乡勇团防。此次行军迅急，“岳（州）武（昌）间居民惊贼猝至，亦不知所自来”（见《永历实录》卷十三高、李列传）。

第五，死讯传出，对这样一位有威望、有影响、有功劳的领袖，从不见大顺军任何一部、一营举哀，也从不见对九宫山民有任何报复。并且，除当时个别“降将”“降卒”散布死讯外，李自成亲手培植又亲自领导的十三家大将与部属，此后还在社会上南征北战、叱咤风云二十多年，却从无任何一人提及李自成的死事，甚至高夫人、李过、高一功也从不提及此事。

第六，谓村民击毙李自成，“剥其衣，得龙衣金印，眇一目”。皆后世添加的附会之词。李自成服饰简朴，从无龙衣。《明史》记大顺军在北京拟“铸金玺及永昌钱，皆不就”。果得金印，是否李自成的问题当年即已解决，何至弄得阿济格、何腾蛟狼狈不堪？崇祯十四年（1641）大顺军围攻开封，李自成确被明总兵陈永福射伤一目。但“眇一目”者不必即李自成，如李过“眇一目，号一只虎”；牛万财亦眇一目，战争中伤目的部将兵卒正多，比比皆是，岂可据此即断为李自成？

又谓“遣素识自成者往验，尸朽莫辨”。这也足可说明死九宫山者不是李自成。因在武昌附近，阿济格掳获过一批李自成的近臣亲属，不论“尸朽”到何种程度，这些“素识者”应是一见即可辨出的，既不肯确认，其中自然别有“文章”。

二、“李自成死亡”流言是军事战略和政治战略下的产物

李自成既未走死九宫山，为什么忽然之间传出这种谣言？是谁在制造这种谣言？种种迹象表明，嗣后的种种事实也证明，这个重大政治流言的制造者，不是清人，不是明人，总而言之不是大顺军的敌人，恰恰就是李自成及其决策首脑部门。然而，为什么需要制造这种混淆视听的流言，其目的何在？要回答这个问题，只有把这个“历史事件”放到具体的历史环境中去，也即放到流言产生之日、产生之前、产生之后的特定历史环境中去加以考察，那就不难看出，这是大顺军在军事上以“声东击西”方式进行战略大转移的同时，所采取的一项重大政治战略措施。是为了保全实力，扩大力量，联合南明团结全国人心，共同抵抗入侵的清兵并进而驱逐清兵以规复北国河山，挽救国家民族危亡这个重大战略目标，所不得不采取的一项必要的却也是非常“痛苦”的决定。

1644 年李自成打进北京城，推翻了封建反动统治者的中枢政权，结束了明朝二百七十六年的统治。同年四月汉奸吴三桂降清，清兵大举入关，攻陷北京，李自成被迫西撤，大顺军反明的阶级斗争开始转向普遍反清的

民族斗争。潼关—西安之役，大顺军战败，李自成率部取道商、邓南下湖广荆襄。清兵分道南下，一方面以大军直逼南京，另一方面又以重兵尾追李自成。当时南京已建立南明福王（朱由崧）政权，福王称帝之始，本以讨“贼”（李自成）为“先帝”复仇相号召，至此也转变为抗御满族的入侵（史可法出镇江北）。由于形势的发展，阶级矛盾显著下降，民族矛盾急剧上升，清兵已是威胁大顺军也是威胁南明的共同敌人。当南明政权内讧，原驻武昌的明将左良玉率兵东向南京“清君侧”（反马士英）之日，南明内部之间的矛盾，大顺军与南明政权之间的矛盾，大顺军、南明二者与清军之间的矛盾，相互盘错纠缠，形势极为严重；随着清军南下，剃发屠城、残酷杀掠征发，民族压迫日益加深，南明以“讨贼”相号召的口号不灵了，大顺军的反明口号也非人心所向，当时唯有及早解决联合抗清问题，否则覆巢之下，必无完卵。面对这种急剧改变了的形势，大顺军蹑左军之后进驻武昌，立即停止前进，也立即作出了“联明抗清”的重大决策。这个决策虽然不见诸文献记载，但大顺军此后的政治、军事行动，证明确实存在这个决策。李自成一面声言“东取宣、歙”“直下南京”，一面却把几十万军队从荆襄到武昌这一线分散渡过长江，向南明兵力单薄空虚又有兵马粮秣补给基础的湖南展开了全面的军事战略转移。就在这个军事战略转移过程中，即撤出武昌不久，由李自成自己制造了“走死九宫山”的流言，从此隐退幕后。放出这个流言有两个目的，一是转移清军视线，缓和清军的追击，保存南移的实力；而比这更为重要的，是为了和南明取得联合和妥协，以便号召各个方面的力量，团结一致地展开抗清民族斗争。大顺军的这个政治战略性的行动是收到了积极效果的，起初，清军果然以为李自成全军溃败了，发出“寇氛既靖，宜即班师”的诏旨，调回尾追李自成的大将军阿济格，使大顺军赢得了在洞庭湖东西两岸集结休整和同南明将领谈判联合抗清的时间。同时，也使大顺军和南明顺利地达成了妥协和联合，争取了合法地位，以自己作为中坚力量，推动南明两代政权继续进行了二十年的反清战争［从顺治二年（1645）到康熙三年（1664）］。

必须指出，如果不放出李自成“走死”的流言，要达到上述政治、军事目的，就有一时无法逾越的困难。因为清兵打进北京昭告天下，“义师之来，为尔等复君父仇，所谋者惟闯贼”（《清史列传》卷五）。用的就是为明帝复仇，翦除“闯贼”的旗号，其后尾击李自成于河南、陕西、湖广，也仍然是打的这个旗号。清军了解，南明无足轻重，李自成及其所部，才是它企图统治全国的重大障碍。“今日事势，莫急予西贼”（《清世祖实录》卷五），“破此，则大业成矣”（王氏《东华录》顺治二）。传说李自成已死，全军溃灭，这就使清朝师出无名，也麻痹了它的斗志。此犹其次，更关键的问题在于南明。李自成造反，转战十七年，推倒朱明的江山，“覆神京，戕帝后，屠毒中原，莫之与抗”（《南疆逸史》卷二十一列传赞）。弄得封建地主阶级“国破家亡”，“燕畿扫地以蒙尘，龙驭宾天而上陟。三灵共愤”，有不共戴天的“君父之仇”（《明季南略》卷三《弘光诏书》）。“初，圣安皇帝（即南明弘光）诏天下，有能擒斩李自成者，世爵国公，禄万石，视同（明朝开国功臣）徐达”（《永历实录》卷七）。弘光元年（1644）秋七月甲午，还特地颁布“从贼定罪”法令，有凌迟、处死、斩、绞、流、杖等严刑，打的旗号还是“讨贼复仇”（《小腆纪传》卷十三）。明朝宗室及其遗民遗臣在思想深处与李自成水火不容，李自成如不退隐，如何可以联合？即使有人认识到民族灾难深重，也无人敢于贸然尝试。因为一旦联合，脆弱的南明政权就会在强大的舆论压力下立即垮台，因为宗裔、遗民、遗臣是支撑南明政权的思想、政治基础。

在李自成起义斗争的历史上，也有过以退为进，讹言“假死”的先例。《明史》卷三百九本传及《明纪》卷五十五皆记：“崇祯十一年（1638），十三家渠帅多降，李自成独与刘宗敏、田见秀等十八骑溃围，窜伏商洛山中，总理熊文灿方主抚，谍者或报自成死，文灿益宽之，朝廷皆谓贼扑灭殆尽。”这次谎言“走死九宫山”，在策略上也是旧版新翻，不同的是那次是兵败图东山再起，这次是为了“联明抗清”；那次传报死讯的是“谍者”，这次传送死讯的县“降卒”“降将”。

三、李自成的去向、死地和终年

顺治二年（1645）四月下旬起，李自成主动撤出襄阳、德安（今安陆)、武汉一线，放弃武昌，把大顺军几十万军队向南即向明末岳州府方向转移。西部自荆州向澧州集结，东部则从武昌分三路，主力部队沿长江两岸南移，在北岸的一路，集中到白螺山至城陵矶约百里间“截江求渡”，进入巴陵（岳阳）；在南岸的一路则沿咸宁、蒲圻古驿道直奔巴陵；沿长江东下九江诱导清军直扑九江左良玉的一路，则在桑家口、富池口的一段甩掉清军尾追，立即南折，取道大冶、咸宁间的金牛镇（四月二十四日起）奔咸宁与主力部队会合南移。

这次战略转移是十分成功的。大约在顺治二年（1645）五六月间，李自成部队的南移集结工作已经顺利完成。《明史》卷二百七十九列传一百六十七堵胤锡传记：“李自成死，众拥其兄子（李）锦（即李过）为主，奉自成妻高氏及高氏弟一功，骤至澧州，拥众三十万。”“远近大震。”《永历实录》卷十七堵胤锡传亦云，李军“十三部连营亘二百里”，“屯老营（大本营）于草坪”。据《永历实录》卷十三高李列传，草坪在湖北公安、松滋和湖南澧州（澧县）三角地带之间。这是西部集结状况。《永历实录》卷七何堵章列传及其他多种文献，又记以巴陵为中心的东部集结点，已有郝摇旗、王进才、刘体纯、袁宗第、张光翠、牛万财、塌天豹等各大部，每都各数万，“大掠巴陵、蒲圻、平江、湘阴、浏阳间”，“已乃渐渡江，屯荆（州）岳（州）间”。唯见“戈矛蔽天，烟尘塞野”（《明季南略》卷十四），“健将如云，骁骑如雨，莫之与抗”（《南疆逸史》卷二十一）。威武浩荡，这就是李自成部队南移以后的军容盛况。

大顺军以重兵入湖南北境，南明督抚“徒手空拳”，守备空虚，无不为之惊惶震恐，史载何腾蛟唯作“楚囚泣”，堵胤锡亦“集麾下谓曰：覆亡无日”。李军在东线以郝摇旗“率四五万人骤入湘阴，距长沙百余里，城中人不知其来归也，惧甚”（《明史》卷二百八）。西线的三十多万大军则声言约明军“会猎湖南”（《明季南略》卷十四）。在这种实力强大的压迫下，南明被迫达成与李军“联合抗清”协议。大顺军在接受南明官爵，使用南明正朔并在名义上受南明节制方面作了让步，但争取实现了为“共勉中兴、光复旧宇”而联合抗清的目标，同时又始终保持了大顺军部队的独立。史谓其“今兵则听屯聚，将则无所变更，彼其部曲依然，更假国威，又安能复钤制之哉”（《南疆逸史》卷二十一列传赞）。这确实就是联合之始和联合以后的实况。

这次联合是李自成隐居幕后，以高夫人（李自成妻）、李过（李自成侄）、高一功（李自成妻弟）代表全军出面的。即便如此，在南明君臣方面仍然遇到过一些阻力，联合以后的“请封疏”送到“行在”，“王难之”，“内阁蒋德璟、路振飞、林增志且持异议”，谓“李贼破北京，罪在不赦，其党安得封拜”（《明季南略》卷十四）。佥都御史张家玉及检讨蔡之俊则合疏言：“曲突徒薪，事几不再，当乘其锐气，会捣金陵，勿令转合敌人，反悔噬脐”（《东南纪事》卷一）。御史钱帮岂亦具疏力言：“方今国家兵势单弱，高李诸贼拥三十万众于楚，若不以高爵招之，彼必不肯为我用，全楚非我有也。今出空爵于朝廷之上，一日而得三十万之众，免全楚生灵之涂炭，孰得孰失？即昔汉高韩信于齐，岂得已哉。今当权宜假以封号”，“诏从之”。（《明季南略》卷十四）总之，南明政权之同意联合，完全迫于大顺军的强大与局势严峻，“若不收之戎索，势必披猖蹬跳，立见决裂。既拒门庭之虎，又办堂奥之贼，其为祸也，不更速乎”（蒙正发《三湘从事录》跋）。因封高氏为一品贞义夫人，饬有司为建牌坊，颂其功德，又钦赐李锦、高一功为“御前前部左、右军，挂龙虎将军印”，并赐李锦更名李赤心，高一功更名高必正，所部“十三家兵”号忠贞营。明末遗民所撰《思文大纪》（即唐王纪事）卷五及《谀闻续笔》收有这道敕谕的全文：

> 朕念（李）赤心以真正英贤，昔日托身非所，乃今翻然悔悟，竭奉中兴。虽名臣必待真主，亦赖其有贤母而端慈训也。近据地方督抚连章报其至诚归戴，业已挂印封侯。俟朕驻跸武昌，然后面赐铁券。再允督抚之奏，钦旌母德之贞。尔以善教为慈，赤心以遵母为孝。慈孝既萃尔门，忠义必恒于功业。特赐尔封为贞义一品夫人，给予恩诏。仍著有司建坊，敕文用“淑赞中兴”、“朝廷风标万古，尔门芳留百世”。皇后闻之，再三嘉叹，面请加恩，赐尔珠冠一顶，表里四匹，令闻远被，以显纶恩。尔高氏当时以大义训赤心，俾其一德明良于终

始。全恢江省，立复金陵，一统功成，尔子拜爵于奉天殿，尔身受恩于坤宁宫，史册昭然，岂不伟欤！尔母子其钦承朕命。

当时全楚上下，特别是高、李“忠贞营”所在地的荆南、澧州及常德人民，对南明政府和大顺军的联合成功，是以极大热忱欢迎拥护的，史载此讯传出，“民皆抱携呼拜道旁、遍数百里”（《明季南略》卷十四）。而南明本身原先扼楚的军队，一是人数不逾万，二是“皆游惰民，不堪行阵”（《永历实录》卷七）。“自收高李后，兵强且众，声威大张，得专力守御，屡有战功。”（《明季南略》卷十四）王夫之亦云：“高、李部降，（何）腾蛟檄（堵）胤锡抚驭之，胤锡乃与腾蛟分汛任战守，腾蛟任湖南，守湘阴，图岳（阳）武（昌）；胤锡任湖北，守常（德）澧（州），图荆州。”（《永历实录》卷七）随之，南抚何腾蛟会师岳阳北击清兵，北抚堵胤锡亦渡澧水督忠贞营“往恢荆州以上”。两道出击，皆以大顺军来归的十八部为唯一主力。此后的南明抗清也是以“忠贞营”为主力，而且是坚持到最后的力量，这是有大量史料证实的历史事实。应正视和充分肯定这个历史事实。

大顺军（后来的“忠贞营”）同南明政权的联合，如前所述，是在极其复杂的军事形势和极其复杂的政治形势下进行的，虽然在联合工作进行中，也出现过一些艰难曲折，可是通过大顺军方面对清军、对南明极其高明的策略安排，却使联合工作在短短的两三个月的时间之内，出人意料地迅速顺利完成。而且在这个大联合过程中，大顺军摆在荆南、澧州、岳州间数百里营地上的五十多万军队，无一例外地步调一致地全部纳入这个联合。而这些部队的各部，原来并无隶属关系。不论从政治上、思想上、具体部署安排上，如果没有一个统一的、有威信的核心指挥机构，和领导这一机构并且享有威望的领袖，为之作出周密安排和布置，出现这种迅速顺利联合状态是不可能的。我们认为，这个决策指挥机构的领袖，就是已经退隐却仍在随军指挥的李自成。高夫人、李过、高一功只不过是出面站在前台活动的李自成的传命者和影子，他们是不具备这个统一指挥者的威望和条件的。

不仅如此，我们还判断，顺治二年（1645）八月起，李自成就在荆南和澧州。作出这个判断的根据是：

第一，李自成的直系部队即“忠贞营”十三家兵，全部集中在荆、澧一带，而老营（指挥部）就在草坪。

第二，高夫人、李过、高一功、田见秀、丁汝魁、党守素、李来亨等亲随主要部将，都一齐在这一带同时出现；“袁宗第、刘体纯诸营先归（长沙）腾蛟者，亦引众来合”（《明史》卷二百七十九）。

第三，澧州、荆南一带是李自成的“老根据地”，还是打进北京的先一年，大顺军即据有荆、襄、澧大片地区，设官分守，史载“使高一功、冯雄守襄阳，任继光守荆州（江陵），蔺养成，牛万才守夷陵（宜昌），王文曜守澧州（澧县），……于是河南、湖广、江北诸贼莫不听命”。事见《明史》卷三百九本传。

第四，联合成功之日，“忠贞营”将领曾与南明代表在草坪“酾酒誓，复留宴奏伎，所用女乐犹是帝宫掠来者”（《明季南略》）。退出北京时从皇宫带出的女乐，应是随李自成而转移屯驻的。

李自成入居荆、澧以后，仍在贯注全力于幕后指挥“忠贞营”的活动。这个活动有两个重要内容，一是出楚规复荆襄故地，以北图中原，东下长江；二是在南明内部各股政治、军事力量不断相互激烈摩擦之中，亟力维护南明两代（隆武、永历）政权，以求抗清力量集中和号令统一。但是由于历史情况的种种变化，特别是“忠贞营”实力几经战乱后逐渐削弱散亡，下至顺治九年（1652），李自成不得不进一步退隐石门夹山寺为僧。最早提出这个见解的，是乾隆初年的澧州知州何璘。据《湖南通志》卷一百五名宦十四及《澧州志》《辰州府志》《城步志》载，何璘，宛平人，先任辰州府同知，乾隆十一年（1746）调知澧州，因修澧志，周访旧闻，得九溪卫教授孙某所告，谓石门夹山寺已故和尚奉天玉即李自成。经过他一番实地考察和考订，撰写《书李自成传后》一篇，以纠《明史》李传所记。何文上距《明史》刊发［乾隆四年（1739）］仅七年。兹录何璘原文一段如次：

余以澧志不备，周谘遗事，有孙教授为余言：李自成实窜澧州，因旁询故老，闻自成由公安奔澧，其中多叛亡，至清化驿，随十余骑走牯牛坝，在今安福县（今临澧）境，复弃骑去，独窜石门夹山寺为僧，今其故坟尚在云。余讶之，后至夹山，见寺旁有石塔，覆以瓦屋，塔面大书奉天玉和尚。前立一碑，乃其徒野拂所撰，文载和尚不知何氏子。夫奉天岂和尚所称？曰玉、曰何氏子，盖寓言之，亦讳言之也。遍问寺僧，对不甚详。内有一老僧，年七十余，尚能记夹山旧事，云和尚顺治初年入寺，是律门，不言来自何处，其声似西人。后数年，复有一僧来，云是其徒，乃宗门，自号野拂，系江南人，事和尚甚谨。和尚卒于康熙甲寅岁二（三）月，约年七十。和尚临终有遗言于野拂，彼时幼，不与闻，奉天和尚为其自号，野拂即以名其塔；寺尚藏有遗象，命取视之，则高颧深颇，鸱目曷鼻，状貌狰狞，与《明史》所载相同，其为自成无疑。自成之构乱也，初僭号奉天倡义大元帅，后复僭号新顺王。其曰奉天玉和尚，盖以奉天王自寓，加点以讳之，而玉又玺质，天子之所宝，殆讫死不去僭号。与泰山贼王同一行径，可叹也。而野拂以宗门为律门弟子，事之甚谨，又题称“不知何氏子”，寓遵奉于讳言，岂其旧日谋臣，相与为左右者欤？（《澧州志林》卷二十六）

在历史文献中，除《澧州志林》以外，《石门县志》《澧州志》《埋忧续集》诸书，也有李自成于石门夹山祝发为僧的类同记载。《石门县志》卷三“陵墓”篇且记：

奉天玉墓在夹山大路西坡，以奉天玉和尚即李自成败后祝发为僧，似可确信。旧有紫石牌坊，制造壮丽，为当事者扑碎，并欲暴其骸骨报官，未果。

李自成是陕西延安府米脂县双泉堡人。经查《米脂县志》卷十，也记：

其后兵败，自成率数骑，乞食山中，不知所终。有传其至夹山为僧者，有僧徒数人，皆猛恶，不类沙门。居尝趺坐，不诵经传，后共瘗之，树碣曰：“奉天玉和尚”，盖自成初为奉天王，犹隐寓其意也。尝诵诗云：“时来作恶天还怕，运去看经佛不灵。”二语恰肖其人。

包括《米脂县志》在内的有关文献的说法何所据？由于时间和条件限制，我们暂未追查。但从内容来看，似乎都来源于《书李自成传后》。何璘在撰写此文的同时，还写过一首七律《题奉天玉和尚塔院》，收在《澧州志林》卷二十五。诗前所冠小序谓“（奉天和尚）相传即李自成，寺中所藏遗象，其状貌与史载所称尤极相类。夫自成之荼毒天下，无异黄巢，而皆得脱身空门，可怪也。”原诗有云：“不识江湖浪荡军，灵泉石甃老僧坟。袈裟尝染中原血，髑髅空依碧嶂云。杀气千秋猿鸟避，遗形一轴虎狼分。九宫山下怀金印，疑冢奸雄更数君。”

毫无疑问，何璘其文、其序、其诗，是站在封建地主阶级仇视农民起义领袖的反动立场而在信口臧否，但在经过实地考察和分析之后认定奉天和尚就是李自成却不无道理。根据我们接触到的文献材料和石门夹山寺地面残存碑碣以及新出土的若干有关文物，结合众多文献所记当时比较确切的历史事实，从具体时间、地点、形势和史事推理上得到初步认识是，何璘的认定在很大程度上是可信的。

第一，澧州是大顺军经营已久的地方。如前文所述，早在崇祯十六年（1643）它就是大顺军屯聚荆襄时期的辖区，李自成曾派所部王文曜出守澧州。顺治二年（1645）作战略南移以后，又曾是大顺军两大集结点中最大的一处，号为“忠贞营”的三十多万人马屯聚于此；指挥全军的老营草坪就在靠近澧州渫水以北附近。其后“忠贞营”北出荆州、施州、巴东，南驰辰州、常德和更深的内地，南来北往，澧州经常是“忠贞营”的必经之地和必争之地。石门属澧州，县治距州治仅七十里，州治距澧水之浜的夹山灵泉寺更近。

第二，顺治四年（1647）清兵一度自荆襄攻入常、澧，随之为南明所克复。顺治五年（1648）堵胤锡商调高必正、李赤心十三家大部分兵力南入湘中、湘南，图援江（西）广（东），随入广西，清兵又乘间而入，迫

“石、慈、九、永俱剃发降”（《石门县志》卷十兵难），使留驻常德一带的李军处于腹背受敌，进退无路之严重形势，因此从顺治七年（1650）起，“（李军）湖南四家贼渡常德沙罗至澧（澧属各地），众十余万，扎营新安镇石马堰新沟”，且“于俪阳（澧阳）一带连营四十里为久住计”。（《石门县志》卷十兵难）从顺治七年（1650）九月到顺治八年（1651）四月总共八个月时间，李自成的留湘部队刘二虎（体纯）、袁宗第、张光翠、王进才诸部，在今石门、临澧、澧县地区同清军展开了一场十分激烈的争夺战。几经战役，十万之众溃散在这里，估计李自成也混迹其间。最可注意的是，十万之众扎营的新安镇，与石门县的夹山寺、洛浦寺相距都仅数十里。

第三，在这次澧州大溃散的前后，大顺军方面还发生过两件很不幸的大事，即率领部队南去的两员大将高、李都相继物故。一件是顺治六年（1649）七月李赤心（即李过、李锦）病死在广西南宁。随后顺治八年（1651）高必正（即一功）率“忠贞营”余部假道贵州回湘、鄂、川边区途中，在贵州为孙可望所劫，兵溃，高必正亦死，由李来亨收余众奔回施州卫。而施州卫（今湖北鹤峰、宣恩、恩施一带）就在澧州西北，与澧属石门县密迩毗邻。

第四，1980 年冬，在石门夹山寺大路西坡墓地出土了奉天和尚骨灰坛（白地青花有盖瓷坛、漆封，盛有骨灰）。同骨灰坛一齐出土的还有一块题名“中兴夹山祖庭”石碑（下称墓志碑）。此碑殊可贵，它在奉天和尚死后三年和骨灰坛一同入土，是两百多年前的何璘所没有见到的。从此碑所记若干时、事，证实何璘《书李自成传后》所记确有根据，也证实地面遗存碑碣（野拂碑、康熙碑、道光碑）所记确有所本。

墓志碑记奉天和尚壬辰岁来到夹山寺，与此同时的野拂断碑及晚出的康熙碑、道光碑所记来寺年代完全一致。壬辰是顺治九年（1652），适是高必正率“忠贞营”余部回归荆澧在贵州途中兵溃身死后的几个月，也是常德刘袁张王四家兵在澧州地带全军溃散后的几个月，时间上出现如此衔接，自不当视为偶然的巧合。

第五，墓志碑记奉天和尚病死于甲寅年三月。甲寅即康熙十三年

（1674）。《甲申传信录》卷六“李闯始末”记李自成“以万历丙午岁生”；《明季北略》卷五“李自成起”亦记李自成生于“万历三十四年丙午五月”，同年九月兄鸿名生子李过。万历三十四年丙午为1606年，至康熙十三年（1674）病殁，在世六十九年。乾隆十一年（1746）何璘记奉天终年约七十，与此完全吻合。奉天和尚与李自成生年如此一致，这又应非偶然。

第六，经查佛藏、僧传诸录，从不见和尚以“奉天”为法号，自乾隆年间的何璘到现在，许多人认为“奉天玉”系寓意“奉天王”，不无道理。一是崇祯十五年（1642）李自成“自攻荆州”，十六年（1643）春又“陷承天、旁掠潜山、京山、云梦……皆下”，“自成自号奉天倡义大元帅”；同年入居襄京（襄阳）又“自称新顺王”。（《明史》卷三百九本传）二是中国农民起义有号称“奉天行道”的习惯。三是同南明联合之日，唐王封高夫人敕谕中本有“拜爵奉天殿，受恩坤宁宫”之语；南明“行在”驻跸之所，也常取奉天殿的名称。总之，这个法名与佛教传统习惯格格不入，稍涉佛教史者皆知。

又奉天和尚墓志碑与其徒野佛为其所建碑文中迭见“中兴”二字，如墓碑中有“中兴夹山祖庭”（“中兴”二字填朱），野拂断碑中也有“门徒已数千，指中兴××（残缺）”。“中兴”是南明官方在口头和文书中对“忠贞营”常见使用的词语，每以此与大顺军共勉，“忠贞营”也以此自许而视中兴为己任。如顺治二年（1645）堵胤锡初期至草坪得见高、李时，即谓愿协力同心，以建中兴功业；又谓“今福京新建，主圣臣贤，以此号召天下（大顺军改易南明旗号），何难比美南阳，光复旧宇，以天道人事卜之，中兴无疑，千古得失之机，将军等正举足间尔”（《明季南略》卷十四）。随后唐王敕有司为高夫人建立牌坊，也御书“淑赞中兴”。而此处一齐用到奉天和尚头上，能不发人深思？

第七，据野拂断碑及新出土墓志碑，证实奉天和尚有门弟子数千人。石、慈、九、永偏处荒徼，人烟自古寥落，时又久经兵马战乱，人口更有流散，何来如是之多徒众？据出土墓碑，题“弘律奉天大和尚”，在佛教中属律门，而夹山寺本禅宗临济宗（此宗九世纪中叶由玄义创于河北）传法道场。一个律门和尚，应不可能收数千禅宗徒弟。疑这数千人中，恐大多皆大顺军旧部，以祝发为僧作隐身再起之计。同治八年（1869）《石门县志》尝记，顺治七年（1650）冬，大顺军“王进才一营入九、永山中”。王进才原系闯王骨干之一，人数号称数万。又《慈利县志》记载迟至顺治十五年（1658），仍有闯军余部“结营澧、石、慈山中”。

第八，乾隆初澧州知州亲到石门夹山验证，闻老僧言，奉天和尚操西人口音，顺治初来寺；何璘又见徒野拂为师所立碑（即今断碑，解放初犹完整），碑文竟谓奉天和尚“不知何氏子”。岂有倚为左右的嗣法门人又侍奉其侧二十余年的弟子，竟不知其师之籍贯、法传与身世？康熙碑谓和尚来自西蜀，也无矛盾。盖李自成“崇祯三年（1630）入西川贼不沾泥营，号闯将”（《广阳杂记》卷一引夏振叔《借山随笔》）。《明季北略》卷十二又记：“高迎祥既擒，自成窜西川，走苗城，破宁羌，攻广元，直犯成都，自成往来阶、徽间。”“西人”“西蜀”，都符合李自成的来路与身世。

《广阳杂记》卷一记李自成幼曾为僧，还俗名黄来；《崇祯十五年正月十四日延安府米脂县（地方官）塘报》亦有：“据李成称言，伊系闯贼里人，曾为贼祖营葬；闯贼名李自成，幼为僧，为姬氏牧羊奴。”此见李自成幼年有为僧历史，顺治九年（1652）伪装个和尚“飞锡来兹”，还是“驾轻就熟”，不易被人看出破绽的。

第九，据康熙碑，奉天和尚到夹山寺不及半年，从鼎州（常德）来了个野拂投寺披剃，事和尚甚谨，奉天和尚也倚之至重，师徒关系密切，其后亲承衣钵。可这个倚为左右手的徒弟行踪古怪，住寺时间不长，经常在外，忽而常德、龙阳（今汉寿），忽而澧州、永定（今大庸），忽而慈利，忽而远去江南，忽而别居三十里外的洛浦寺，化来大笔钱财，大兴土木修建夹山寺、洛浦寺，以容接“四方皈依者云集”。这个弟子何来如是之大的本领？疑是李自成的心腹旧部不无道理。最可怪者，奉天和尚圆寂以后不久，这位野拂竟也弃置经营多年的夹山不顾而他去。

综合上述，我们也认为奉天和尚有很大可能就是李自成，于康熙十三年（1674）圆寂在湖南石门县夹山灵泉寺，《明史》及《永历实录》诸书记李自成死事皆非信史。

附记：我们今年在石门县夹山实地考察过程中，承常德地区和石门县的有关领导和同志积极支持和帮助，并为我们提供图片资料，特致谢意。

（载《湘潭大学学报》1981 年第 3 期，《新华文摘》《中国古代史》《史学情报》转载）

湖北通山修建“闯王陵”的根据质疑

（一）李自成墓从通城搬到通山的由来和经过

1955 年，湖北通城县根据郭沫若《甲申三百年祭》和《明史》等书所说，着手在湖北通城县修建闯王陵，并约请郭老为通城新建李自成墓碑题词。可是就在这时，湖北通山县的同志提出异议。最先是通山县杨芳小学历史教师王如江同志，他利用业余时间走访口碑，收集并整理了一些关于李自成殉难于九宫山牛迹岭的传说资料，送请天津《历史教学》月刊社研究和解答。《历史教学》为此约请李文治先生作了一篇考证，以“编辑部答读者问”的栏目，刊登在该刊 1955 年第 12 期上。这篇考证一开始就提出：

> 李自成殉难于九宫山是没有问题了，问题在于九宫山属于哪一县管辖。据现存史料大多数记载说是通城县，如《绥寇纪略》……以及《明史·李自成传》都主此说。只有少数记载如《烈皇小识》、《通山县志》等书说在通山县。二说何去何从，就是此处要考证的问题。

继之提出三点：

第一，据东华录，顺治二年闰六月甲申（按：李文误为顺治四年六月甲申）条所辑阿济格之疏“李自成……声言欲取南京，追及于……九江等地七处，……贼兵尽力穷，窜入九宫山。”又据《张文贞公文集》卷七，谓“自成走九江，……奔溃九宫山”。从这些记载，认定“知自成谋顺流东下不果，复回兵鄂南，而通山东南九十里的九宫山正在江西、湖北两省的交界上，自成回兵鄂南经过九宫山是可能的”。

第二，引《通山县志》之说：“李闯墓在九宫山下牛迹岭。顺治二年贼败窜通山，六都人程九伯集众杀贼首于小源口，葬此。总督军门佟嘉九伯勇略，札委德安府经历。”认为“该志修于康熙四年，距自成之死才二十年，记述当不错误”。同时，又指出《通城县志》所记，是“附会史书之误”。

第三，引通山《程氏宗谱》所记：“程九伯于顺治元年甲申剿闯贼李延于牛迹岭下，献贼首、珠盔、龙袍于本省督宪军门佟，札委德安府经历，后选陕西西安府守备，未赴任而逝。文林郎知通山县正堂任题赞曰：仗义勤王，竭毕生之壮胆；挥戈殄逆，建一时之功勋。正拟麟图，何期豹隐，才德全备，式用赞扬。”李说，以此“和县志所载互相印证，自成殉难于通山九宫山之事，便更加确切”。关于《程氏宗谱》，李先生承认“所记也有些错误，如……等，此盖后人根据传闻追记，遂难免部分失真。但九伯的献功和县官的题赞却是事实。自成殉难于通山九宫山，这份宗谱实为不可反驳的有力证据。此外，相传道光年间，牛迹岭居民锄地发现一副马镫，上有永昌年号。……这也是自成殉难通山九宫山的佐证”。

“据以上考证”，李文作出结论：“断定李自成殉难地点是通山县九宫山，不是通城县九宫山。”

《历史教学》在发表李文的同时，将上述结论函复王如江同志。于是王又在 1955 年 12 月 10 日写信给中共通山县委，建议：① 在通山九宫山牛迹岭修建闯王陵；② 转请人民教育出版社将当时教科书上所记李自成死于通城九宫山更正为通山九宫山。

为此，有关部门又向湖北师专历史学系、武汉大学历史学系及北京中国科学院历史研究所第三所金老毓黻等征集意见。1956 年 3 月 8 日，武汉大学历史系答复：“同意《历史教学》的说法。”3 月 30 日，湖北师专历史学系答复：“《历史教学》编辑部考证，……我们认为这是对的。它举出两种比较原始的资料——《通山县志》和《程氏宗谱》最为有力。”四月，金毓黻先生答复，同意《历史教学》、武汉大学、湖北师专有关系科的上述结论，并作出一些补充。

1956年5月18日，郭老为此发了一个申明：认为上述考证，“确实有据，是可以信赖的。我为通城县李自成墓所作的题词，及在《甲申三百年祭》中说李自成牺牲于湖北通城九宫山，都是根据旧有的传说，应予以注销并改正”。

从此，通城县新建的李自成墓作废，郭老的题词从通城搬到通山。通山县也就大兴土木，在九宫山牛迹岭下，建成一座气魄雄伟、蔚为壮观的“闯王陵”和一幢东方寺院祠宇式的“李自成生平陈列室”。从此，文学作品、舞台戏剧（阿英编写的有关剧作除外）、大中小学教科书，以及近年出版的《辞源》《辞海》等，也都把李自成的死难记在通山九宫山。

（二）通山修“陵”的四条根据不足为据

从上文可以看出，把李自成的死难地点定在九宫山牛迹岭，虽然是来自一个读者、三个单位、三位专家和一位学术权威的共同意见，实际上却是以李文治先生的一篇考证及其结论作为基础的。因此，我们在这里要讨论的重点就在李文。

我们认为，李文治先生的考证，在方法论上是有问题的，所持根据是不可靠的，因而结论也是不能令人信服的。

李文的主旨是考证李自成的殉难地点。据我们了解，记述南明的史籍近四百种，而直接、间接记述李自成死事的文献不下六十种，众说纷纭，莫衷一是，仅死地就有七处，涉及今湖北、湖南、江西、贵州四省。总之，这是个并无确切定论尚待继续研究和探索的问题。而李文在考证方法上，一开始就走上了歪路，由于见到诸书有几处（辰州、通城、通山）九宫山之说，就误信不疑，不再追查“九宫山之说”是否真实、有无可靠的根据，乃贸然提出“自成殉难于九宫山是没有问题了”这么一个“假定性”的前提。又从此出发，把探讨的中心“偷换”为仅仅是“问题在于九宫山是属于哪一县管辖”。这么一来，就使得一个比较复杂的李自成死难地点问题，一下变为一个极简单的纯“历史地理学”问题了。

自成殉难于九宫山为什么"没有问题"？李文没有作出交代，也没有提出任何有力的史实根据；在第二、第三点中，虽举《通山县志》和《程氏宗谱》的有关记载以佐证这个前提，而那些记载却又恰是受不得推敲、经不起检验的。

李自成死于通山九宫山说之不可信，是由于它并非客观历史事实，而是出自无可验信的传闻。李自成"兵尽力穷，溃窜九宫山"云云，仅仅是当日明、清两方当事官僚谎报图功的粉饰之词：因为大顺军的主力部队并未取道通山，更未"兵尽力穷，窜溃九宫山"，而是五十万大军基本完好，甚至还有所壮大地转移到了湖南。我们已在《李自成死地、终年问题考》一文中（见《湘潭大学学报（哲学社会科学版）》1981 年第 3 期）详细阐述，兹不复赘。

下面剖析一下李文借以作出结论的四个根据。

根据之一是《通山县志》。

经查此志除李文所引而外，其第二十四页等处还有如下一些记载：

> 程九伯，六都人，顺治二年五月，闯贼万余人至县蹂躏，烧杀为虐，民无宁处，九伯聚众杀贼首于小源口，本省总督军门佟嘉其勇略，札委德安府经历。
>
> （国朝）顺治二年五月初四日，闻贼数万入县，毁戮四境，人民如鸟兽散，死于锋镝者数千，蹂躏三月无安处。幸王师翦除，百姓如解倒悬，（秋冬）渐复故土。

据此不难明白，六都人程九伯在九宫山小源口所击杀者只是一位不知名的"贼首"，葬于牛迹岭下的也是这一"贼首"。而"贼首"并不等于李自成，自属显然。至于《通山县志·陵墓篇》中所说"李闯墓"，只是人们的附会传说，并无可信依据。与康熙《通山县志》同时的费密《荒书》还记载：程九伯所杀者不知名，事后"行查到县"，程本人也不肯出认，只是由一个不相干的县官在那里指鹿为马、张冠李戴才弄出这个以讹传讹、弄假成真的"李闯墓"。二十年后修县志，把这一传说（"贼首"墓即"李闯"墓）收辑其中，那是不足为怪的。

根据之二是《程氏宗谱》。

经查程谱，其“安思房”下的记述如次：

> 恭达三子字九百，号南枝，于万历四十三年乙卯三月初九午时生，于顺治元年甲申剿闯贼李延于牛迹岭下，献贼首、珠盔、龙袍于本省督宪军门佟。

这又是一个自身错乱很多，更不足信的材料。顺治元年（1644）甲申，李自成统帅的大顺军还在从陕西继续北伐以攻取北京，又从北京西撤的途中，此时通山县何来“闯贼”可剿？李文治先生解释说这是“将顺治二年讹为元年”。即使如此，也不能证明程九百所杀者就是李自成，因《程氏宗谱》已明白记述被杀者名叫李延，这与李自成何关？李文又解释说，李延可能是李岩之误，李岩在大顺军中极有名，李岩虽已早死，“通山县人仍误以自成为李岩”。如此奇怪推论，完全是李文的主观臆测。果如李文所述，“李延是李自成之讹”，那么人们不禁要问，何至如此一件又报功、又升官、又题赞纪功的大事，如此一件献出被杀者首级、珠盔、龙袍的大事，连个名字都会弄错？即便事发之初没有弄清，报功、升官之日应已清楚了；即便当日讹传错误，宗谱乃后世所修，何以不见更正？宗谱讹误了，何以官修《通山县志》也不敢书出被杀者为李自成？凡此种种，都说明李延与李自成是北斗南箕，两无关系。

李文又说，“当日湖广总督不姓佟，程谱与通山县志并误”。湖北师专的同志已指出李先生此说错误，并举内阁大库残档证实当时确有位“八省总督佟”，但弄不清这个姓佟的名字是什么。《湖北通志》（第一册三五七页）说是佟养甲；湖北师专的同志引李元度《国朝先正事略》、《清史稿》列传二十七疑是佟岱，但“不敢十分肯定”。其实这个“钦命总督江西、湖广、福建、四川、广东、广西、云南、贵州等处地方军务、统属文武、兼理粮贮、吏部左侍郎佟”，叫佟养和，见王夫之《永历实录》。根据清廷内阁大库档案中甲第二本第一二一页所记，顺治二年（1645）十月初十日递到北京朝廷的一件佟养和报送的揭帖残卷，佟养和这个官职是顺治二年（1645）六月十八日由英亲王阿济格委派的，佟因阻风逆水，七月十五日才抵武昌到职上任，而流言李自成兵溃走死九宫山是顺治二年（1645）五月初三。从五月初三到七月十五日，其间相距已一百零三天，炎夏酷暑，一个死者首级怎么可以保存下来从数百里外的九宫山送去武昌献验？此犹其次，据前引《通山县志》所记，从五月起的三个多月期间，大顺军的一支游弋部队占据通山全县四境，“人民如鸟兽散，死于锋镝者数千”，此时清军、南明双方的力量都不及此，包括九宫山在内的通山县是大顺军所占领的区域，一个“乡民”程九百果真杀死了大顺军统帅李自成，凶手本人居然安全无恙，而且保存着李自成的脑袋，以及珠盔、龙袍，是谁也难于相信的“神话”。况当时清军、南明、大顺三方混战，大局未定，而清军南下剃发屠城，汉民族反清情绪与日俱涨，在这种战局，这种民族感情和心理状态下，九宫山的汉族山民程九百，居然保藏“贼首”，等待几个月以后大顺军撤出通山，再拿去向关外新来的异族“大清总督”报验邀功，也未免过分违反常情。此《程氏宗谱》所记不可信据者一。

佟养和到职的首要任务，是招辑安抚八省官民，在清档中有件《总督八省军门佟揭帖》，他向朝廷汇报顺治二年（1645）湖广地方情况极详，连收贮到“流贼印四颗，内（大顺军副将王复远所缴）银印一颗”及其他一些军政细节都有记载，唯独只字不提曾经有过程九百献李自成“贼首、珠盔、龙袍”并予褒奖授官事，此《程氏宗谱》所记不可信据者二。

在明、清双方政权眼中，李自成是“逭诛两朝”、“十恶不赦”、求其首级而不可得的“元凶”，如果真有程九伯击杀李自成又报验信物，那在当日应该是一件轰动朝野的第一要闻，经查阅已经整理印出的清廷内阁大库残档、清世祖实录以及根据实录、朱批“红本”等原始材料编撰的蒋氏、王氏两种东华录和佟养和、佟养甲、佟岱、罗绣锦（《通山县志》引《湖北通志》又作献贼首于罗绣锦）诸人的有关传记、文献，概无此事。此《程氏宗谱》所记不可信据者三。

“自成不好酒色，脱粟粗粝，与其下同甘苦”（明史三百九），平生服饰简朴，“毡笠缥衣”，从无珠盔、龙袍。史载崇祯十七年（1644）李自成在北京登极称帝，将行郊天礼，牛金星复强“被冠冕”，自成犹谓：“老子马上天子，安用此为?”非仅李自成，大顺军部将部属也无服用封建官服习惯，大顺军与南明政权联合，唐王诏赐“忠贞营”诸将冠服，皆“如负芒刺，终弃不用”。李自成冠带珠盔、龙袍，全是好事者的猜想。此《程氏宗谱》不足信据者四。

根据之三是一副马镫。

“相传道光年间，牛迹岭居民锄地发现一副马镫，上有永昌年号。”现在九宫山闯王陵陈列室的展品内还有一副马镫，那是原物还是复制品，姑置不论。“（崇祯）十七年正月庚寅朔，自成称王于西安，僭国号曰大顺，改元永昌，改名自晟。”《明史》本传及《鹿樵纪闻》等都有记载，大顺军确以“永昌”纪元。马镫是军器之一，大顺军在军器上镌刻年号是完全可能的，但并不能作为李自成殉难通山九宫山的佐证。因为大顺军的骑兵很多，镌有永昌年号的马镫是上自李自成、中而部将、下至士卒的通用器物。它可以证明大顺军可能曾经到过这里，却不能证明在牛迹岭下的死者就是李自成。

根据之四是一条民间传说。

光绪庚子修的《九宫山志》卷十四：“至今传贼所佩剑尚藏山下民家。”这是个谁也没有见到实物、谁也没有进行过考订的传说。民家是谁?佩剑在哪里?其形状如何?光绪庚子（1900）上距顺治乙酉（1645）已二百五十多年，有何根据证明它确是明末大顺军使用的军器?又有何证据说明它确是“贼所佩剑”?这种传说当然不能作为什么“佐证”。

其次，还有必要谈一下顺治二年（1645）大顺军同南明政权联合抗清前夕，李自成在湖北的进军路线问题。长期以来，特别是二十世纪五十年代在通山修建闯王陵以来，人们由于误读又误信阿济格的报告，以及从这个报告衍生出来的晚起书说（《张文贞公文集》即其中之一），加上大顺军南下湖广、撤离武昌之前，曾扬言要直下宣、歙（安徽），规取南京，因而造成一种甚为普遍的错觉，总以为大顺军是自武昌全军东下，蹑明将左（良玉）军之后追到江西，清军又蹑大顺军之后追到九江，闯军战败，被迫回兵鄂南。而九宫山位于江西、湖北两省交界点上，在回兵鄂南经过这个交界点之日，大顺军奔溃，李自成轻骑出走遇害。于是乎，李自成殉难于九宫山就“顺理成章”了。李文也是在这样的认识基础上展开的。然而历史事实并非如此，根本不存在这种“合理推想”出来的进军路线。有关大顺军在湖北作全军战略转移的具体路线问题，我们将在《李自成联明抗清的战略与策略》一文中另辟专章讨论细节，这里仅就题论事地谈谈撤出武昌的大顺军主力部队，从来没有东进江西或九江，没有从江西或九江路过九宫山回兵鄂南；而是逆长江两岸南下，挺进湖南巴陵（即明代湖广岳州府地区）。为了澄清这个问题，特引下列史书以见其真相：

1. 李自成不曾东进江西或九江

《明史》卷二百七十七、列传一百六十五袁继咸传：“初，继咸闻李自成兵败南下，命部将郝效忠、陈麟、邓林奇守九江，自统副将汪硕画、李士元等援袁州，防贼由岳州、长沙入江西境。”“闻良玉反，复还九江，与良玉会，阻兵谏。会良玉死、南都破，继咸劝梦庚旋师湖北，不听，挟继咸降于大清。”

《明史》卷二百七十三、列传一百六十一左良玉传：“良玉兵八十万，号百万。”“（良玉反武昌），传檄讨马士英，自汉口达蕲州，列舟二百余里。良玉疾已剧，至九江，邀总督袁继咸入舟中”，将“劫诸将盟，继咸正辞拒之”。会良玉死，“（良玉子）梦庚遂偕（黄）澍以众降于九江”。

袁继咸是南明的湖广、江西总督，与左良玉友善，一直督重兵镇守九江，“南都（南明福王）倚为屏蔽”（明史二七三）。左良玉父子是明朝的“平贼大将军”，乃李自成的老对手，因“讨贼”功而封伯、封侯。袁、左两家兵所辖战舰马步兵各数十万，自左良玉四月撤出武汉东下江西，迄五月中旬南都沦落而一起在九江投降清兵。他们的主力始终屯守九江。在袁继咸自撰的《浔阳纪事》中，在他们以及屯守九江的其他将领的传记里，从来不见记述同李自成部队在江西有过任何一次战役或接触。由此可见，李自成的大顺军并未东进江西或九江。所谓“从江西回兵鄂南，路过九宫山”，完全是李文的一种不符史实的揣想。

适相反，从袁继咸传可以证实，自成军南下直指岳阳、长沙，所以他才准备出援袁州（今江西萍乡），防止大军从长沙、浏阳假道醴陵进入江西袁州境。

2. 李自成自武昌沿江南进湖南巴陵

何腾蛟《上隆武帝疏》：

> 闯逆居鄂两日，……即拔营而上，然其意尚欲追臣盘踞湖南耳。

吴伟业《鹿樵纪闻》卷下：

> （闯贼）至武昌，众尚五十余万，留屯月余，欲溯（长）江走岳州，将发，忽烈风暴雨，阴霾四塞，贼由是变计，从陆出咸宁、蒲圻，过通城。

吴伟业《绥寇纪略》卷九：

> 自成（将东下，遇风雹），乃以四月二十四日改由金牛、保安走延（咸）宁、蒲圻，沿途恣意杀掠。

吴伟业所著《鹿樵纪闻》《绥寇纪略》，如同其他明末典籍一样，纰谬不少，但所记进军路线，参证其他文献，验以史实，结合古今地理地形的实地考察，却是完全正确的，这是千百年来同长江平行的一条岳、武间通道。金毓黻先生为李文补充说：《纪略》纪“自成由金牛、保安走蒲圻过通城十几个字，验以地图，金牛、保安两个地方都在通山县以北，由此可以直达通山，再进至九宫山。倘从金牛、保安再经蒲圻以达通城，则道路非常迂曲。因此设想，《绥寇纪略》所说的通城是通山的误写”。这个“设想”是错误的，第一，金老脑子里先有个“通山九宫山”的先定成见，又有个大顺军离开武昌“取道九宫山进入江西”的误解，而完全忽视了大顺军的东部集结目标是以岳州府为中心的巴陵、蒲圻、通城、平江、湘阴、浏阳。后来李部郝摇旗、王进才、袁宗第十多万从武昌撤来的部众，就是在此一地区与南明何腾蛟联合的。第二，金老是东北满族人，久居北方，不了解鄂、赣、湘边区的地形和地理交通状况。而这些状况，仅从地图上是看不出来的。鄂南、湘北与赣东交界处，横亘有一条蜿蜒南北的幕阜山脉，九宫山仅是这条山脉中通山和宁州交界的一段。保安堡属湖北鄂城县（明代的武昌县），金牛镇在保安以南，属湖北咸宁县。这两个地方都在武昌府治附近的梁子湖的西南岸，从金牛、保安到咸宁古驿道是一条极合理又极近便的通道；如从此处南至通山则有大幕山梗阻其间，崎岖难行。并且，如欲从金牛、保安出江西，自可取最近的兴国州（今阳新）东向瑞昌，何用艰难曲折远攀通山九宫山？至若南奔巴陵，则九宫山偏远于岳武通道数百里外的荒徼东陲，不在交通线上。

王夫之（永历实录）卷十三：

> （自成）遂由巴陵北境，奔入江楚界，南渐浏阳，北迄通山，东抵宁州，鸟惊兽逸，掠食千里，岳武间居民惊贼猝至，亦不知所自来。

王夫之是南明（桂王）朝廷行人司行人，顺治四年（1647）还曾在湖南衡山南岳一带发动群众起兵抗清。《永历实录》所记十分清楚，大顺军是从武昌抵达巴陵（岳阳）以后，才分兵从巴陵北境向东扩展到江（西）楚（湖北、湖南）界（毗邻处）；随又具体指出范围：“南渐浏阳，北迄通山，东抵宁州”。湖南浏阳东北的大围山、平江东部，湖北通城东部、通山东部都同江西宁州（清代的义宁州境）交界。“东抵宁州”者，指大顺军所占区域的东限。“岳武间居民惊贼猝至”，已明确此为李自成的进军路线，通山九宫山不在岳武通道上，偏处东陲很远。

综上可见，当年大顺军主力撤离武昌，是沿今天京广线武昌—岳阳间的路线南进巴陵。既未沿江东进江西又回兵鄂南路过九宫山（李文治），更未从武昌取道九宫山进入江西（金毓黻）。《通山县志》虽记闯军五月初四进入通山占领三个多月，那是集结岳阳后从巴陵北境东去的一支护卫集结点的游弋部队，人数只有万人或数万人，不过是大顺军五十多万大军的一个零头而已。

1981 年 8 月 18 日写于长沙寓所
（载《求索》1982 年第 1 期）

李自成死事问题有关档案材料的澄清

明末农民起义领袖李自成究竟死于何处？是怎样死的？历来是一桩疑案。前不久，石门县有关文物出土，使李自成死于石门夹山之说又被重新提了出来。《湘潭大学学报》《求索》《湖南日报》都先后发表文章，引起了人们对这个问题的兴趣。这里发表的湘潭大学韩长耕同志的文章，主要对清朝有关档案进行了辨析，认为这些档案不能证明李自成死于湖北通山等地。发表此文，以表示本刊对这场有益的学术讨论的参加和支持。

编者（《新湘评论》编者）

关于李自成1645年死于九江或湖北通山的说法，很大程度上来源于清朝的一些档案材料。其实，只要对这些档案加以剖析澄清，就可以发现它的说法是不符合历史实际的，是不可信的。

这些造成了人们错觉的档案，大体可以分为两类。

一类是当年顺治二年（1645）清朝各地方官吏向朝廷送去“庆贺”李自成“已受天刑”的启本，这类材料较多，内容大同小异，文意也极明白，现选几件有代表性的档案文件节录于次：

一、《丁文盛贺清军攻克南京及李自成牺牲事启》（顺治二年七月十二日）

钦差巡抚山东等处地方、督理营田、提督军务、都察院右佥御史臣丁文盛谨启，为庆贺事。臣惟自古帝王平定天下，未有如我国朝神速者也。关中金城千里，克如拉朽，金陵长江天堑，功收俄倾，李自成逃聚九江，追及而骈戮无遗；潞王抗拒杭州，一鼓而全浙归城；他如遐陬僻壤，闻风响应，传檄可定，是皆皇上至德元沛，皇叔父神武遐畅，故周岁之间，海宇荡平，诚所谓仁者无敌于天下也。……臣不获随班拜扬，谨具疏恭陈下悃。缘系庆贺事理。为此具本。专差官徐仲麟赍捧，谨具启闻。（作者案：上件见故宫博物院明清档案部编《清代档案史料丛编》第六辑第139—140页。标题为原整理者所加，下同。）

二、《陕甘巡按魏琯为李自成牺牲事启本》（顺治二年八月初四日）

巡按陕西甘肃、监察御史臣魏琯谨启，为恭贺捷音事。臣久役途次，邸报无闻，至西安乃始见抄传，豫（英?）王塘报李自成已受天刑，刘宗闵、宋矮子尽行歼殄。臣不胜举手加额，叩地呼天。痛思弑逆李自成。豕突秦关，十有八载，不念三百年之共主，敢于称戈犯阙，震惊乘舆，神人共愤，率土同仇。幸赖我皇上发问罪之师，皇叔父摄政王授阃外之路。一败于关门而神器归；再破于西安而巢穴扫；三灭于九江而根株净。义高万古，气畅三灵。……臣远出天末，不克随班忭舞，谨具本称贺，……专差承差乔维祜赍捧，谨具启闻。（见故宫博物院明清档案部编《清代档案史料丛编》第六辑第141页）

三、《安庐池太巡抚刘应宾揭帖》（顺治二年十一月初二日到）

钦差协理军务，巡抚安庐池太四府兼辖光固蕲广黄德湖口等处地方都察院右佥都御史刘应宾谨揭，为巨寇就缚，普天获生，恭陈贺悃，以庆大定事。窃为明季群盗纵横而乱天下者，实闯逆李自成也，痛毒四海，戕弑主后，穷凶极恶，亘古未闻，天讨有罪，诞授大清，恭行吊伐。我皇上性成睿圣，皇叔父摄政王天纵神谟，一著戎衣，四方风动，爰驱勍敌，若鼠窜而狼奔，直取元凶，遂烽销而烟灭，……职捧阅邸报至此，不觉二十年天下人之积怨深仇，歼于一日，微职之家难国难雪于一朝，报韩获见，依列更深，从此洗甲洗兵、善政善教，……为此除具题外，理合具揭，须至揭帖者。顺治二年十月日右佥都御史刘应宾。（见明清残档中甲第二本第126页）

四、《原任淮海藩镇东平侯刘泽清揭帖》（顺治二年十一月初三日到）

原任淮海藩镇东平侯刘泽清谨揭，为捐银助享殿之工，聊舒一念悼悃事。窃职受故明先帝之恩，不能杀闯报仇；蒙皇上皇叔父摄政王葬故明先帝而陵寝竣，灭叛逆闯贼而仇愤报，……今闻方建故明先帝享殿，职愿捐银一百两助工，……为此除具奉外，理合具揭，须至揭帖者。顺治二年十月 日。（明清残档中甲第二本第127页）

以上选录的四个材料，三件“庆贺”李自成已死，一件悼悃“怀陵”，也明确提到“灭叛逆闯贼而仇愤报”。时间都在顺治二年（1645）七月到十月，上距流言李自成之死仅及数月，而且原件俱在，档案的真实性毋庸置疑。因此，有的同志即据此认为：各地官僚都送“贺本”，“他们从不同的地方，在不同岗位上发出同一喧嚣，必非无据，否则有欺君之罪”，从而确认李自成于顺治二年（1645）确已死亡。此种论说，乍看坚实有力，颇耸听闻。然而细一追查，却又大谬不然。问题的症结就发生在这个“必非无据”的“据”上。

“贺本”确是都有根据的。根据就是清朝中央政府先此发出的“邸报”或“邸抄”。所谓邸报、邸抄，即官方通报或新闻公报。因为朝廷传出的邸报宣布全歼闯军于九江，李自成已经“伏诛”，凡是直接收到邸报的各地督抚方吏或途次得读邸抄的外出官僚，无不闻风纷纷向朝廷专差赍送庆贺启本和揭帖，借此对“皇功圣德”大肆恭维歌颂一通。这是封建社会的常规，也是封建君主制中的礼仪，面对通告如此大事的邸报，京城内外官僚们是谁也不敢有所怠慢疏忽，而且必须立即作一番拜扬忭舞丑态表演的。因此这类庆贺李自成已死的启本应有成百上千件，只是大多数失传而已。

来自四面八方的“贺本”虽有“邸报”作为根据，但事情却不能到此为止，还应赓续查明朝廷邸报的消息来源何所据。易言之，尚须找寻史源，考正讹误，以保证论说根据可靠，引证不误，判断准确。据《清实录》和《东华录》，清朝中央政府之所以发出这个邸报，是根据派出“追剿”李自成的清廷靖远大将军和硕英亲王阿济格上送到北京的一个很不真实的告捷报告而来。这个报告谎称“流贼已灭，李自成已死”。清廷闻讯，一面特诏遣使劳军，一面又迫不及待地“告祭天地、太庙，宣谕中外”，闹得朝野喧嚣，煞有介事。不妙的是清廷狂欢未定，立即发现这是阿济格鲁莽造作的一场欺诳骗局，因而引起朝廷首脑摄政王多尔衮震怒，对身为皇族亲王的阿济格严厉斥责，“坐罪议处”，降为郡王（当然降格还有别的原因）；但对已经郑重宣布的虚假（全歼全胜）战报却已无法收回，搞得清朝政府非常狼狈。所以当年各地“贺启”“揭帖”雪片飞来之日，正是朝廷为之哭笑不得之时，每到一件“贺本”，实际是对朝廷轻率发布公报的一次最难堪的嘲讽，这就是“贺本”产生的来历和背景。为了澄清事实，兹就《清世祖实录》、《东华录》（王辑本）所辑有关确切无误的记录拈出如次，以明此段历史的全部真相。

（顺治二年）秋七月己巳（二十日），摄政王遣甲喇章京巴都等，至靖远大将军英亲王阿济格军。谕曰：此来遣人迎劳，原以兵丁远行劳苦故也。至于王及行间大臣，本应遣官特迎，但尔等先称流贼已灭，李自成已死，贼兵尽皆剿除，故告祭天地、太庙，宣谕中外。后又言自成身死是真，战败贼兵凡十三次。（然）则先称贼兵尽歼者，竟属虚语。今又（奏报）闻自成逃遁，见在江西。此等奏报情形，前后互异，以此谕众，已骇听闻，况经告祭天地、太庙，岂有如此欺诳之理。

尔等之意，特以奉命剿除流寇，如不称流贼已灭，李自成已死，则难以班师，故行欺诳耳。尔等虽行诳称，其谁信之？以此，故不遣使迎王及诸大臣也。

八月癸未（初十），靖远大将军英亲王阿济格师还至卢沟桥，摄政王会学士伊图等往谕：因尔等有罪应议处，故不遣人迎接，尔等可至午门会齐后即各归家。

（顺治三年正月）庚午（二十二日），以英亲王阿济格张盖坐午门，坐以就得之罪。

由上可见，这类“贺启”“揭帖”档案材料，是在一种特殊情况下出现的一堆自欺欺人、毫无价值的废纸，它既不能证明闯军尽歼，更不能作为顺治二年（1645）李自成已死九江或通山的论据。

第二类档案材料，是清朝地方军政官员的奏启、塘报、揭帖中，对李自成的各部，有时指称“李逆余部”“闯逆余孽”或“闯逆已除”，如《总兵官贺畛揭帖》（明清残档中甲第二本第133页）、《湖北巡按马兆奎揭帖》（明清残档中甲第二本第147页）、《荆州总兵郑四维揭帖》（《明清史料》丙编第六本第515页）等。有的同志又据此判断，如果李自成顺治二年（1645）未死，应不会在公文记叙中出现此类口气，反过来用以证明李自成已死。这种侧面推断也根本不能成立。其原因和理由是：对任何文献包括档案材料，都不能从中抠取个别字句，而必须连贯上下前后文通读，以明此词句的原意，更不能排除与此字句的一切有关史事联系，以免产生误解。上引诸件档案公文，都根本不是直接论述李自成的存亡，而是在汇报同闯军所辖个别部将作战后的军情报告中添加的冠称，以表明此部此将本属李自成军，这是当时公文上一种“约定俗成”的习惯，初不限于李军或李军部将而已。因此，“余部”“余孽”之称，与李自成本人的生死问题无关；而且“闯逆已除”云云，也旨在顺应当日朝廷宣传，夸耀战果，并不等于说李自成已死，诸此行文类例殊多，姑撷例以证愚见。《清世祖实录》及《东华录》记顺治三年（1646）三月二十三日，清将勒德克浑向朝廷报告，他同一只虎（李过）为首的闯军展开的一场争夺荆州之战大获全胜。原报告说：此役“获玉玺一，人口无算，马骡牛只一万二千余，惟一只虎未获”，“捷闻，优奖之，下所司察叙”。可是，同年四月癸卯（初三日）针对此役褒奖的上谕却云：

> 顷闻尔（勒德克浑）等破灭一只虎等贼，深用嘉悦，是皆尔与诸将士勠力同心，为国尽瘁，故不至重劳我师削平逆丑。今一只虎等贼既殄灭，乘暑气未甚，亟宜班师。

一只虎“未获”，人尚健在，此后还曾率部与清军作战多年，而上谕却一则曰“破灭一只虎等贼”“削平逆丑”，再则曰“今一只虎等贼既殄灭”。此见殄灭、破灭、削平诸词语都不说明一只虎李过已死。与此同理，

“闯逆已除”，也不说明李自成已经死亡，这是一。

其次，“闯逆已除”一语，出自顺治二年（1645）十一月二十三日荆州总兵郑四维的一件揭帖。这是郑四维困守荆州，与闯军鏖战多时，军情政情万分危急，而朝廷又被层层谎报蒙蔽之日，在万不得已的情况下，向清朝政府送去的一个揭明真相的报告。原文本作“皇上只知闯逆已除，不知余孽全在”“只知余孽就抚，不知真抚者何人”；又说：“况坏明朝天下者，皆此辈也。”文意十分明白，“闯逆已除”“余孽就抚”都是不真实的，推倒明朝天下的“此辈”（英雄好汉）全在。是知“闯逆已除”一词，绝不能理解为李自成已死，这是二。

有的同志认为，讨论李自成死事的时间、地点问题，“应以档案材料为立论的主要根据”，“无档案可据的，应以与农民军有接触的人的记述为据”。一般地说，这是对的。但是，对于具体的档案材料，对于个别当事者的言论或记述，仍须用科学的、实事求是的方法给以必不可少的审订和甄别。因为有些官方档案材料是不可尽信的。质言之，是不可靠的、不真实的、虚假的、错误的。在明清残档中，至今还有这么一件有关的虚假档案，名曰《陕西总督孟乔芳启》（中甲第二本第103页），其文如下：

> 再有汉中府流贼贺珍……四员，已经投表归顺矣。……其汉中道府乡绅士民人等各具表文投降，俱言贺珍等杀死李锦、战败八大王是实。

上件残档之后，还有顺治二年（1645）三月二十五日朱批“谕旨”一段。李锦即李过，后来更名李赤心，是李自成之兄李鸿名的儿子，随李自成南北转战，系闯军的主要将领和骨干。贺珍等四人是叛变降清的农民军叛徒，孟乔芳是清廷派出“督剿流贼”又接受贺珍叛降的大吏，“启本”是孟乔芳直接送给朝廷的报告，还经皇帝过目朱批，毫无疑问，这是最原始的第一手材料，从顺治皇帝到孟乔芳、贺珍、李锦都是最直接的当事者，照理，所述应该无误了；汉中道府乡绅士民人等各具表文，又一致说贺珍杀死李锦是实，当事人贺珍也不否认，应是最可相信的材料了。然而事实却完全相反，“贺珍杀死李锦”是百分之百的虚假捏造。实际李锦健在，正随李自成率大顺军南下荆襄。后来还是出面同堵胤锡谈判联明抗清的“忠贞营”首脑。顺治六年（1649）病死于广西南宁军次，这已是人所周知的史实。

总而言之，档案材料是可以利用的，但万万不可绝对化，必须考订、鉴别，方可引用。唯有如此，始能真正“搞清历史的真实情况”。

1981年10月写于湘潭大学

（载《新湘评论》1981年第12期）

李自成未死通山诠证

同志们的文章，各自在引证大量史料基础上提出了自己的看法。当前讨论的焦点，集中在李自成死于通山是否可信。我们的观点明确，是持怀疑和否定说的。我们认为，要解决这个问题，应从如下两方面考虑：一是通过全面考察 1645 年 1 月李自成率部南下湖广以后的政治军事形势和大顺军当时采取的战略、策略及行军路线，来看看李自成及其主力部队是否或有无可能东下九江并到过通山；二是从那些谣传李自成走死通山的史料本身进行具体分析，追查其来源，考验其信值。因此，再次提出我们的见解，以求正于方家。

一、1645 年的形势和大顺军抗清斗争的战略与策略

顺治元年（1644）十月初，多尔衮迎立顺治帝在北京登基，随即专遣阿济格、多铎分率两路大军，对陕西展开钳形攻势，企图一举消灭大顺军于关中。同年底潼关一战，大顺军溃败；多铎直薄西安。这时阿济格已进入陕北，驻守陕北的高一功、李过数十万众有被清军南北包围吃掉的危险。处此军情紧急之际，李自成立即布置全军分两路南下湖广，自率西安马步兵循商邓急趋荆襄，命令陕北高李大军同时绕道汉中向荆襄方向靠拢集结。

顺治二年（1645）正月十三日，李自成撤离西安，后五天清军多铎部进据。而当时高一功、李过正在陕北同阿济格周旋，曾几次予清军重创，

就这个局部地区的战局而言，并未处于不利状态。可是陕北高、李大军却在李自成撤离西安的后一天或稍后几天，同时主动撤出陕北南下：撤离的时间相同，集结的方向一致。这就说明大顺军两路撤出陕西，完全是一次有部署的统一行动。那种视李自成率军南下湖广，就同高、李失去联系的说法，是于史不合的。

湖广荆襄，是崇祯十五年（1642）以来就由大顺军经营已久的老根据地，势力最盛之日，除武昌府及郧阳府一隅而外，实力范围遍及于全楚，往南更跨进到岳州以西的荆南、澧州大片地区。李自成在这里不仅有雄厚的群众基础，还有七万留守部队，如活跃于德安、承天两府的白旺，驻守荆、岳一带的任光荣、孟长庚，皆其留守将领中的佼佼者。“襄阳，为古今兵家必争之地”，“襄阳守，则可由宛叶北窥河洛，出商邓西图关中”（《南疆逸史》卷九），经郧阳又可与汉中连接，地扼湖广、江南门户，故为李自成率军南下的第一个目标。顺治二年（1645）正月底，大顺军进抵内乡、邓州，除留少数兵力据守这个襄樊外围据点以防清军外，主力仍迳迫襄阳，直下湖广。大约在二月初，李自成所部抵达襄阳外围之际，遭受原据郧阳明守徐起元、王光恩的伏击，结果李自成所部除进占襄阳府属光化、均州、南漳、宜城、谷城等县以图打通郧阳，接应陕北南下汉中之师而外，同时自樊城浮桥渡江至襄，收拾兵马分三道直入湖广腹里，“一道渡江走随州、枣阳，一道走荆门，一道水路走汉口”（《弘光实录钞》卷三），与湖广留守旧部汇合，“拥众数十万，分四十八部，拥有襄阳、德安、承天、荆州四府守之”（《罪惟录》列传三十一）。当时横亘于鄂东的尚有两股专事防堵大顺军的夙敌：一是据守武昌的南明“平贼大将军”左良玉军；一是屯重兵于九江的南明江楚应皖总督袁继咸军。“闻闯贼日夜东下，左帅恐”（《江变纪略》卷一），“左帅屡与闯帅白旺战郧、沔间不胜”（《江夏县志》卷五），“诸镇标咸思避锋锐”（《浔阳纪事》）。虽然如此，但李自成为了实现据楚蓄积力量以北抗中原、驱除清军的总战略，对武昌左军仍不以主力作正面交锋，乃北据德安，南逼潜江、沔阳，迫使左、袁“坐食软困”在武昌、九江一段。大顺、南明之间一时无激烈战斗。

高一功、李过的部队大约在二月中旬，自陕北绕道进入陕南汉中。不意原驻那里的贺珍叛变降清，对高、李所部进行了堵击。大顺军两路大军原企图在郧、襄、汉中会合的打算，因碰上汉中贺珍、郧阳徐起元这两起意外袭击而落空。于是高、李数十万众立即改道川东再东趋湖广荆门，争取迅速与李自成已先行到达的主力会合。

以上基本情况说明，从顺治二年（1645）正月中旬到三月下旬，大顺两路南下大军都无任何清军尾追，也未经任何激烈战役，非但元气未伤，而且进入湖广四府与旧部会合，军容气势为之一壮。至于阿济格部追及大顺军，那是在三月下旬及其以后。这个史实，因长期以来被人搞得含混不清，造出重重错觉，必须首先如实澄清。

待到顺治二年（1645）三月下旬到四月转初，形势有了变化，两个重要情况约略同时出现。一是清军部署南追的两支大军，其中多铎的一支已早过河南直逼江北，威胁南京，另一支阿济格军，也在西安休整之后，沿李自成正月撤军路线东向南下，于三月十八日前后前锋进达内乡、邓州。阿济格此时只知“豫楚之间，所至皆贼，而独不得自成所在”（《张文贞公文集》卷七）。及席特库薄城，始知“乃贼余党也”（《张文贞公文集》卷七）。这是必然的，因为李自成及其主力部队早在二月下旬以前，就路过内、邓进入湖广，同襄、承、荆、德四府“守御兵七万”会合去了。有些同志因见着康熙《内乡县志》卷十上有“（大顺军）正月二十九歇马，三月十八日始拔营去”，《邓州志》上有“三月归版王朝”的记载，就不假思索地错误理解为：李自成及其主力部队在内、邓留屯了五十天；而且还找了个理由，说是因为想等待陕北南下大军于此会师。这是不符合史实的。据《襄阳府志》，徐起元在襄阳附近伏击李自成是二月，说明大顺军二月已入襄樊，大顺军占有均州、光化、宜城也是在二月（据《县志》），又说明二月大顺军已早进入这些地区。《明通鉴》记张鼐抵达承天府是“二月戊寅（二十三日）”，《钟祥县志》又记“乙酉二月闯逆南奔，留伪义侯张鼐殿后”。“殿后”就是走在最后，决不能毫无根据地改篡为“先期”。至于《内乡县志》及《邓州志》所记云云，仅系记载大顺军曾经占领这里的起讫时间，却不等于李自成及其主力部队十三万全部集结于此不动，直到三月份方始离开。史文彰明较著。所谓“李自成三月十八日从内乡、邓州地区拔营南奔”的说法，完全是一种脱离前后相互关联史事的臆说。

如果从李自成及其主力留驻内、邓五十天等着“挨打”这个臆说出发，就必然得出李自成在前溃逃，阿济格紧紧尾追，经过襄阳、德安、武昌、富池口，一直追到九江上游四十里，李自成全军溃散，折回鄂南走死九宫山的荒谬结论。这是严重违背历史真实，不堪一驳的。

二是大约在三月下旬或四月转初的几天，自陕北南下的大顺军西路李过部，已自川东横插西山进入荆州、承天两府邻近地区。《明清史料》丙编有清驾臣李可学的奏疏云：“由襄以下，闻荆门、当阳等处，潜有大贼一只虎等十余股，近数十万。”“查此叛逆，乃自陕西延安逃下，即闯逆伪封侯伯李锦等六大头领。”另据同书郑四维的揭帖也说，“但死贼一只虎的名李锦等，……自四月负固西山，劫杀观望，欲窥伺荆襄咽喉重地，以图大举”。李可学是四月初七到襄阳访察情况的，证明在此以前李过的十多万人早已进入湖广西部，而且配合已经移近武昌的大顺军东路部队开展活动。此时襄阳、承天府虽已为清军进占，但自荆州府以下，包括长江以南的荆属诸县、澧属诸县和巴陵以西岳属诸县，诸如枝江、松滋、公安、澧县、安乡、石首、华容以及长江以北的潜江、监利、沔阳州直到连结武昌府治以西以南大顺东路大军活动地带，却完全控制在李自成部队或大顺地方政权手里。从武昌以南以西直到西路大军李过部的荆州、承天驻地，已经沿长江两岸联成东来西往畅通无阻的弧形“走廊线”。李自成和李过两路大军已于此时连成一片。那些认为“由于这两支主力先后到达的时间不同，活动的地点不同，两支主力没有统一行动、协调作战”的看法不能成立，而那种认为“李自成同李过已经失去联系”，直到顺治二年（1645）五月，“李自成牺牲时，这两路大顺军还没有会师”的论断是没有根据的。

以上两个情况先后出现，使早已散处湖广四府的大顺军，面临极其严峻的局面，北边有阿济格十多万清兵打进来，东边有南明左、袁数十万重兵防堵着。后来虽然由于左师东下，李自成较为轻易地进据武昌，但如果继续东进，势将遭到清军、南明的前后夹击，腹背受敌；即便是经过奋战，能够突破南明防守，越过九江，而此时多铎所部清军已突入江北，直指南京，大顺军贸然出此，无异钻向多、阿两支清军的夹板中自寻绝路。在这种敌强我弱、形势盘综复杂的情况下，唯一出路就是避实就虚，保全实力，以便继续开展持久的抗清民族斗争。顺治二年（1645）三月以后，李自成在湖北采取的正是这种战略、策略和行动路线。李一面声言“东取宣歙”，“直下南京”，到处制造大顺军将东下江南的政治烟雾弹，并且公开调兵遣将（白旺东下及从潜江、沔阳突出簰州），摆出一副似乎全军就要立即东进的架势；一面却把几十万军队有计划有步骤地从西起襄荆、东到潜沔武昌一线，分散靠近长江，并先后渡过长江，向南明兵力单薄空虚而又有兵马粮秣补给基础的湖南北部展开全面的战略转移。

最先敏锐地觉察到李自成战略南移动向的，是南明江楚应皖总督袁继咸。他在顺治二年（1645）所撰《浔阳纪事》中记云：“（乙酉三月），闯东窜沔汉，宁南（侯，指左良玉）告急，余躬督邓林奇等屯蕲春，与楚师（指左军）联络。闯扼不敢东，乃从潜、沔之沙湖出上簰州。左旅不成，贼逐南渡，败马进忠、王允成等于荆河口，武、岳大震。余度闯避重兵，必不趋武，必由岳（州）犯（长）沙。”“则袁、吉复危，亟撤回蕲春诸营，议以邓林奇、郝效忠、陈麟三将守浔江（今九江），余自统副将汪硕画、李士元等援袁吉。已登舟矣，忽报宁南于三月二十三日起全营水陆俱（东）下。”“浔士民跪江干环泣留余曰：袁吉固危，九江亦急。义不可忍临难避，复入城为战守计。”《浔阳纪事》又记三月十七日袁继咸差官驰报南京福王奏疏云：“臣先二日据报闯贼下走蕲黄，上犯荆岳，臣先署镇邓林奇、陈麟，副将李士春督率水陆官兵，分防龙坪、田家镇，与楚师联络堵截，留郝效忠防守江州，臣亲督副将汪硕画、李士元赴援江省袁、吉。正赴行间，恰值左师（东来）之报，荆世子与浔之绅民涌署留臣，必欲与宁南一晤，臣只得暂留，一面撤回邓林奇协守，仍留水师陈麟驻扎蕲州一带防贼。”此外，《南疆逸史》卷九、《明史》卷二百七十七《袁继咸传》也有同类记载。

第二个敏锐觉察到李自成主力各部南移动向的，是驻守长沙的南明总督何腾蛟。他在上隆武帝疏中说："臣揣闯逆知左兵南（东）逞，势必窥楚。即飞檄道臣傅上瑞、章旷，推官赵廷璧、姚继舜，咸宁知县陈鹤岭等，联络乡勇以待。""闯逆居鄂两日……惧清之蹑其后也，即拔营而上，然其意尚欲追臣盘踞湖南耳。"（《烈皇小识》卷八）

这里有必要提到，童恩翼同志在一篇文章的一节《兼评"大顺军东下是要占领江南"说》（见《武汉师范学院学报》1982年第1期）中，大量引用旨在说明大顺军"乘虚进入湖南"的资料，从而否定"大顺军要占领江南"说，这无疑是对的，但同时却又认定李自成亲率主力实际上没有南移，仍然自武昌沿江东下，道经土洑、富池口，在"距九江四十里许"被清兵追上，最后走死九宫山，这就是不可理解的了。这是童氏为了附会九宫山说而前后自相矛盾之处。事实很明显，袁继咸与何腾蛟这两位"权威发言人"的话及其应变部署，正是李自成主力部队已经千真万确向湖南方向转移所引起的反应。

以下几个记载，在大顺军行军路线上，也恰与袁、何之说互为印证：

王夫之《永历实录》卷十三："弘光元年（1645）春，自成再败于秦，由商洛走襄樊，追兵复至，自成仓皇渡（长）江，（李）过、（高）一功与田化龙、贺锦、党守素、刘芳亮、刘希尧、李来亨、刘体纯、袁宗第、牛万才、陈光翠、塌天豹等皆从，自白螺山至城陵矶百余里间，截江求渡。""自成东渡南望大江沧茫，山川谬误，卒不知所向，唯见清骑西来，则益东走，遂由巴陵北境奔入江楚界，南渐浏阳，北迄通山，东抵宁州，鸟惊兽逸，掠食千里，武岳间居民惊贼猝至，亦不知所自来。"

《永历实录》卷七："李自成为吴三桂所追，数十万骑临江求渡。""而李自成渡江，入无人之境。""其部贼数十万，大掠巴陵，南至湘阴、浏阳，何腾蛟不知其为自成部贼也。"

吴伟业《绥寇纪略》卷九："自成至武昌，左良玉时已率众南下，武昌虚无人。""乃以四月二十四日，改由金牛、保安走延（咸）宁、蒲圻，沿途恣意杀掠。"

《江夏县志》卷五："（自成）居鄂两日，忽大风飞沙，对面不见，拔营欲追何腾蛟踞湖南。"

以上除《江夏县志》晚出外，都是清初文献，而且作者都是经历顺治二年（1645）历史的见证者。王夫之（1619—1692），湖南衡阳人，尝任南明永历朝廷行人，顺治二年（1645）二十六岁；吴伟业（1609—1671），江苏太仓人，为清初名史家，顺治二年（1645）三十六岁。

另据《湖南通志》卷八十八，顺治二年（1645）五月“刘体纯自武昌入平江，吴汝义自宁州入平江，王进才、马进忠尤惨酷，临、华二邑，搜杀殆遍”。据《明清史料》丙编郑四维的揭帖，马进忠“至岳州，请出闯逆余孽伪侯田见秀、刘芳亮、吴汝义、袁宗第、刘体纯、张鼐、党守素、蔺养成、王进才、牛万才等，结盟同心，共图反叛”。

这些史料清楚表明，李自成率领的主要将领除牺牲于武昌的刘宗闵之外，无一遗漏地全部出现在东部集点岳州地区。其中除从武昌出发东下九江的诱敌之师吴汝义部，在完成其任务后绕道江西宁州经平江赶至湘北同主力部队会合外，其余十家毫无疑问都是从潜江、沔阳、武昌间取道长江两岸南下岳州府。这同何腾蛟、吴伟业、王夫之诸人所记大顺军的进军路线是完全吻合的。

东路大顺军沿长江两岸南移，当时是没有遇上什么阻力的。因为岳武通道自三月横出簰州、大捷荆河口后已作了清扫，而自沔阳州以下跨长江两岸以及荆岳之间，则早就是大顺军实际控制或半控制的地区，甚至建有大顺地方政权和守将，如沔阳知县张来，监利知县任纯武，安乡知县林甡，宋将罗一雄、毛老觋、陈天治，华容知县汪一洪，石首知县张维寰等。

在东路部队大规模南移之日，南路军李过部亦配合行动。顺治二年（1645）四月，李过部攻荆门、荆州，即有南下动向（《明清史料》丙编第五本）；五月，李过已有部分兵马南渡长江到达公安（见县志）。

通过对以上有关史事、史料的全面钩稽比证和分析，我们可以清楚地看到，在1645年3月18日开始到4月27日结束，共历时三十九天的湖广战役中，李自成采取声东击西、避实就虚策略，把先后集中到湖北的五十万大顺军，安全地转移到洞庭湖周近，实现了此后联明抗清的战略目标。至于从阿济格到清朝政府以及后来为清室效劳的封建文人，瞎说“流贼已灭”，吹嘘“皇功浩大”，都不过是欺人的骗局。就从清军一方的“纪功”文献，也可以发现这一点：

第一，清军从内乡、邓州所谓追击大顺军之日起，直到阿济格追至九江“班师”，三十九天战役中，清军和大顺军主力之间从无任何一次直接接触，也未发生过任何激烈的大战役。清军初闻“邓州贼兵甚众”，城破“乃贼余党也，斩抗敌者数十人”。追到襄阳，“伪官皆先遁去”。扑向承天府，“张鼐业分贼兵水陆两道遁去”。“斩首四百级，获战舰八十”，又“获战舰三十”。（《满洲名臣传》席特库、希尔根、哈宁阿、鄂英格图、车尔布等传）“大师由荆州循江而东，乞舟不得济，至湖口获贼舰二百余济江，自承天及荆州两道擒斩贼众驼马辎重约以数千计。”（《张文贞公文集》卷七）追向德安府途中“歼贼骑三百”，德安“贼”已先遁（安达立传），“获贼船十有四”，“获贼船三十”（舒里泽传等）。移师武昌，算清军有了一次“大胜利”，也不过于江滨夺得“集舰五百余”，俘“伪侯刘宗闵并获自成家口妻孥”（路什传、希尔根传）。追及富池口“获贼船三十”（达素等传），东至九江口“获贼船三百、遇贼阵斩四十余人”（《张文贞公文集》卷七）。追及九宫山，“斩首二千级”（纳尔察、苏拜等传）。

第二，湖广之战的全过程。清军对李自成的行迹，自始至终摸不着头脑，不知其去向。三月中旬初到邓州，只知“豫楚之间，所至皆贼，而独不得自成所在”。进至襄阳，“贼已先遁”。听说张鼐护送家口在承天府，又以凌厉之势猛扑，“自成先遁去”。半路上传闻“自成间道，潜走荆州”，于是疾趋荆州，仍是“自成又遁去”。以为武昌“贼巢在焉”，待破城，还是“自成复遁去”。被大顺军一支诱敌之师引向九江上游，又听说“自成投妾三人于江遁去”。随后传闻李自成已走九宫山，追及传说的所谓庐帐，“自成又遁去”。派兵反复搜山，“遍索自成不得”。说到底，李自成及其主力根本不在这里，而清军为疑兵所诈，到处乱扑，到处一场空。

二、再论李自成未死通山

李自成及大顺军主力部队既然从未到过通山，自然就不存在李自成“走死通山”的问题。我们已概括揭明史实如上述。从一些史料的本身进行全面深入的分析，也可断言李自成未死通山。

从 1956 年第一次讨论李自成死事问题以迄现在，一些持通山说的同志，持以立论的主要根据，无非就是通山《程氏宗谱》、《通山县志》、《湖北通志》、《湖广通志》、费密《荒书》等文献上的有关片断记载；最近又特别搬出两件“新法宝”：一个《甲申岁弋闯志》，一个张玉书《纪灭闯献二贼事》（以下简称《纪事》）。并且一再强调，它们是“天壤遗文”，是“李自成死于通山最可信的”“第一手史料”。果真如此吗？否。

对于《程氏宗谱》《通山县志》《湖北通志》《荒书》等所记不可信，我们已逐一剖析，详见拙撰《湖北通山修建“闯王陵”的根据质疑》（载《求索》1982 年第 1 期），兹不重述。我们曾经指出：《程氏宗谱》所记被杀于牛迹岭下的是“李延”，而“李延”并不等于李自成。最近，一位持通山说者说，清初名学者顾炎武曾说李自成一名李炎，“延”“炎”谐音，可证通山被杀的“李延”即李自成。经查《昭代丛书》癸集卷十六收有顾炎武所编《明季实录钞》，顾氏在此书之末附录了《苍梧兄酉阳杂笔》，确有如下记述：“闯贼的名自成，一名炎，米脂人。”这在野乘中仅此一见，而且是顾氏附录个别人的传闻。按记载李自成身世至为详切的文献多至数十种，其中如崇祯十五年（1642）五月十四日《陕西延安府米脂县知县边大绶塘报》、陕西总督汪乔年手札等，都是专案查报材料，从无“李炎”之说。“一名炎”云云，全系野乘讹谈，不足帮助通山说者立论。

下边谈谈持通山说者的两件“新法宝”。

其一是《甲申岁弋闯志》。《武汉师院学报》1982 年第 1 期的一篇著作中影印并诠释了这个三百余字的抄件，似乎李自成死于通山又获得了新佐证。其实这个《甲申岁弋闯志》作伪痕迹昭然，毫无信值。我们曾草写了《“甲申岁弋闯志”辨伪》，刊于《湘潭大学学报》1982 年第 1 期。即持通山说的张国光同志也斥它“全不可信”（见《求索》1982 年第 1 期张文）。因此，这里也就没有多予置喙的必要了。

其二是张玉书的《纪事》。这是一件人所周知的历史材料，原文记录于《张文贞公文集》卷七。我们在这次讨论中虽然曾多次提到它，但没有特别重视，乃是出于如下考虑：一是张玉书的《纪事》写作于康熙后期，其内容多是综合前人陈说再加编排的追述，特别是“李自成走死通山”之类的记述，几乎就是照录或移译阿济格奏疏和实录等档案文书的原文或原意，我们既引用了比它更早更原始的材料，自然就没有必要重引这种晚出的书说。二是《纪事》在某些具体问题例如时间、地域、史事上不无舛误。

张国光同志批评我们“没有见到”张玉书《纪事》这份“非常重要的史料”，所以“否定李自成死于湖北通山之不足据”。这是一个完全不符合事实又有些近乎主观的误解。我们在此前已刊的讨论文字中，曾两次提及《张文贞公文集》并明确指出它是“晚出书说”。更难令人理解的是，难道谁见到了《纪事》，就可以据此肯定李自成死于湖北通山吗？恰恰相反，我们认为根据《纪事》所记，只能得出李自成死于通山没有实据的结论。张同志还不审慎地借清人李元度之口，说《纪事》所记“皆得诸耳闻目见”。张玉书，字素存，江苏丹徒人，生于明崇祯十五年（1642），殁于康熙五十年（1711）。流言李自成走死九宫山是顺治二年（1645），张献忠之死在顺治三年（1646）。顺治二年（1645），张玉书还只有三岁，又怎么可以“耳闻目见”发生在湖广和四川的兵事？况从史料本身分析，也证走死通山可信说大谬不然。

《纪事》对李自成是否“走死通山”是这样记述的：“贼溃，奔九宫山，大师薄山下，直摧中坚，入贼垒，贼兵俯首就歼，生擒自成妻妾及贼侯某，独索自成不得。有降卒言，自成败走时领步兵二十人，路为乡民所困，自缢而死。遣人往视其尸，朽不可辨。自成生死终未有实据云（原夹注：后传闻自成遁走江西，有谕让英亲王）。”张玉书说得一清二楚：李自成是死是生终无实据；传闻李自成遁走江西，阿济格因此受到清廷谕旨斥责。从这里无论怎样也得不出“李自成死于通山”的结论。

张玉书关于李自成下落两个传闻的记述，都来源于清朝官方档案文书，即今见的《清世祖实录》[成书于康熙十一年（1672）]及其所汇录的朝廷谕旨和阿济格等人的奏报。而阿济格正因李自成死事问题谎报图功，事觉论罪。

阿济格从顺治二年（1645）闰六月，一连向清政府送去几次告捷报功报告。最早的报告主旨是“流贼已灭，李自成已死，贼兵尽皆剿除”（《清世祖实录》卷十九）。后在清廷追查之下，再次送去报告，仍一口咬定“李自成身死是真，战败贼兵凡十三次”（《清世祖实录》卷十九）。正当清廷信其谎报，降旨宣告中外，赞其“劳苦功高”“宜即班师”，并祭告太庙、天地，“敬告武成”（《清世祖实录》卷十八）之时，阿济格突然变了腔调：“贼兵尽力穷窜入九宫山。随于山中遍索自成不得。又四出搜缉，还降卒及擒贼兵俱言自成窜走时，携随身步卒二十人，为村民所困，不能脱，遂自缢死。因遣识李自成者往验其尸，尸朽莫辨。或存或亡，俟就彼再行察访。”（《清世祖实录》卷十八）继之又报告说：“闻自成逃遁，现在江西。”（《清世祖实录》卷十九）这些被录入实录的奏报，就是后来《纪事》所记李自成生死两个传闻之所本。当日清廷收到后来的这些奏报，已在宣谕中外，祭告天地、太庙之后，因此极大震怒，不得不给阿济格以相当严厉的惩罚。在清档中有一个《钦定宗室王公功绩表传》，此书卷三还附录有阿济格受惩处的一道上谕，云：“英亲王阿济格秉心不纯，往追流贼，诳报已死，又擅至沿边索马，且向巡抚嘱托公事，过迹昭著，虽前此亦有微功，究其不足以抵其罪，黜爵实由自取；至其子孙，前俱降为庶人，削其宗籍。”这个清廷档案史料是可信的。

李自成未死通山，还可以从如下几个方面得到印证：

一是对随从阿济格尾击大顺军并参加九宫山上游之役，特别是曾进入到兴国州的大小将领的传记逐一进行查检，如《满洲名臣传》《钦定宗室王公功绩表传》中的鳌拜传、谭泰传、席特库传、希尔根传、哈宁阿传、乌库理传、瑚里布传、纳尔察传、科尔昆传、珲锦传、岱松阿传、苏拜传、翁爱传、达素传、布克沙传、伊拜传、费雅思哈传、佟岱传、兴鼐传以及国史馆稿本《贰臣传》中的徐勇传、郝效忠传，《逆臣传》中的吴三桂传、金声桓传等，从无一人说在通山追及于李自成，更无一人说李自成走死通山。而他们多是当日清军方面的当事人。

二是顺治二年（1645）闰六月，清朝政府派去朝鲜的使节郑命寿，当朝鲜国王问及“侧闻南京已平”时，答曰：“荷天之佑，已克南京，流贼又为八王（指阿济格）所逐，李自成变服而逃矣。”（见《朝鲜李朝实录》，吴晗辑本第 3751 页）。

三是南明何腾蛟向唐王闻风谎报李自成死于通山乡团之手，招来御史郭维经、辅臣苏观生有理有据的驳斥和奚落（《永历实录》卷七、《思文大纪》卷四）；唐王也认为“闯势实强，闯伙实众，何以死于九宫山团练之手？闯逆既死，则宜首级示众，何以首级竟不可得”（《烈皇小识》卷八），“疑自成死未实”（《明史》卷二百八十），不肯“告庙宣捷”。其后为什么还是给何腾蛟授爵定兴伯呢？那是酬他的“安辑功”（《石匮书后集》卷四十七何传及《国寿录》卷四何传），即奖励他“招抚”（联合）五十万大顺军镇楚有功，已与李自成的死事无关，更与九宫山属于江西或湖广境的问题无关。

综观上述，完全可以确信“李自成走死通山”纯出一种了无根据的谣传，而且是一种早在当时就已被否定了的谣传，今人岂可再认谣传为史实呢？

（载《求索》1982 年第 3 期）

关于《甲申岁弋闯志》和新得《野拂墓碑》

一、《甲申岁弋闯志》辨伪

在湖北通山九宫山李自成生平陈列室内，有一件颇引人注目的展品，名曰《甲申岁弋闯志》。此志并《通山县志》《程氏宗谱》《九宫山志》及马镫之类，被视为李自成“殉难于此”的有力证据。展品原件墨书抄本，除标题“甲申岁弋闯志”外，正文十二行，三百六十余字，末署“顺治二年乙酉腊万年拙录”“民国元年仲秋八世孙麟安移录”。万年为何人？待考；民国元年为1912年，上距顺治二年（1645）已268年。易言之，此志是268年后的一个传抄本，整整相隔有清“享祚”的一个朝代，它把李自成死难于九宫山说得原原本本，活灵活现，稍一不察，极易为之迷惑。一个严肃认真的马克思主义史学工作者，万不可轻信那些东拾西摭、道听途说的“很多资料”，而必须面对一切资料有分析、有比较、有核实、有追查，方能辨明真伪，抉择去取，据以立论，实事求是地澄清历史真相。郭沫若同志说得好，“无论作任何研究，材料的鉴别，是最必要的基础阶段。材料不够，固然大成问题，而材料的真伪或时代性如未规定清楚，那比缺乏材料还更加危险。因为材料缺乏，顶多得不出结论而已；而材料不正确，会得出错误的结论。这样的结论，比没有更要有害”（《十批判书》。考订历史资料，不外具体的历史时间、空间和事实，以此检验《甲申岁弋闯志》，即可以发现此件作伪的痕迹，它不过是后世好事者摭拾县志、程谱、明史及清人笔记小说胡乱串编而成又假托顺治二年（1645）十二月记录的一件赝品。

第一，标题即误。甲申是顺治元年（1644）。顺治元年（1644）李自成正率大顺军转战中国北方，当时并无一兵一卒渡过鄂中长江，更无一名闯军到过通山，则甲申岁通山无“闯”可“弋”，已不待辩而自明了。且顺治元年（1644）甲申五月日干无癸未，仅二年（1645）乙酉才有癸未（初四）、癸巳（十四），造伪者在历数的推算上露了马脚。原抄件署顺治二年（1645）乙酉腊，乃事件发生的当年，当地人记当时事，岂能将时间误记为头一年？

第二，《甲申岁弋闯志》谓：“（自成）败退武昌，流占九江，图金陵未逞。”李自成流占九江，于史不合。因为顺治二年（1645）四月末大顺军撤离武昌之日，正值南明袁继咸、左良玉以数十万水陆大军扼驻九江，随之袁、左（梦庚）率部在九江降清，李部又何从进占九江呢？掘撰“探讨之三”已详引史文辩证。又谓“李自成率一股（自九江）谋占九宫，湘勇合剿之”。明末清初，通山何来“湘勇”？湘勇、楚勇、湘军，乃清代中叶咸、同间出现的称谓，疑此件造作于咸、同间或以后。

第三，《甲申岁弋闯志》谓诸勇百余众围剿李自成，遭火铳击毙，程“九百割其首，尽得剑、骑、缨盔、龙袍、佩玉献于督宪军门佟”，“时顺治元年甲申五月癸未”。督宪军门佟养和到职于顺治二年（1645）七月十五日，见明清残档中甲第二本第121页，原档现在，确凿无误，怎么在一年又三个月之前就来了一位“督宪军门佟”呢？

又谓自成毙后“余股几欲犯吾庄，幸本县奏议戍守，方得安宁”。造伪者于此处旨在尽力弥缝，殊不知欲盖弥彰，盖顺治二年（1645）五月流传李自成“走死”之日，通山全县四境已概由大顺军占领（包括县城），康熙四年（1665）《通山县志》已有明确记载。当时明政权土崩瓦解，清政权的势力尚未达到这里，“本县”向何处“奏请戍守”？

第四，最露伪造马脚者，莫如伪《甲申岁弋闯志》作者的一段“结语”，曰“余度成败利钝，观今世如山岳之稳，虑后世之变，恤诸助剿殒命者，故撰文以纪之”。顺治二年（1645）乙酉腊，通山一带可谓干戈扰攘，烽火弥漫，兽逸鸟惊，民无宁处。当前兵火忧虑且不遑，何来“安如山岳”且有余力远虑后事？全篇为后人附会之说，“结语”已自“道破天机”。

因此，《甲申岁弋闯志》可断言是一件伪造之作，并无信值，自不宜据为李自成死难于通山九宫山的根据。

二、新得《野拂墓碑》试析

曾被怀疑为李自成的石门夹山灵泉寺奉天玉和尚，生前有位事和尚甚谨而又行踪诡秘的门徒野拂，在奉天玉殁世三年，骨灰落土以后不久忽然他去，下落不明。这个野拂为何许人？其来历和身份如何？他的去向又如何？凡此种种，都同考订奉天玉的面目有直接关系，很值得注意，我们已在《李自成死地、终年问题考》一文中提出，但迄今未得到较为圆满的解决。最近（1981 年 10 月下旬到 11 月初），湖南省电视台、潇湘电影制片厂、《湖南日报》的一些同志和许多地方同志，联合到石门、慈利、大庸进行了一次认真的实地考察，在湖南慈利县高峰公社茅庵大队万圣庵旧址附近的丛山榛莽中，新发现了野拂墓和野拂墓碑。这方新碑的发现，有助于我们对有关的一些问题作出进一步的探索和理解。碑高 89 厘米，宽 45 厘米，据摹拍碑片，除正中题泐“皇清临济正宗圆寂始祖僧上真下修野拂老和尚墓”外，碑文左右各五行，碑端大书“衣钵永传”四字，碑文之末附有野拂以后八代承传法嗣名号，墓碑书法道劲，文笔简炼生动，叙述野拂俗家身世较为明白清楚，殊为可贵。兹照录原碑全文如次：

> 老禅师武夫也，生于明，终于清。壮志轩昂，丰姿凛烈。抱经天纬地之才，久恨权阉；乘捣海翻江之势，敢逐寇林。枕戈待旦，方期恢复中原；拔剑登坛，定欲扫平寰宇。战吴王于桂州（川），追李闯于澧水。无如戎马屡乘，莫展风云之路；是以逐鹿不事，竟甘泉石之栖。爰乃来零阳，履茅为庵，架木为刹，基地初创，田园渐恳（垦），心之明也在于斯，性之见也在于斯，而旷野于以拂焉矣，而天真于以修焉矣！序。咸丰十一年辛酉十二月二十一日龙岗撰。

针对上揭碑文，试析如下：

第一，碑为清代咸丰年间所镌，非重刻康熙碑，碑文之末“咸丰十一年辛酉十二月二十一日龙岗撰”可证。传说龙岗为野拂挚友不足置信，盖二人不同时代，碑为后世所追记。但述承传法嗣清楚，叙野拂身世确凿，碑文中的内容当来自师弟口耳相传；见之墓碑，不能以委巷琐闻视之。

第二，野拂确属佛教临济宗。临济为中国佛教禅宗南支五家之一，唐末（九世纪）玄义创始于河北，五代、宋初流传于荆、澧。石门夹山出土“野拂维禅师塔”题为临济正宗三十三世，慈利墓碑题为始祖，两者并无矛盾，前者系指自玄义创始以来的法系，后者乃尊其为石慈一带之开山祖师。

第三，野拂和尚的全称为真修野拂，真修为释家法号，野拂为僧名。此僧俗家名氏、籍里仍不得而知。从不同县份（石门、慈利）出土的奉天玉墓志铭、野拂墓碑，皆讳言俗姓、籍里，殊违僧碑僧传惯例，尤发人深思。

第四，野拂遁身空门之前乃一武夫，阿英同志尝假定为李自成的军师顾君恩说已不能成立。“战吴王于桂州”一句，为新得墓碑中的一大疑难。桂州应即桂林府的古称，见顾祖禹《读史方舆纪要》卷一七。稽诸史实，李自成及其部众，无任何人曾与吴三桂会战过桂林，如认定桂州为桂林，于史殊有不合。吴三桂降清后先封平西王，镇云南，康熙初削藩反叛，康熙十三年（1674）拥有云、贵、川、湘、广西，自称周王，是年奉天玉和尚病殁，野拂已早当和尚，正在石门侍师侧送终，“战吴王”不能在此时或此后，应在野拂顺治九年（1652）来澧水之前。经查顺治元年（1644）李自成自北京西撤之后，清军两路追击，其中一路绕今晋北、内蒙古一线南下，由英亲王阿济格统率，以平西王吴三桂为前锋，曾与李自成所率大顺军鏖战于陕北、宁夏间。宁夏古有桂川之称，疑“战吴王于桂州”乃“战吴王于桂川”之误。果如是，则疑难迎刃而解，全碑皆可通读。至于古无以本姓称王（吴王）之说，亦不难理解，盖此一墓碑文字乃骈体，“吴王”“李闯”为文人有意润色之偶句。

第五，“追李闯于澧水”之“追”，非追赶、追击之意。“追”可训

“随”，即跟随、追随之义，书证犹多，《诗经》“薄言我追”，追训随义；《广韵》上平声六脂部：“追，随也。”可见，古文“追”，有随义，“追李闯于澧水”即“随李闯于澧水”。

第六，今慈利县东一里有零溪，亦称零水，源出县南洪家源，北流入澧水。古代水北山南曰阳，水南山北曰阴，汉于零溪水北置县，故曰零阳，隋改称零陵县，旋改曰慈利，是见零阳亦慈利县之古称。响洞地当在墓碑发现之茅庵近地。石、慈、九、永地质多溶洞，触击冬冬，响洞之名或从此出。

解决了以上文字细节，再通观墓碑全文，则野拂为何许人已跃然石文之上。毫无疑问，此公是李自成起义部队中一名有抱负、有雄心，也是最忠诚于农民起义事业的武将。因痛恨明末权阉当道、民不聊生而奋起造反，加入闯军“敢逐寇林”，搅得天下“捣海翻江”，推翻了明室江山；清军南下以后，又枕戈待旦，含辛茹苦，力图“恢复中原”“扫平寰宇”，且曾身负指挥大任（“拔剑登坛”）。在战史上野拂同吴三桂于陕北、宁夏一带有过较量；最后随李闯王来到澧水，几经戎马挫顿，被迫退隐空门。康熙十三年（1674）其师奉天玉和尚圆寂之日，李来亨、刘体纯、郝摇旗诸李军部众已在施州、西山一带全军覆灭近十年，故野拂为师送终守制之后，即只身毅然他去，栖心泉石，老死零阳，其壮志未酬之凄绝悲怆，至今读其碑文尤引人们的吊古伤怀之情。

然则，野拂禅师究竟是大顺军中的何人？我们作过初步探索，尚难确切认定。（注）不过野拂身份与来历既明，则同年稍先来到石门夹山寺为僧且被野拂奉事唯谨的师傅奉天玉和尚有可能就是李自成的问题，却不能不令人又加深一步认识。

注：据伍国庆同志介绍，慈利野拂基地附近住有一位八十一岁老人孟寿福说，当地古老相传，野拂禅师即李自成的部属管则中，确否待考。

1981 年 8 月 18 日及 12 月 1 日草于湘大历史系

（载《湘潭大学学报》1982 年第 1 期）

《奉天玉为明遗胤考》甄误

1985年《中国社会科学未定稿》第14期刊载有贵州文史馆章光恺先生《奉天玉为明遗胤考》一文，颇感题意新颖。然认真拜读一过，却又发现问题不少，疏误尤多。不仅有歪曲和抹杀客观史实问题，有误读文献问题，还有推论方法上随心所欲，或牵强附会，或主观臆断的问题，因而造成结论根本错误。现就原文略陈管见，既商榷于章先生，也供方家评判和郢政。

一、所谓何璘轻率问题

乾隆十一年（1746）、十二年（1747）间，澧州知州何璘为修澧志，周访旧闻，以备采择。关于奉天玉和尚是否李自成问题，在众口之前，何璘态度谨慎。经过他旁询故老耆宿，又不辞艰辛跋涉，到湖南石门夹山灵泉寺及其周近实地考察，遍问寺僧，取验信物（寺藏奉天玉遗像），结合史实，多方反复比证，得出结论。因撰《书李自成传后》一篇，以纠《明史》之误。何文命笔平实，推论谨严，是一篇持之有故、言之成理、可资凭信的清初文献，远非一般好事文人好奇猎异、逞异标新的野乘闲谈可以类比。我尝缕举其可信者六条，别详拙撰《关于李自成归宿的若干问题》第六节。

然而章氏《奉天玉为明遗胤考》却对何文采取很不严肃的态度，不顾客观历史，挑剔指责，甚至斥何璘为“轻率”，为“封建文人好奇异怪说”。如此断说，实令人不敢苟同。

章文否定何文的根据有四条，而四条一经认真分辨，都不能成立。

一曰“甲申前后，李自成及其主力部队从未到过澧州”。故“李自成实窜澧州”之说不确。不知是章氏接触历史文献太少因而昧于史实，还是蓄意抹杀和歪曲客观历史。（1）甲申（崇祯十七年，顺治元年，1644）的前两年，就有李自成大顺军的劲旅到过并据有澧州，数十种史籍和地方志都有记载，这是人所周知的事情。（2）甲申的后一年乙酉［顺治二年（1645）］，李自成的主力部队几乎全都到了荆南、澧州。先是西路大顺军高一功、李过三十万部队集结于此，老营（指挥部）就在澧州之北数十里的草坪。大顺军与南明堵胤锡联合，就在澧州、草坪之间。与此同时稍后，东路大顺军如田见秀九部以及刘体纯、袁宗第、牛万财、张鼐、吴汝义等百分之九十的部队，也一齐调到荆南、澧州集结。总括言之，当年李自成麾下的大顺军，除留守汉中的贺珍部和跟随长沙何腾蛟移徙的郝摇旗、王进才二部，总共三支部队以外，最核心、最精悍、最骨干的主力部队统统到了这里。顺治二年（1645）、三年（1646）间，大顺军刘体纯、袁宗第二部向北纵深挺进湖北房、竹、襄、樊，是从这里起步的。顺治三年（1646）正月大顺军主力数十万北围清占荆州是从这里出发并以荆南、澧州为后方基地。因围荆州失利，主力西奔荆西施州，清兵始于顺治四年（1647）一度自荆州攻入澧州、鼎州（常德），旋为南明、大顺所击退，顺治五年（1648）高、李大顺军自巴东应堵胤锡之邀再度入湘，即以澧州为通道。因大顺大军自湘入桂，常、澧守备空虚，顺治六年（1649）清兵又一度自荆州乘间而入，“迫石、慈、九、永俱剃发降”（《石门县志》卷十），随之，大顺军“湖南四家贼（指刘体纯、袁宗第、张光翠、王进才四部）渡常德沙罗至澧（州），众十余万，扎营新安镇、石马堰、新沟”，“在俪（谍）阳一带连营四十里，为久住计”。顺治七年（1650），大顺军“王进才一营进入九溪卫永定卫山中，众数万”（《石门县志》）。下至顺治十五年（1658），仍有闯军“结营澧（州）石（门）慈（利）山中”（《慈利县志》），为大顺西山根据地南大门的屏蔽。

非仅军事上如此，明末以迄清顺治季年，李自成大顺军还在澧州及其附近县区先后建有地方政权，委有牧令、县令。史籍、方志中尚可查见者，如澧州牧俞兴言，公安县令王三宿，华容县令张一洪，石首县令张维寰，监利县令申振训，安乡县令吴志锡、林甡，松滋县令张勉，枝江县令王鼎新等。这些政权虽因战事时有变更，或因战争环境同时存在明、顺或顺、清两重政权，但大顺政权却始终占有力量和地位。

从以上史实可见，“李自成实窜澧州”，“自成自公安奔澧”，与史若合符契，适足佐证何璘之说可信。

二曰李自成“身经百战，从不气馁，虽节节败退，至九江尚有大顺军二十余万人，未至一蹶不振，独窜石门之说，从何而起？为何一反常态至夹山寺为僧？不言而喻，孙教授等辈所说，尽皆不实之辞”。

章氏此说，凡评论李自成之气质，及大顺军湖广战役后有众数十万，未至一蹶不起诸点，无疑都对。但因于具体历史无论时间、空间、事件、背景未作深入仔细查证与研究，历史真相不明，以至于李自成到夹山为僧不可理解，进而断孙教授及故老所言“尽皆不实之辞”。

应加说明的，李自成及其大顺军自西安同清军脱离接触后，无论南移湖广，或自湖广转移洞庭湖北岸，皆从战略考虑，主动撤离，不存在什么“节节败退”。李自成及大顺军从未东进九江，更无一兵一卒到过九江，数十万部队都完整进入湘东北。这不仅有大量史籍及当事人袁继咸《浔阳纪事》可证，经过近年讨论，也为大多数人所公认。节节败退到九江，只是此前人们误信阿济格及清方文人的欺饰之词。至于李自成忽然退隐，是在特殊历史环境下产生的一种不得不采取的政治斗争手段。至于到夹山为僧，也非消极遁世，而是积极进取的一种布置和安排。有关史事，我已根据史籍按时、按地、按事逐一澄清，别详拙撰《关于李自成归宿的若干问题》第四、第五节，文繁不赘。

三曰何璘所记被询“老僧七十余，记旧事”，年岁有问题，不能记旧事如此清晰，“看来是玄谈”。

愚意不然。何璘考察的重点不是寺内老僧准确无误的年龄，此与何氏所欲了解、查证的对象无关。只是凭印象顺便估计其年岁。须知僧侣高寿而健康者多，往往年已八九旬仍鹤发童颜。奉天玉殁于康熙十三年甲寅

（1674），何璘知澧州在乾隆十一年丙寅（1746），相距72年，设老僧八十多，则彼时已十多岁。十岁左右的人是可以谈出旧事及其记忆的。而且“记旧事”不能只解释为“曾亲见奉天大和尚”，这只是章氏所加的断语。“记旧事”也可理解为比此僧年长若干岁的师辈、同辈所述，而此老僧记旧事尤清。凡事总宜全面综合起来考虑，不应攻其一点，不及其余。仅凭此点不能否定何璘纪事的主要内容与结论。

四曰何璘仅看了寺藏画像，与明史所载相同，遂遽决“奉天玉和尚是李自成无疑，可谓轻率”。事实却非如此，何璘并非凭此孤证下结论，更非“仅看了”画像，而是先旁搜博访，多方比证，最后又取观遗像勘验。正说明何璘审慎严谨，岂可反斥之为“轻率”？

二、关于奉天玉墓出土的符篆碑问题

1981年我到石门，即承石门同志赠给此碑拓片。和尚墓中出土一方道教符碑，令人诧异。佛教密宗（真言宗）虽也玩弄法术符咒，但与此碑了无关系，况奉天玉属律门，其徒野拂为宗门，佛教律宗、禅宗是不搞这类符咒把戏的。以此比对道藏《云笈七签》中所录符形，也无一全同。1983年前后，石门同志持此找北京中国佛教协会、中国道教协会的宗教学者鉴定，结果是不明其义。我又为此走访我的方外朋友南岳佛教协会会长曼慈和尚（俗姓周），也不得其解，并承示告和尚墓中应无此类符篆碑。当时就有学者试图破译，我是不敢赞同的，认为那种方法太蹊跷也太危险。其后得读穆长青先生文章，夹山说的许同志也有不同看法。因此符篆碑到底表意何在？在奉天玉墓中为什么有此符篆碑？长期不得解决。

1985年5月石门学术讨论会上，有来自李自成家乡米脂县的四位代表参加。他们一见符篆碑，立即认出它与米脂县的世俗墓葬碑完全一致，是一种米脂县地方性的封建迷信用品。石门及其周近，无论僧俗墓葬，都无此种符篆碑，它与贵州思南张守宗夫妇墓出土的符篆碑画法有异，不是什么“毫无二致”。这是个引人深思的问题。一、说明此一符篆碑与佛教和佛教仪注无关；二、它与死者的籍贯、身份有关；三、埋葬奉天玉的是野拂等一批门徒，说明门徒中有懂得米脂丧葬风俗习惯并能画出此种符篆碑的米脂人。

佛教密宗符、咒及道教符录，本身都无意义，拆字猜谜式的注释和破译既不科学，也是没有必要的。

三、关于“支那撰述”残版启示问题

发现“支那撰述”木刻残版后五个月，我见到原物并刷印样张带回。“支那撰述”的“支那”，不是人名，更不是什么书名、篇名。历来在汇编佛教丛书《大藏》时，除经、律、论外，一般将佛教著述分为西土著述和中土著述。“支那撰述”的意思就是“中土著述”或“此方著述”，以别于来自印度、中亚的“西天”“西土”“彼方”著述。夹山灵泉寺大雄宝殿西墙头横梁柁架下所藏的这片木刻残版，我完全同意是野拂等为纪念其师奉天玉寿诞而刻印的“开堂祝寿”文字，一如世俗纪念亡人冥寿的祭文。只不过就其内容看，比世俗祭文或悼念文更简单、更无意义，仅仅是按照佛教清规所定的仪注格式，填上纪念者、被纪念者的人名及举行仪式的时间。

这次隆重的“开堂祝寿”仪式举行在康熙辛未夏月奉天玉和尚的诞期，也即康熙三十年（1691）五月奉天玉冥寿之日，因为木刻残版开首第四行已明白无误地记出“辛未夏月师诞期”。

可是，就是这么一句明白无误记述仪式举行时间的“辛未夏月师诞期”，却因章光恺先生的误读和错误理解，给他带来一个带实质性的根本错误“启示”。章氏说的“辛未夏月师诞期”的师，无疑是指奉天玉，即奉天玉的生年是辛未，而李自成生于明万历三十四年（1606）丙午，这便是奉天玉不是李自成的铁证。真是一语读错，谬以千里。

“辛未夏月师诞期”倒表白了另一个正确的启示，那就是这位奉天玉“师”的确就是李自成。计六奇在康熙十年（1671）辛亥成书的《明季北略》卷五“李自成”条，记李自成生于“万历三十四年丙午五月”。五月就是夏月，也称仲夏月，奉天玉的诞期也是夏月，难道这是偶然的巧合？

四、所谓“奉天玉为明遗胤之证”

此节是张氏“奉天玉为明遗胤考”的主题，却也是最错乱、最自相矛盾，也最不能自圆其说的一节。

全节从一个误读文献的错误前提——“奉天玉生于辛未”出发，而后尽牵强附会之能事，不顾前后的历史事物、事件联系，去寻找一个生于明辛未年的“遗胤”。除去其文字内容本身与“结论”错误外，在推论方法上也是有严重问题和万不可取的。

（1）因错误认定奉天玉生于明崇祯四年（1631）辛未，于是奉天玉初驻锡夹山“中兴祖庭”之日，［顺治九年（1652）］年仅二十一岁。二十一岁的青年如何领徒“开山”？章氏只得从夹山《梅花百韵》中《竹梅》残简找得一句“世辈安知放鹤翁”来牵强其说地加以弥合。谓此用“支遁放鹤”故事，慧皎《高僧传》说支遁二十五岁出家，深思道行，为青年高僧，奉天玉选用此典是用支遁自况云云。真是天下奇谈。我于佛教、佛学涉猎虽极粗浅，但也在高等院校为硕士研究生讲授过“佛教文化与文献”课程，常识还是有一点的。“支遁放鹤”故事与支遁青年为僧是风马牛不相及的两码事，如何可以为奉天玉二十一岁开山领徒作注脚？再，“世辈安知放鹤翁”，只说明奉天玉是已有年岁的老人。年仅二十一岁的青年僧侣难道会自称为“翁”吗？

（2）奉天玉殁于康熙甲寅（1674）。章氏因有一个错误上限（生年辛未），不得不承认其终年只有四十四岁。而何璘《书李自成传后》明确记寺僧言奉天玉卒年“约七十”，章氏视若不见，也不作出合理解说，“你说你的，我讲我的”，如此对待故籍上的成说，是搞考订文字者的大忌。

（3）如奉天玉顺治九年（1652）领徒开山仅二十一岁，其徒野拂总该比奉天玉年岁要小，至多也不过师徒同年。即便如此，如果上推到明亡之年，野拂不过十岁左右；十岁左右的孩子，怎么能如章氏所说“可见野拂是明朝孤忠之臣”？野拂在明朝是有过一番轰轰烈烈历史的，野拂墓碑已有记述：“老禅师武夫也，生于明，终于清。壮志轩昂，丰姿凛烈。抱经天纬地之才，久恨权阉；乘翻江捣海之势，敢逐寇林。枕戈待旦，方期恢复中原；拔剑登坛，定欲扫平寰宇。战吴王于桂州（川），追李闯于澧水。无如戎马屡乘，莫展风云之路；是以逐鹿不事，竟甘泉石之栖。”

此碑拓片全文已由《求索》在1982年第3期制版刊于封底。先此一年，我曾为文试析，文章刊发于1982年第1期《湘潭大学学报》及1981年12月末《湖南日报》。章氏为证野拂为“明朝孤忠之臣”，也曾摘引上述碑文。试问，在明朝年不及十岁（据《奉天玉为明遗胤考》推定）的娃娃，能有碑文中这番业绩吗？仅凭此一碑文，也完全可以推翻奉天玉生于崇祯辛未之说，更不会往下发展出来一个什么明遗胤定王。可是章氏仍然思不及此，仍然视若罔闻，仍然我行我素。

（4）章氏说“奉天”的含义就是“明”。道光《夹山寺碑》载“我朝顺治壬辰岁，有和尚明玉者，飞锡来兹”。此把“奉天”迳改成“明”，想来当有所据。

章氏诸此议论全误。看来章先生对佛教不甚了了。和尚一般有法号，有僧名。可以全称，可以只称法号，可以只称僧名。也可以法号、僧名同称而将僧名省去上一字，如清初名僧木陈如，此处之奉天明玉、野拂真修，木陈、奉天、野拂皆法号；如、明玉、真修皆僧名。在文字和口头上，也可略称木陈、奉天玉、野拂修，以示讳敬。什么将“奉天”径改成“明”，都是在闭门造车想当然。

（5）章文又引赵弘燮二折所开《济南府同知高铁开取供单》：“传闻说，我三哥（定王）是甲戌年死的。”章谓这个甲戌年死的三哥，似为隐终石门夹山的奉天玉大和尚。理由一条，崇祯十四年（1641）辛巳，崇祯第三子年已十龄封王。自崇祯辛巳上推十年恰至辛未，于是得出结论：“奉天玉大和尚就是明遗胤定王朱慈炯。”

章文此说可谓“大胆发明”，然而却无法成立。

奉天玉就是李自成，故老、寺僧、众多口碑的传说，章氏都不信，而在这里却信一条孤立的“传闻说”。此犹其次。

最重要的还在“这个传闻甲戌年死的三哥（定王），似为奉天玉”，甲戌年是康熙三十三年（1694），上距奉天玉之死（康熙十三年甲寅）已二十年，这与死于甲寅年的奉天玉何关？北辙南辕，两无关系，奉天玉是明遗胤定王云云，已成毫无根据的无稽之说。

五、所谓梅花百韵残诗的推论问题

《竹梅》中的“世辈安知放鹤翁”，已解说如前文，不复赘。《马上梅》《东阁梅》残句确有帝王自况之意，须知李自成既称过王（在西安）又即过帝位（在北京），而且中枢制度齐全。特别是《雁来梅》竟有“塞外梅花雁字开，陇羌性鲁亦能栽”，这已明白道出奉天玉籍出陇羌，此非李自成而何？

至于个别诗句有低沉情调，那也不能一概而论。马克思主义要求“具体的事情要具体分析”，“一切以时间、地点、条件为转移”。李自成自崇祯三年（1630）投身起义，到康熙三年（1664）李来亨茅麓山壮烈自焚（无一降者），先后领导农民起义三十五年，叱咤南北，丰功伟烈。而死前十年［康熙三年（1664）］，却看到北起今湖北房竹，西达四川万县，东抵兴山，南掩施州卫、丸溪卫、永定卫（邻近夹山）这一片经营了九个年头的西山根据地惨遭清兵镇压，人马扫地无存。人有血肉感慨，英雄亦不无感慨，估计个别语言凄清的梅花诗，应属失败后十年的作品。

1986年5月17日写于长沙

（载《中国社会科学未定稿》1986年第18期）

清初木活字本《平寇志》及其他

——兼论李自成未死通山

在传世的大约十二万种中国古文献中，史部文献所占比重较大。其所以如此，一是我国先民自古重视自己民族的文化和历史；二是我国数千年来有撰修史籍保藏并使之世代流传的传统；三是历史上的统治者和政治家们，习惯于“鉴古观今”，常借之为治理国家、调整关系、处理人事、处理政事的借镜。故其积存数量之大、内容之富，在世界文明史上几乎是无与伦比的。

所谓史部文献，大要言之，包括两个方面。一个是官修和经过官方认可的史籍，如历代号称“正史”的纪传体二十六史，编年体春秋左氏传，通鉴以及纪事本来，历朝会要、起居注、日历、实录、会典、方志之类。另一个方面，也是无论部帙，内容更蔚为壮观的方面，就是那些出自私人著述的稗史野乘和小说笔记。官修或官方认可的史籍固然可据，但往往也有极不完整甚而颇乖真实的，因为它大多根据官方的政治需要，或者限于编纂的体例和义例，系在史事基础之上，经过严格筛选，不断剪裁，乃至任意删削，增益成书的。而后者不然。在封建统治之下，虽也忌讳孔多，毕竟不受完全拘束，网罗天下，“放失旧闻”颇为繁富，故为历代史家所重视，如司马光修通鉴作考异，胡三省注君实书，于后者多所采撷，故世之方家咸云：“考证旧闻，订补正史，多赖稗乘。”

野史稗乘、小说笔记历代多有，而以明清最盛。全祖望毕生涉猎明史，结集《鲒埼亭集》，曾谓“晚明野史，不下千家”。谢国桢纂《晚明史籍考》巨帙，非唯有功学术，嘉惠来学，也是晚明史籍目录之大观。不过野史也有几种情况，一是得自躬历亲睹，根据翔实可信。二是耳食传闻，后人转贩前人不可尽信的文字。三是纂辑之士虽为治学谨严的一代名宿，却以干戈攘扰之际，局处一隅，闻见未周，传闻失辞之疵在所不免；或以易代之时述胜国之事，时忌仍多，致使一书瑕瑜互见。诸此情况皆有待治史者甄审抉剔，参稽互证以得其真实。大抵以当时人述当时事比较可信。本文所述《平寇志》即成书于清代初年的此类野史的一种。

一、《平寇志》与《流寇志》及其作者和成书年代

《平寇志》专记明末农民起义史事，为一种按年月日干顺序纂录的编年体史书，上起明思宗崇祯元年（1628）戊辰米脂李自成、张献忠往从府谷民王嘉胤、不沾泥起义，下止清世祖顺治十八年（1661）辛丑永历帝（桂王第四子永明王）缅甸被俘、南明覆亡共三十四年间事。书凡十二卷，以记明、清两个封建统治政权与闯献二王的军事、政治斗争的乘除消长始末为中心。随着双方斗争的交错、起伏和发展，各卷记事时间不一，大抵前略后详，多者一卷所记达七年（卷一）或七年多（卷十二）[①]，其次四年（卷三）、二年（卷二）、一年（卷四、卷五）、半年（卷六、卷七）、三四个月（卷八、卷十一）、二十天（卷十），甚而仅只七八天（卷九）。以李自成进入北京，明社既屋、清兵入关的甲申年纪事最详，占有全帙十二卷中的三卷半（卷八至卷十一）。总凡十八万五千言，纪录翔备，眉目清楚，有条不紊，经抽查多处月朔日干，除个别处笔误外，几无舛误，说明著者纂辑概有所本。清代学者全祖望谓其多据邸报。邸报又称邸抄，即古代一种发自政治中枢的“新闻纸”。除邸报外，从原书内容及其引述可以证实，作者还有选择地参考了许多官私文献。

《平寇志》于清代传抄、刻印甚罕，得者视为珍籍。今存世最早的刻

① 卷十二所记，本起顺治元年（1644）九月，止顺治十八年（1661）十二月，达十七年又四个月，但细查原文，阙顺治五年（1648）、七年（1650）、八年（1651）、十年（1653）、十一年（1654）、十三年（1656）、十四年（1657）、十五年（1658）、十六年（1659）、十七年（1660）共十年，实仅七年又四个月。

本为北京图书馆所藏的清初木活字本，此本半叶十一行，行二十二字，版心黑口单鱼尾，版框上下单边，左右双边，字为写楷，刻工精细。序文首叶钤有正楷“风泾奎藻堂×氏书籍记”及“风泾陶崇赞家藏善本”朱文印记。是为此书得以传世的祖本。其次为中国社会科学院所藏清刻本。抄本以乾隆间全谢山所见者最早，存世的尚有详符周氏藏书阁旧抄本、海盐朱希祖旧藏抄本、近人李培基藏旧抄八卷本。常见的有民国二十年（1931）北平图书馆据清初木活字本的重排铅印本，惜手民之误颇多。上海神州国光社1936年汇印“中国内乱外祸历史丛书”[①]，辑晚明史著不下百种，独于此书漏收。1989年上海古籍出版社参校诸本，标点重排印行，是为目前此书的一种最佳通行本。

全谢山所见的抄本题名《流寇志》，《鲒埼亭集》“外编”卷二十九有《跋流寇志》一文。谢国桢《晚明史籍考》卷六说《流寇志》就是《平寇志》，而孟森《平寇志跋》却谓《流寇志》与《平寇志》为二书；《平寇志》所记本自《流寇志》。孟氏举证无力，说难凭信，当以全、谢二家之说为是。“平寇”“流寇”皆贬词，初无轩轾，明末清初无论遗民或归顺新朝者，都有如是指称习惯。

《平寇志》辑者除今本外，清代刻本、抄本均于每卷之首题署“管葛山人辑”。管葛山人为谁？罗振玉《玉简斋丛书》所收《山中闻见录后跋》及谢国桢《晚明史籍考》云“世或疑其真名为彭孙贻”“世传即彭孙贻”。罗、谢矜慎，于此用的皆非指实之辞。今查浙江海盐有管、葛二山，彭孙贻籍出海盐，此其一。《平寇志》卷九录有管葛山人《甲申夏五闻大行挽词》七言律诗八首，起“百六乾坤血战年”，止“帝星黯黯带横参”，全文六十四句、四百四十八言，经检对彭孙贻所遗《茗斋集》正有此诗，此其二。孟森说另一署管葛山人所著的《山中闻见录》卷七《杜松传》之末有“贻闻将军恃勇而轻敌”，则著者已自署真名，此其三。《茗斋集》卷首收有王士桢《彭孙贻传》及同乡徐盛全《孝介先生传》二篇，皆称

① 二十世纪八十年代初上海福州路上海书店曾据原本影印，合订十七册，改题《中国历史研究资料丛书》。

彭氏著有《流寇志》，此其四。有此四证，是见管葛山人的真名实姓就是彭孙贻，“世疑”“世传”为可信，上海古籍出版社新版《平寇志》径直改题“（清）彭孙贻辑”是完全正确的。

《平寇志》（《流寇志》）的辑著者既明，就可进而推定此书的成书年代。《茗斋集》开首收有彭孙贻传二篇，已如前述。彭传作者王徐二人皆康熙间及见彭氏之人，传又收入彭氏诗文集，信值颇高。从彭传可概见孙贻生卒与生平事迹。彭氏浙江海盐人，字仲谋，又字羿仁，晚号茗斋，生于明神宗万历四十三年（1615）乙卯，殁于清圣祖康熙十二年（1673）癸丑，在世五十九岁，卒后乡人私谥孝介先生。彭孙贻甲申鼎革之日已三十岁，比王夫之（船山）年长四岁，比万斯年（祖绳）年长两岁，比顾炎武（亭林）小两岁，比吴梅村（伟业）小六岁，比黄宗羲（太冲）小五岁。其父彭期生，《明史》有传，累官至太仆寺卿，仍行兵道事，明末殉难于赣州虔台。孙贻在明为拔贡生，平生能诗善画，明亡入清，抗节不仕，与黄宗羲、魏禧、李确诸子交谊弥笃，闭门读书，潜心著述，尤深邃于晚明史事，卓著史才、史学、史识，全祖望谓孙氏“史学极博，桑海见闻，尤其身历，其所辨正甚多”。孙毓修说他“熟于有明掌故，鼎革以后，晦迹海浜，不与史局，惟修私史以自见”①。王士桢《彭孙贻传》云：“黄太冲被征修史，黄不起，以公之《流寇志》上之，遂付史馆，则公之书亦见用于世矣。”清修《明史》创始于顺治二年（1645），筹备和征集人才、资料积三十余年，至康熙十七年（1678）、十八年（1679）间正式开馆，乾隆四年（1739）完成付梓，历时几近百年。而彭著《平寇志》一书于《明史》开馆之前的筹备期间，即已由黄宗羲过目送入史馆。征之黄氏被征修史时日及李确《序》文，《平寇志》一书的撰成，当在康熙十年（1671）以前。彭氏史著，除《平寇志》外，尚有《明朝纪事本末补编》以补谷应泰所著同书之不足②，又有《甲申后亡臣表》《山中闻见录》《客

① 孙毓修《明朝纪事本未编跋》。

② 谷应泰《明史纪事本末》八十卷，今存，前有顺治十五年（1658）傅以渐序，成书时代比《明史》开馆更早二十一年。彭氏补编五卷，乃谷书之续，其时明史远未刊修，故称《明朝纪事本末补编》，今有涵芬楼秘笈本。

舍偶闻》以及汇录平生所著诗文词的《茗斋集》[1]。

《平寇志》书首冠《序》一篇，作者署名李确，事迹见《清史稿遗逸传》。李确，浙江平湖人，本名李天植，字因仲，明思宗崇祯六年（1633）癸酉举人，后改名确，字潜夫，晚号龙湫山人，比彭孙贻早死一年［康熙十一年（1672）］，乃彭氏挚友，殁后彭孙贻尝为之作传。[2]《序》以明亡于流寇而清人乘势以起，既感叹于人事，尤归之于天命。有云："呜呼！兴亡之理，虽曰人事，岂非天命哉。""论者以为天厌明德，生盗贼以亡人国如此。"又谓："虽曰天实为之，岂非人事之多失邪？""何向者跳梁狡黠之难制，而今者攘除廓清之易为力也？盖以太阳一出而鬼魅全消，真人当璧而么魔屏息，有由然也。君子观于（明、清）兴亡之故，亦可概然而识天命之有归矣。"有人谓此类论调不是明代遗民口吻，乃进而孤断为清人之依托，持论不足为训。盖通观全文，先是追究明之朝政廷臣，"文臣玩寇而不恤，武臣纵寇以自雄"，乃至酿成大祸，坐亡"寇"手，清人因得垂手坐收渔利，使江山变色，燕都建鼎，从而悲叹于"天命"。这种从人事剖析进而归源于天命的"天命论"，可谓是明清易代之际泛滥于明代遗民（士大夫、知识分子）中一种普遍的社会思潮，非仅李确、彭孙贻如此，黄宗羲、顾炎武亦复如此，余生薛飞君撰硕士论文《吴任臣与十国春秋》，尝辟专章揭述讨论，指出"天命论"乃清初遗民思想之一大特征。至于有"颂"清之嫌，须知当时清人入关建立政权已近三十年，大势已成，大局已定，盖世易时移，遗民们的思想感情已起变化；"王师""我朝"之称，渐次迭见不鲜，故实可按，初不宜遽断为改窜或依托。且书中明言"过（天星）、闯屡以抚愚我，而我终不悟"（卷二崇祯八年条第40页）。这两个第一人称的"我"皆自指明朝，作者已以明遗自居，盖清人未尝抚过、闯。

二、《平寇志》所记多为他书不及见载的史事

《平寇志》成书甚早，上距南明覆亡不过数年，时间在王夫之《永历

① 见清国史馆旧传遗逸传。又谢国桢有《茗斋著述考》。

② 全祖望《鲒埼亭集》"李确传"。

实录》、吴伟业《绥寇纪略》、计六奇《明季南略》《北略》约略同时，比人所属重的温睿临《南疆逸史》更早三十余年[①]，为顺、康之交遗存的故籍。孟森《闲闲录案》有云，凡考（明清）鼎革时逸事，顺康间文字多有可据。至康熙末“南山集案”，文字之狱始起，乾隆间大盛。[②] 故雍、乾文士，罕涉前明逸事者。唯全谢山未遭祸，“殆亦天幸”。《平寇志》持论，于明末农民起义虽有贬抑诬诋之调，然彭孙贻毕竟系一有修养、造诣的史家，故记事仍多平实。而于明、清政权之积弊与秽恶，尤常流露字里行间。且以年系时，依时系事，原原本本，结构井然有序，又不时附缀以大段“案注”补充，更有夹叙夹议近似史论、史评的“管葛山人曰”，“野史氏曰”。史论二名并出，显为两人，前者即彭孙贻已无疑义，后者愚意非作《序》之李确，应即黄宗羲。盖此书曾经黄氏寓目并上之朝廷而入史馆，黄氏又尝自称为“古藏室史臣”及“野史氏”。[③] 总括而言，此书是一种有参考和研究价值的学术文献。

最可称述的，还在它记录有许多为他书所不及见和蓄意不载的史事。或所述与他书互有异同，足资参互验证。补揭数端以见其他。

1. 书群众起义根由

自来群众起义，官书野乘多不明揭其真实根由，一味妄加诬诋。《平寇志》不然，三十余年来之群众揭竿而起者，不论“流寇”“土贼”，无一不是连年饥馑、民不聊生，官不恤民、勒逼而反。如崇祯元年（1628）不沾泥等“群掠富家粟，有司捕之急，（乃）聚为盗”，“一时啸聚，饥者群附”。群邑以贼报，陕西巡抚胡廷宴云：“此饥民，徐自定，何报也。”又云：“又岁俭，无所得食，遂群聚为盗。”（卷 1 第 1 页）旧榆林总兵尝为木陈（愍）和尚言：“吾乡（陕西榆林）张氏有山庄傍河塘，林泉可爱，李御史购为别墅，张弗许，李嗾有司逮以不法事，张惧祸，偕所可知

---

① 《南疆逸史》成书于康熙四十年（1701），至道光间始付刊刻，前此仅有传抄本。

② 清之文字狱，肇自康熙戴庄二案，乾隆间又有王锡侯、蔡显大案以起，学人多舍史传经，以避时忌。

③ 稗乘及其史论，历史上署“野史氏”者殊多，此仅一种推新。吴伟业也曾自署“娄东梅村野史”，所著《鹿樵纪闻》中也常出现“野史氏曰”。

十八人窜身绿林，时岁大饥，人咸思乱，一啸聚遂以亡天下。”“亡明者非明贼，明诸臣也”（卷 1 第 3 页）。“秦寇即（缺饷）之延、庆兵丁（与）土贼也。边贼倚土寇为响导，土寇倚边贼为羽翼。”“今年麦苗尽枯，斗粟银三钱，营卒乏饷三十余日，即慈母不能保其子，官且奈民、兵乎哉!”“迩来贪酷成风，民有三金不能纳赋之一金，捕一盗而破数十人之家，完一赎而倾人百金之产。”“营兵旷伍，半役于司道，半折于武弁。”“寇起于饥”，“请分赈饥民，庶收拾人心，解散余党”。崇祯帝问河曲之陷，答曰：“贼未尝攻，乃饥民内应。”（卷 1 第 6 页）乃诏曰“陕西屡报饥荒，小民失业，迫而从（为）贼”，“榆林斗米银六钱，草根木皮尽，人相食”（卷 1 第 7 页）。“延庆地瘠民穷，连年荒旱，盗贼蜂起。”（卷 1 第 9 页）“延安四载奇荒，边军始乱，出掠米脂，绥德、青涧，胁从甚众，几于无民，流劫延南。”（卷 1 第 9 页）管葛山人曰：“秦盗之发难也，二三戍卒畏捕诛，亡走山谷间，饥人攘袂而攫食，马厮驿徒群噪而附之。”“寇之发也，流戍数十为之魁，余皆荷锄南亩者也。曳耒以为兵（军器），裂裳以为志。”“世无良吏，虽有荒瘵，莫之省忧，宜乎一决之不复振也。”（卷 1 第 20 页）“秦晋驿递例不全给，今募夫之苦更加千倍，故人人思遁（为盗）。”（卷 1 第 24 页）崇祯十三年（1640），“时两京、山东、河南、陕西、浙江大旱蝗，至冬大饥，人相食，草木俱尽。河南土寇并起，自真定至河上，道路梗塞。”“饥民啸聚为盗，闯贼自均州走伊洛，饥民从者数万。”（卷 3 第 80 页）管葛山人又曰：“兵兴以来，辽饷、练饷计亩日增，民蹙蹙靡所骋。（兵部杨）嗣昌复进均输之说，以重困吾民，是将胥天下而驱为盗也。夫用兵不能无赋。然必加赋以治兵，兵食未足，民心已离，虽有信臣精卒，长戟劲兵，焉能止饥寒流离者不为寇盗乎?”“河、洛赤地数千里，多不耕之土，无输纳之民，不谋屯田自足，而敛怨于民，大盗重利以诱之，有司严刑以驱之，揭竿者犯阙，民乃倒戈以从也。”（卷 3 第 57 页）

2. 实移录李自成起兵宗旨和政策

崇祯十七年（1644），李自成在北京召见明中允梁兆阳等于文华殿，梁兆阳、杨观光曰：“主上救民水火，自秦晋抵燕，兵不血刃，百姓箪食壶浆以迎王师，神武不杀，比隆尧舜汤武不足道也。”（卷 9 第 219 页）李自成答曰："我只为几个百姓，故起义兵。"（卷9第219页）。此前，即崇祯十六年（1643）正月戊申，李自成将破（湖北）德安，尝驰檄黄州，明白揭出起兵缘由、宗旨和政策。檄文有云："为剿（官）兵安民事。明朝昏主不仁，宠宦官，重科第，贪税敛，重刑罚。不能救民水火，日罄师旅掳掠民财，奸人妻女，吸髓剥膏。本营十世务农良善，急兴仁义之师，拯民涂炭。今定（湖北）承天、德安、亲临黄州，遣牌（告示）知会，士民勿得惊惶，各安生理。各营有擅杀良民者，全队皆斩。汝民有抱胜长鸣，迎我王师，立加重用。其余毋得戎服，（俾免）玉石难分，此檄。"甲申之役攻破北京，"榜示民间照常生理，罢市者斩"（卷9第207页）。大顺政权兵政府又遍贴安民榜云："大帅临城，秋毫无犯，敢有擅掠民财者，凌迟处死。""有二贼掠缎铺，立剐于棊盘街，民间大喜，安堵如故"。（卷9第207页）《平寇志》如上实录，都较他书公允。

3. 大顺军军纪严明，不滥杀无辜，唯祸国殃民及贪官墨吏豪绅及对抗号令者置重典

《平寇志》记李自成"行军有部伍，纪律肃然不乱"，"马践百姓禾苗者斩"，"望风降者不杀"，"僧、道、医、卜有技术者皆不杀"，"所掳之人，顺从者皆不杀，裁缝则入裁缝队，银匠则入银匠队，吹手则入吹手队，无手业（艺）者入打粮队，粗蠢者入打马草队，善战有力者给马匹弓刀，不善战者自卤自食，亦不轻杀。但逃者追获之，则或杀或刺"（卷6第140页）。《平寇志》还记述李自成不杀好官的故事。崇祯十六年（1643）正月，大顺军攻克湖广钟祥，（明）知县肖汉被执，"汉有贤声，贼戒部下杀贤令者死，幽之寺中，戒诸僧曰：令死，屠而寺。僧谨侍"（卷6第125页）。但对祸国殃民的贪官墨吏豪绅而又劣迹昭著者，则杀无赦，"若获富室仕宦，则献之巨帅，索其积而杀之"（卷6第140页）。甲申入京，"自成选百官人物丰伟者，送吏政府录用"外，"缚文武勋戚，大僚津要八百员，送权将军刘宗敏拷讯，五人一锁，二贼露刃押之，驰出西华门"（卷9第220页）。

4. 李自成淡泊自持、多谋善用、师旅强劲

李自成"性又淡泊，食无兼味，一妻一妾皆老妪，不蓄仆婢"（卷6

第141页)。又云“闯贼声色货利毫不动念，经夜不眠，图画大利，求其必中。变幻虚实，莫可测度，非有绝智之将，莫可轻敌也”（卷6第142页)。“贼（每战）多拼死力”，“发难十五年，习惯自然，人无全面，身无全体，铅子、箭头，处处皆是，闵不畏死，一闻（官）兵至，乐如渔猎，我（明）方望而畏之，彼已狎而玩之”。“贼善攻城，无坚不破。”“贼善给养，战概踊跃。”“贼器坚利。我（明）甲以铁，重而难耐；贼甲以绸（？绵)，轻而最坚。枪刀弓矢，皆夺获官兵，取其至精者用之。一切铳砲火药，动以巨万计，器用犀利。”“贼营多马。贼马二万，大马日支料一斗，中马六升，饱腾如是。罄我物力，未易构兹蕃庶。”（卷6第143页）李自成“行兵倏忽，虽左右不知所往。鸡再鸣并起，蓐食备马以俟，百万之众，惟闯马首是瞻”（卷6第139页)。

5. **大顺军兵营部伍军制最详**

闯王军营制度，晚明野乘及《明史》虽间有记述，但多略而不详，唯《平寇志》所辑独称翔实。营制以“管队”为基本单位，每一管队二十人为率。“或掳得人多，另择一勇者作一管队；如少，则掳足之，多则又分之。”管队之上有小管队，一小管队管若干队。小管队之上有老管队，一老管队管若干小管队。老管队之上的统领称老掌家（一称掌盘子)，一老掌家下辖若干老管队。“流寇起延安，故掌盘子多延安人。”（卷6第141页）“掌盘子死，即择营中众人所推者立之；老管队、小管队亦然。”“其妇另配人，有子必着人育之，马匹留与其子。”自掌盘子一级起至以下各队均有一名专管调遣、巡逻之事的健者“夜不收”。“掌盘子”及“夜不收”各有“家丁”数十人，是为亲兵。(均见卷6第141页)

每日下午，各队令一人到掌盘子处，名曰“议话”。老掌家云“堕落”则住，说“转”则去。

鸡鸣俱起炊。俟掌盘子，大吹大擂，旗纛当前，各营随旌尾后。今日头、二队当前，四、五队催后，六、七队两边押巡，余俱从中散行。午饭后，打窝铺（移营）者先往何路，侧于路口一人高叫，名曰“传路”，此队人马俱往此路去。明日则八、九队当前，十队、十一队催后，十二、十三队两边押巡。周而复始。其传路者亦然。(卷6第139页)

止则较骑射，谓之“站队”，及夜方毕，习以为常。（卷6第139页）

每屯驻，以骑兵一营外围巡徼，昼夜更番，余营以次休息，警侯严密，不得逃逸。连营百里，逸出者竟日不能越，名曰“落草”，追获必磔之。（卷6第138页）

贼扎营，每队必派一人上屋角了望（放哨）。如无屋，必在高阜处。若有动静，高叫传塘马，顷刻至百里外。近边报马闻传疾去，远者渐次而来。官兵不知，以其贼少，赶入，渐次增多，每为所裹失利。（卷6第141页）

“扎营以火为号”。晚宿床前置一大火，总门前亦置一大火，恐（官方）兵马卒至，便于转动，曰，打亮子。（卷6第141页）

各路巡绰（逻）之贼，先于数十里外将空房尽行烧着，却于数十里内歇宿，名曰“空火”。官兵以为贼营在此，不知贼营尚在数十里外，（每扑空）。（卷6第141页）

流寇住（扎）营日久，必有塘马于数百里外巡绰（逻），一探官兵，二掠财宝，名曰“逻山”。不掳人，不打粮，遇（官）人必杀，极为凶恶，宜先避之。（卷6第141页）

营兵不许携辎重。银两皆以小断系于腰，乘以骡畜，只五十两为卒，恐压牲口，不轻便。（卷6第139页）

流寇以马为家，大头领有六七十骑或百骑，小头领亦二三十骑。所乘只骡，马不轻骑，留为战用。转营时，（其马）惟以妻女牵之。衣服器械，妇女等项，各载以骡，团聚而行，名曰“老营”。（卷6第139页）

《平寇志》记李自成大顺军作战、攻城皆别有术：“虽拔城邑，不听屋居，寝处布幕，弥望若穹庐。其甲缝绵帛数十重，轻而韧，矢镞铅弹不能入。骑兵决战，一兵必二、三马，更番驰骤而不疲惫。”（卷6第139页）临阵铁骑三重，曰“三堵墙”，前者反顾则杀之。战久不胜，骑兵佯北，官兵逐之，步营相拒，骑贼绕而合围，无不胜矣。（卷6第140页）

攻城分昼夜为三番，更番不休，间用云梯、洞车，多以铁骑外围，步兵强弓，乌枪连发，（官方）守者不敢外瞰。人戴铁胄，蒙铁衣，镌锥斧凿城，得一砖甓即还，竟日免其再攻，易人以进。穴城可容一人，则一人匿之，畚土以出，以次相继，至十百千万。穿空三、五步留一土柱，以巨

絙系之，相续数十百丈，牵絙倒柱，而城崩矣。（卷 6 第 140 页）

综上片断即可见出，李自成及其大顺军，是一支有勇有谋，有严密组织与纪律的劲旅，绝非一般官、私史籍所轻斥的乌合之众。总括其一生军事实践，足见战术、战略高明，可攻即攻，不可攻即守，不可守则走，不可走则拼战以死。① 或化整为零，或聚散为整，长号而来，呼啸而散，神出鬼没，常使明、清官军无所适从，束手无策。

6. 李自成在政治上争取群众，团结明之卿士大夫，优礼宗室

李自成虽出武夫，但在政治上却极具卓识远见与谋略，官私史乘不乏片鳞半爪记载，而《平寇志》所记尤称平实公允，可补他书不足。崇祯十四年（1641）“牛金星以磨勘被斥，与其邑医尚炯善，”“为贼所得”。“贼得医者（及有一技之长）辄不杀，炯尤亲幸，挟金星以见自成”，牛喜谈辩，因得重用。（卷 4 第 95 页）以之为谋主，日讲经一章、史一通。（卷 6 第 139 页）崇祯十六年（1643），李自成为诸起义军盟主，在襄阳号称“奉天昌义文武大元帅”，“自尊日闯王”，建政权，置官制，内官有六政府、尚书、侍郎、从事；“外官有提督、防御使、观察使、统制使；府有尹、州有牧，县有令，又有学政、武政”（卷 6 第 127 页）。任命了一大批内外官员，而其中以明朝的士大夫与无劣迹的旧官僚居多。如身居新政权要津的上相国张国绅，本明庚戌进士，苏松道副使；左辅牛金星是知识分子，在明原有科名；右弼来仪是明兰阳知县；吏政府侍郎喻上猷是明辛未进士，御史；户政府侍郎肖应坤是明丙辰进士、广西布政使；兵政府两名侍郎王家柱、李振声，前者是明丙辰进士、青阳县知县，后者是明湖广巡按、御史；南阳府尹刘苏是明苏州知县；南阳府学政王瑞笏、汝宁府学政薛青、豫州牧吴腾芳、汝宁府尹邓一琏、防御使金有章、刑政府侍郎邓岩忠等皆明之举人；均平府（原禹州）辖二十七县，学政周翼时是明夷陵（宜昌）举人；襄阳防御使武之纲是明陕西恩贡；宝州牧陈可新亦明夷陵举人；扬武州（原承天府）防御使陈盖是明甲戌进士；安陆县令邓允渐是明江陵举人、湘潭教谕。例不胜述，明朝士大夫几乎充谥这个闯王新政

① 此种军事策略，最能灵活适应形势，创自三国之末的司马懿，非自成首创。

府，概被“一视同仁”地启用。又开科取士，“荆襄举人，诸生俱就伪试”。吏政府侍郎原明进士喻上猷“列荐荆州绅士，贼下檄征之”。故《平寇志》于此条系“史赞”曰：“河洛陷，荐绅大夫死义者不乏也，荆襄则无称焉，大夫卿士咸臣贼。”（卷6第127—128页）对无劣迹的明宗室也不排斥，在襄阳称王之日，“伪拜百官，封明崇王（朱）由贵为襄阳伯、邵陵王（朱）在钺为枣阳伯、保宁王（朱）绍为宣城伯、肃宁王（朱）术绶为顺义伯”（卷6第128页）。崇祯十七年（1644）将入北京之前，即草诏飞射城中，向明廷君臣僚属劝降，慨然允诺“嘉惠前人，不吝异数”。诏云：“君非甚愔，孤立而炀蔽恒多，臣尽行私，比党而公忠绝少。贿通宫府，朝端之威福日移，利擅宗绅，闾左之膏脂殆尽。”“朕起布衣，身切痌之痛，念兹普天率土，咸罹困穷，讵忍易水燕山，未甦汤火，躬于恒、冀，绥靖群黎。”“是以质言正告，汝能体天念祖，度德审几，朕将嘉惠前人，不吝异数，如杞如宋，享祚永延。”“凡兹百工，勉保乃辟，绵商孙之厚录，赓嘉客之休声。”[①]（卷9第206页）城既破，“悬示（京城）各衙门班役，如有一官潜遁者，班役坐诛。”“复榜示前（明）朝百官赴会极门朝见，愿仕者量才录用，愿回者听，如潜匿不出，以抗违负固论。”（卷9第214页）又命释明刑部锦衣卫囚。“内官献太子”，自成曰：“汝父（崇祯帝）在，我必尊养之，毋虑也。”太子曰：“何不杀我？”自成曰：“汝无罪。”封太子为宋王，“送刘宗敏护侍之”。又封定王为安定王。崇祯大殓，自成派牛金星致祭。（卷9第208页）执明臣李国桢，“自成好语诱之降。曰从三事即降。一祖宗陵寝不可废，一葬先帝以天子礼，一太子二王不可害。”“自成许之。”（卷9第217页）又“召庶吉士史可程，挟令作书召（其）兄（史）可法”（卷9第220页）。除严惩豪绅贪吏外，入京后的新政府并录用明廷诸旧官，名繁不叙，可参阅原书卷九第219—220页、卷十第222—223页。

从《平寇志》所记以上诸端，可证诸书滥诬之不可信，而李自成是很有领袖才干与政治谋略的英雄。

---

① 此诏前人多误为登极诏，非是，彭孙贻已正其误，乃劝降书。

7. 揭露明、清官军暴虐，民不聊生

明、清官军暴虐，致使民不聊生，《平寇志》着力揭露，全书展卷皆是。“初（明大将）左良玉扰襄、樊，闻闯兵至，怯走武昌，崇祯十六年正月庚子屯鹦鹉洲，武昌士民怨（官）兵淫掠，鸣炮拒之。”（卷6第126页）左良玉“自九江下营池口，分遣步骑沿江焚劫，江南北流、土诸匪与左兵合流攻剽，水陆云扰，南都大震”（卷6第128页）。左兵掠江南，夺盐船过江，先后“围大通驿便民仓，掳青阳卫漕米八千五百石”“焚池口，掳贵池漕米七千三百石”“左兵入芜湖，焚榷署”（卷6第129页）。“关中荒旱，官军勒捐急，哗于朝曰，督师玩寇糜饷，秦人日在汤火中。”（卷7第147页）“中州五郡，八十余城尽为瓦砾。”（卷6第135页）“河南五郡沦没，河北强半蒿莱。”“转饷必须民，人烟断绝，守城、修河、转运，至于稚子荷旗，老妇鸣柝。”（卷6第135页）官兵以剿寇为名，恣肆搜刮，万民涂炭，民不聊生。吴三桂降清，旋与清兵入蜀镇压张献忠。“蜀人愤客兵（官军）之掠，不告贼所在。”（卷11第264页）顺治三年（1647）吴“三桂镇蜀，虐使蜀人，蜀人咸贰”，“又尽夺（张）献忠将士子女，诸降恨刺骨”（卷12第280页）。

8. 两件公案纠纷的澄清

一件是崇祯十六年（1643）起义军发生在湖北的大内讧，前人多谓李自成残忍峻酷于同道，火并友军。其实大谬不然，《平寇志》所记揭开了真相。杀革里眼（贺一龙）、左金王，是“革、左自恃其众，意不相下”，分裂危机在即，出于统一要求而为之。而杀罗汝才（绰号曹操），却是误中敌人的挑拨离间计。“闯令曹操部曲攻郧阳，四十余日不能拔。”“操之部曲怨闯，闯部亦多凌之，夺其骏马骡。曹操烙马以别之，闯乃疑操。”（卷6第131页）而其详细内情则是：有黄州陈生者，客寓襄阳，以材智为自成所识，又因袁珪以交于汝才。私念以口舌令二贼相图，可并灭也。（乃）说自成曰：“汝才必为变。”自成不应。又过汝才曰：“自成以恶马易良马，盍以字烙之为识别耶？”汝才曰：“善，生其为我行之。”陈生以马分前后左右，而先烙其左字为一群。报自成曰：罗营东通（明将左）良玉，马以左字为号矣。自成侦之而信，遂杀曹操（罗汝才），一军皆哗，

闯以大队兵胁之，七日始定。（卷 6 第 132 页）“汝才延安人，多智而狡，故号曹操。初事闯王高迎祥，后合献忠，又合自成，折节下之，听其号令，有众四五万，战马万余骑，马骆斯养不下四十五万。闯兵善攻，罗兵善战，相须为用。”闯每斥操“声色之徒也”。杀革、左，特别是杀曹，无疑是李自成的大失策，但此一失策，却事出有因，非出于李闯之忌刻。

另一件公案是咸谓李自成对吴三桂政策错误，错杀吴襄，又夺陈圆圆，致引起闯、吴决裂，吴三桂“冲冠一怒为红颜”[①]，弃闯投清。从《平寇志》所记，史事却非如此，李自成对手握兵权尚有实力的明将，都下过劝降功夫。从下引史料可以见证。

“管葛山人（《平寇志》作者）曰：予游江右，德安马大令告余曰：有客平西（王吴三桂）幕者云：世传提督（吴）襄作书召平西，平西告绝于父，起兵勤王，非也。都城既陷，三桂屯山海（关），（李）自成遣使召三桂，三桂秘之。大集将士告之曰：“都城失守，先帝宾天，三桂受国厚恩，宜以死报国。然非借将士力不能破敌，令将若之何？将士皆默然，三问不敢应。三桂曰：闯王势大，唐通、姜镶皆已降，我孤军不能自立，今闯王使至，其斩之乎，抑迎之乎？诸将同声应曰：今日死生惟将军命。三桂乃报使于自成卷甲入朝。至永平，遇父襄苍头与一姬连骑东奔，惊问之。则襄爱姬苍头通焉，乘乱窃而逃焉者也。诡对三桂曰：老将军被收矣，一门皆为卤，独与姬得脱，东归报将军，将军其速为计。三桂乃翻然复走山海（关）拥兵自守，使人于本朝乞师，共击贼也。”（卷 10 第 228 页）

李自成在北京不仅遣使招吴三桂，又命“唐通赍银四万两犒（吴）师”（卷 10 第 236 页），驰檄左良玉、高杰、刘泽清诸明将劝降，《平寇志》录有檄文，云：“大顺国王应运龙兴，豪杰响附。唐通、吴三桂、左光先知天命有在，回面革心，朕嘉其志，俱赐采缎，黄金，所将兵卒先给四月军粮，俟立功日升赏。抗命周遇吉，身具五刑，全家诛僇，刑赏昭然。尔等当审时度势，弃昏就明，身享令名，功垂奕世，熟与弃身亡卤，

① 吴梅村（伟业）《圆圆曲》。

妻子僇辱，大福不再，后悔噬脐。檄到须知。”（卷 10 第 229 页）以此与前文互证，已见闯王确曾遣使三桂，三桂亦已一度纳款归顺。再从书招史可法等史事看，招降明朝文武臣僚，是李自成入京后采取的决策。

三、兼论李自成未死通山

顺治二年（1645）五月李自成未死通山，笔者自 1981 年以来先后撰文，征引大量文献并结合当时明、清、顺三方交错冲突的政治、军事形势，进行比勘论证。因持殉难通山说者，无论实物、文献都无具体确切根据。当年匆促定在通山，仅凭李文治前辈一篇《答读者问》。而此文于死事并未深入追查、研究，1984 年秦皇岛集会纪念李自成进入北京 340 周年，据与会的湖北通城同志来信，李先生已作申明，这是一种淳厚的实事求是学风，值得赞赏钦敬。经过多年争论，至今坚持殉难通山说者，像样的根据只有两条，一条是通山《程氏宗谱》，但所记通山被害者是大顺军贼首或李延。贼首或李延与李自成是两码事，二者不能等同。又谓程九伯以首级、龙袍等物献功于总督佟养和。一是佟养和乙酉五月尚未到任，何来总督可供“献功”？二是李自成虽曾称王登极，却从不肯穿着龙袍，官私史乘屡有记述，《平寇志》卷九也记闯王进入北京城的装束是，“诸贼鼓吹旌旆前导，自成毡笠窄衫，骑乌驳马”（卷 9 第 207 页）。“自成设朝，白氈笠，青布窄衫，翅足据御座。”（卷 9 第 217 页）三是甲申五月后的半年内，湖北通山、通城、崇阳皆大顺军占据的天下。四是无论自长江入湘、入赣或自鄂南入赣，通山都非通道。另一条根据则是所谓民国元年（1912）抄本《甲申弋闯志》。这个《甲申弋闯志》全出不谙史事的今人好事者伪造，我和湖北大学的张国光同志已不约而同地指出并已公刊。张氏是从亲身与作伪者接触而斥其伪。[①] 我则是从此《甲申弋闯志》内容辨其伪。[②] 辨伪尤有未尽，这个《甲申弋闯志》连称作民国元年抄录都是伪造的，它的第一行低二字起写就是明证[③]，盖五四新文化运动以前，中国

① 见 1982 年第 1 期《求索》张文。

② 见 1982 年第 1 期《湘潭大学学报》拙文。

③ 据 1982 年第 1 期《武汉师院学报》影印原件。

二千年来从不改变的抄书、刻书、刻石、镌金习惯，第一行文字都是顶格书写。首行低二格起写是民国八年（1919）直到现在的格式。[①]

《光明日报》社及新华社最近重排出版了《永昌演义》，并请明史专家顾诚作《序》，顾氏已回避了李自成通山死难说，但他过去曾给我来信，质询李自成既未死通山，然则去向何处？我当时根据袁继咸、何腾蛟诸当事人的材料以及大顺军主力集中在荆南、澧州一带，兼以武岳、岳澧之间这条沿长江两岸的弧形区是大顺军完全控制和半控制地区，判断李自成为了联络南明抗清，度其仍在荆南、澧州大顺军之中。[②] 今据《平寇志》，则知李自成确从九公山庙折返澧州方向。

“自成至江上，闻二王（一称八王。即阿济格）追急，挐舟渡江，欲奔江西。”“毕渡半日，（清将）谭太率众固山人骑俱渡，问乡人，皆云：李闻在前三十里九公山庙中。”谭太率三百骑尾追，“自成望见，将数十骑庙后驰下疾走”，“自成入山村，坐野庙，衣沾濡，人马饥困”，父老乡人“奋挺围庙，杀贼骑十余，自成力斗脱身走。行收散亡，稍稍集，间道渡汉阳，走荆州，与李过合营，将奔献忠。献忠已返川中，遂留屯黔（?澧）阳”。时“贼帅惟刘宗尧、李过、牛佺、任继宗、刘体纯、杨彦昌、辛思忠等相从，众尚十余万。军中乏食，遣刘宗尧以骑兵二千渡（长）江（之北）掠河南、湖北以给军”（卷 12 第 273—274 页）。

这个具体折向湘西北的材料，正可与如下几条文献记述印证，特一同揭出，供学人参考。

（1）《李朝实录》吴晗辑本第 3751 页：

> 顺治二年五月以后两个月的闰六月，朝鲜国王问清中枢派去朝鲜的使节郑命寿：“侧闻南京已克?”郑答：“荷天之祐，已克南京。流贼又为八王（阿济格）所逐，李自成变服而逃矣。”

（2）《思文大纪》卷四隆武二年（1646）二月条：“人传李贼在江北

① 此点是湖南中医学院图书馆沈克家副馆长示告的，沈说是。

② 见 1981 年第 3 期《湘潭大学学报》拙文《李自成死地、终年问题考》及 1982 年第 3 期《求索》拙文《李自成未死通山诠证》。

杀鲁（掳）。”江北指的是荆岳间的长江北岸。《永历实录》亦谓李军“十三部连营亘二百里”，“屯老营于草坪”。草坪位处毗邻澧阳的荆南，荆南地区当时直属荆州。而荆南、澧州、常德、武冈州、辰州却又是大顺军早已经营有年的“生齿百万，积粟支十年”的老根据地（《平寇志》卷六）。

编后记

为庆祝湘潭大学恢复建校50周年，湘潭大学决定出版一套老一辈著名学者的学术文集，其中包括著名中国历史文献学和古籍整理专家韩长耕教授的文集。

该文集主要收录韩先生有关历史文献学、曾国藩家藏稿本的整理和李自成归宿问题的考证等方面的著述。

韩先生是我在湘潭大学读本科时的业师，教授中国历史文献学。他老人家渊博的学识，娓娓道来的授课风格，带病坚持工作且孜孜不倦、一丝不苟的师德师风令我不能忘怀，能为韩老师文集的出版尽微薄之力，我倍感荣幸和自豪。在整理的过程中，得到了韩先生的女儿开慧大姐的鼎力相助和热情鼓励。在此，谨向大姐表示衷心的感谢！

七八年前，韩先生的儿子开石兄代表韩先生亲属将家藏的近二百册岳麓书社版《韩长耕文集》捐赠给了历史系，借此机会，作为受赠方的当事人，我谨代表历史系全体同人再次深表谢意！

宋银桂

2024年5月